統合人事管理
グローバル化対応の法律実務

山口浩一郎
監修

「統合人事管理」研究会
編著

経団連出版

はしがき──本書の挑戦

　ビジネスはグローバル化し、これに伴ってグローバル人事のあり方が模索されています。企業が獲得すべき、または育成すべきグローバル人材とは、どのようなものなのでしょうか。彼ら彼女らに能力を最大限に発揮させ、企業の成長につなげていくには、どのような人事施策が必要なのでしょうか。いわゆるグローバル企業と呼ばれる外資系企業では、すでにさまざまな分析や実践がなされ、それらがベストプラクティスとして日本に紹介されることがあります。

　労働法にかかわる者は、ここで、エキサイティングでありつつも困難な点に直面します。それは日本で実現可能か、という点です。グローバル企業のベストプラクティスは、日本の労働法とは別の次元で、全世界の人事を考えています。その考え方が、日本の労働法における思考方法とかけ離れていることに、ときに驚かされることがあります。労働法という、いつもの定規を当てて測ろうにも、どこから当て始めたらよいかすら、わからない気がするのです。そして、書籍に当たろうとしても、多くは見当たりません。

　それなら、自分たちで研究し書籍にしようと思い立ったのが、本書を執筆するきっかけです。弁護士会での議論において、いつも明快な道筋を提示してくれる山口浩一郎教授に、ご指導をお願いしました。

　企業が国境を越えて人を雇い、人を動かす場面で浮上する論点、弁護士として相談を受けることの多い問題からとりあげていきました。日常的に起きる問題もあれば、近時増えている、社員が現地で病気になる、現地子会社で不祥事が発生するという深刻な事態もあります。さらには、社員を企業から排除しなければならない局面も避けて通ることはできません。また、有期雇用を保護する新しい法律が、グローバルコンテクストでどのように作用するのか、取り組んでみたくなりました。

　これらを考えるためにまず前提となるのが、日本の労働法が適用されて、

日本の弁護士の出る幕があるか、の確定です。国際労働関係における適用法規のルールは、労働法学者の間では研究が進んでいますが、ときに難解であり、企業人事に携わる者が簡単に利用できる書籍がありません。これを実務家向けの本書に取り込めないか、と思案していると、山川隆一教授が参加してくださることになりました。山川教授は、他の分野もさることながら、適用法規ルールの第一人者です。難解なこの分野の問題を山川教授自身に平易に整理してもらうことができ、本書はこの部分だけでも、十分な価値があります。

　そして、私たちは、研究を進める中で、本書がこれからグローバル化する日本企業にとっても有用であることに気づくことになります。グローバル企業の先達が実践する人事施策には、法規制に関係なく実現可能なベストプラクティスもたくさんあり、もちろん参考になります。また、グローバル企業がこれまでに直面した問題は、日本企業がグローバル化する過程の中で、必ずや近いうち向き合わねばならないでしょう。グローバル企業の現在を知ることで、日本企業の将来を見通すことができます。しかし、もっとも有益であるのは、全く新しい視点で自社の人事施策・労務管理を考え直すという姿勢ではないでしょうか。

　各国の労働法は、他の法律と同様、その国の労使の歴史、宗教的倫理観、理想とする社会の姿を色濃く反映しています。日本での常識が、他国では非常識であることがあります。ビジネスの環境はめまぐるしく変化し、それに合わせて、企業もその社員も変わっていかなければなりません。均質な人々に囲まれて、安定を好む傾向を持つといわれる日本人には、決して容易な環境ではありません。

　しかし、グローバル化を選んだ以上は、立ち止まることはできません。日本という国の、労働法という枠組みの中で当然視されてきた種々の人事政策は、自社にとって本当に最善であるのか。右肩上がりを既定路線とすることができた高度成長期と、バブル崩壊後の長期低迷期の中で採用された労務管理は、今後の自社の成長にとって有益なものであるのか。旧来の枠組みを超えて、新しい定規と対峙し、自社にとって本当に重要なものを見極め、追求する姿勢が求められます。

本書自体、これまでに取り扱われることの少なかった国際的な労働問題に焦点を当て、整理の仕方を提案する新しい試みです。これからグローバル展開する企業と同じように、未知の問題に挑戦し、労働法をよりどころにしつつ、自らの解決方法を提示したつもりです。本書が、グローバル展開する企業で労働法にかかわるすべての人にとって、わずかでもお役に立てれば、望外の幸せです。

2015年1月
執筆者を代表して　市川佐知子

本書の使い方

　本書は「当社」から寄せられた問いに、弁護士を中心とする執筆者が答えるQ&A形式で書かれています。

　当社は、本店所在地が日本国内、例えば東京の会社です。この当社が、海外進出して現地子会社を擁している場合と、グローバル展開する外国会社の日本における現地子会社に当たる場合の2つが想定されています。

　そのため、Qでは、前者の場合に当社が日本本社として抱えるものと、後者の場合に当社が現地子会社として外国本社や外国関係会社との間で抱えるもの、両方をとりあげています。弁護士である執筆者らが、顧客からよく寄せられる相談や、これから増えていくと思われる質問をまとめました。

　一方、Aは、弁護士がお答えできる範囲内で書かれており、税務や社会保険の特に手続的な側面はとりあげていません。しかし、会社が問題を解決するうえではこれら側面を抜きにはできませんので、これらを考え合わせると、Aが適当ではないことがあるかもしれません。これらについては専門家から指導を受けるようご注意ください。

　また、本書は日本法に基づくものであり、Aも日本法が適用される範囲内に限って書かれています。外国の現地法について、執筆者が知る限りで記載した箇所もありますが、現地法については必ず現地の専門家からアドバイスを受けるようご注意ください。

凡例　[略語一覧]

1. 法令名等の略称

育児介護休業法◆育児休業、介護休業等育児又は家族介護を行う労働者の福祉に関する法律
高齢者雇用安定法◆高年齢者等の雇用の安定等に関する法律
個人情報保護法◆個人情報の保護に関する法律
社労士法◆社会保険労務士法
男女雇用機会均等法◆雇用の分野における男女の均等な機会及び待遇の確保等に関する法律
通則法◆法の適用に関する通則法
独禁法◆私的独占の禁止及び公正取引の確保に関する法律
入管法◆出入国管理及び難民認定法
身元保証法◆身元保証ニ関スル法律
労基法◆労働基準法
労災保険法◆労働者災害補償保険法
労組法◆労働組合法
労働者派遣法◆労働者派遣事業の適正な運営の確保及び派遣労働者の保護等に関する法律
労働保険徴収法◆労働保険の保険料の徴収等に関する法律

2. 判例集の名称

民集◆最高裁判所民事判例集
集民◆最高裁判所裁判集民事
労民集◆労働関係民事裁判例集
判時◆判例時報
判タ◆判例タイムズ
労判◆労働判例
労経速◆労働経済判例速報
金商◆金融・商事判例

目 次

はしがき－本書の挑戦
本書の使い方
凡例

1章　労働法を国際場面に適用する

1-1 ……20
社員に海外出張や海外の支店等への赴任を命ずる機会が増えてきました。こうした海外勤務にはどこの国の労働法が適用されるでしょうか。そもそも、国際的な労働関係の場合、労働法の適用はどのように考えるべきでしょうか。

1-2 ……29
外国人の雇用を考えています。こうした外国人社員にはどこの国の労働法が適用されるのでしょうか。また、日本法が適用される場合、日本人社員とは内容が異なるでしょうか。

1-3 ……35
当社は、アメリカ本社（ニューヨーク州法人）の日本の子会社ですが、アメリカ本社の社員が当社に赴任しています。この社員への労働法の適用はどうなるでしょうか。契約でニューヨーク州法を適用することは可能でしょうか。

1-4 ……41
当社は国際的に事業展開をしていますが、国際的な労働関係に関する紛争については、どこの国の裁判所で訴訟が行われるのでしょうか。

1-5 ……47
海外子会社で採用し当社東京本店に出向していた社員がミスを多発させたため、子会社が解雇通知を発したところ、当社に対し、解雇無効を理由に、地位確認訴訟を東京地裁に提起しました。どう対応すべきでしょうか。

1-6 ……51
東京で採用し就労させていた日本在住のアメリカ人を成績不良により解雇したところ、アメリカ人は帰国し、当社を被告として解雇の適法性を争う訴えをニューヨーク州の裁判所に提起しました。どう対応すべきでしょうか。

2章　海外で適材を採用する

2-1　　　　　　　　　　　　　　　　　　　　　　　　　　　　56
優秀な若手社員獲得のため、インドネシアに採用担当者を出張させて採用活動を行う予定ですが、求職者に宗教について質問することにつき、日本の労働法規の適用の有無や留意点を教えてください。

2-2　　　　　　　　　　　　　　　　　　　　　　　　　　　　59
アメリカ・ニューヨーク州在住のアメリカ人に対し、採用のオファーレターを送り、当該レターにサインしてもらい労働契約を締結する予定ですが、当該レターにどのような事項を記載すべきですか。

2-3　　　　　　　　　　　　　　　　　　　　　　　　　　　　63
採用に至らなかった求職者の個人データを、国外の子会社に対し、同社での採用検討のために提供したいと考えていますが、どのような手続が必要でしょうか。

2-4　　　　　　　　　　　　　　　　　　　　　　　　　　　　66
当社は日本国内に複数の子会社を有し、そのうち一つはグループに対する人事シェアードサービスを提供しています。グループ各社の採用面接は、当該人事子会社の採用専門チームが代行する予定ですが、法的な規制はありますか。

2-5　　　　　　　　　　　　　　　　　　　　　　　　　　　　69
当社では、適材適所のために、基幹要員を企業グループ名で採用し、国内外のグループ各社いずれに配属されるかは、採用時に告げません。労働法上の問題はありますか。

2-6　　　　　　　　　　　　　　　　　　　　　　　　　　　　73
日本に住む外国人留学生の採用を内定しましたが、当該留学生は日本での知り合いが少なく身元保証契約を締結できる身元保証人がいません。どのように対応したらよいでしょうか。

2-7　　　　　　　　　　　　　　　　　　　　　　　　　　　　76
アメリカ等で優秀な人材を中途採用で確保する際に、入社を動機づける魅力として、サイニングボーナスを支払う予定ですが、気をつける点はありますか。

2-8　　　　　　　　　　　　　　　　　　　　　　　　　　　　79
アジア人の大学生を新卒採用した際に期間の定めのない労働契約を締結し、当該大学生の日本での在留資格に対応する業務内容を記載しましたが、他の業務に携わる職種に変更することはできないのでしょうか。

3章　外国人を受け入れる

3-1　　　　　　　　　　　　　　　　　　　　　　　　　　　　　　　　　　　84

当社は、世界各地に子会社を有して事業展開するアメリカ本社の子会社のひとつです。アメリカ本社から出向社員（外国人）を受け入れて、当社で就労させるための在留資格は何でしょうか。

3-2　　　　　　　　　　　　　　　　　　　　　　　　　　　　　　　　　　　89

当社は、優秀かつ低賃金の労働力確保のため、相応の経験と資格のある外国在住の外国人IT技術者を複数雇用し、東京で勤務させたいと考えています。本給と諸手当についてどのように定めるべきでしょうか。

3-3　　　　　　　　　　　　　　　　　　　　　　　　　　　　　　　　　　　93

当社には、外国人社員が相当数いますが、そのうちの一人が、自分が昇進しないのは国籍差別だと主張しています。昇進は適性や実績を勘案して決定していますが、問題ありますか。

3-4　　　　　　　　　　　　　　　　　　　　　　　　　　　　　　　　　　　96

外国人が勤務する事業所では、当該外国人の母国語による就業規則の備え置きが必要でしょうか。

3-5　　　　　　　　　　　　　　　　　　　　　　　　　　　　　　　　　　　99

当社の地方工場では、多くの日系外国人を工場作業者として雇用しています。安全のために重要な作業手順について、部門の長が日本語で詳しく説明するか、外国人社員のリーダーに母国語で説明させるか迷っています。

3-6　　　　　　　　　　　　　　　　　　　　　　　　　　　　　　　　　　　102

前問（Q3-5）の工場で、ある外国人社員が在庫横流しをしている疑いがあります。当該社員はこれまで日本語で問題なく業務をこなしましたが、本人からの事実調査や、その後の懲罰委員会での弁明の聴き取りは日本語で行ってよいでしょうか。

3-7　　　　　　　　　　　　　　　　　　　　　　　　　　　　　　　　　　　105

当社は、Q3-5の工場で単純製造業務を行う社員のうち、外国人とは有期雇用契約を結び、日本人とは期間の定めのない雇用契約を結ぶこととしています。労基法3条違反といわれるでしょうか。

3-8　　　　　　　　　　　　　　　　　　　　　　　　　　　　　　　　　　　108

当社工場では数多くの工場作業者を雇用しており、その中には外国人も相当数います。外国人社員については、本人たちの希望も考慮し、雇用保険に入れず、その分賃金を増額しています。問題はありますか。

4章　人材を海外へ送り出す―赴任

4-1　　　　　　　　　　　　　　　　　　　　　　　　　　　　114
社員を海外子会社等に赴任させる予定ですが、どのような準備が必要ですか。出張の場合はどうでしょうか。

4-2 　　　　　　　　　　　　　　　　　　　　　　　　　　　　118
社員に海外子会社への出向を命じたところ、家庭の事情を理由に難色を示していますが、どのように対応すればよいですか。また、出向先が危険地域であることを理由とする場合はどうすべきでしょうか。

4-3 　　　　　　　　　　　　　　　　　　　　　　　　　　　　121
最近海外に子会社を設立し、社員を数名出向させることになったため、海外赴任規程を作成することを考えていますが、どのような点に留意して作成すべきでしょうか。

4-4 　　　　　　　　　　　　　　　　　　　　　　　　　　　　124
社員をタイの現地子会社に出向させる予定ですが、日本での時間外勤務に対する法定割増率が1.25倍であるのに対し、タイでは1.5倍です。当社は、いずれの基準で割増賃金を支払うべきでしょうか。

4-5 　　　　　　　　　　　　　　　　　　　　　　　　　　　　127
海外子会社に出向した社員が、メンタルヘルスの不調を訴えていますが、出向元としての当社はどのような対応が必要でしょうか。

4-6 　　　　　　　　　　　　　　　　　　　　　　　　　　　　130
インドネシア所在の子会社A社に出向中の社員を帰任させる予定です。当社で年次有給休暇を付与する際に、A社での勤務年数を通算すべきですか。A社での残存休暇はどうすべきですか。

5章　人材を海外へ送り出す―出張ほか

5-1 　　　　　　　　　　　　　　　　　　　　　　　　　　　　134
当社の顧客である日本企業の多くがIT技術者を求めています。中国にある当社の関連会社は多くの中国人IT技術者社員を抱えています。同社から日本の顧客企業に技術者を派遣する事業を行うことができますか。

5-2 　　　　　　　　　　　　　　　　　　　　　　　　　　　　136
当社の中国子会社には日本語が堪能な中国人社員が数多くいます。中国子会社社員を出向受入れして、現在は派遣会社からの派遣社員が行っている業務を引き継がせることはできますか。

5-3   139
当社の海外子会社は多くの専門職の人材を必要としています。これに応え、当社が日本で複数の有期契約の社員を採用し、当該子会社に出向（在籍出向）させることはできますか。これら社員を当社で勤務させる予定はありません。

5-4   142
インド子会社設立に向け、管理職でない社員に海外出張を命じ、現地有力者への働きかけをさせています。出張中は労働時間の管理はせず、残業代の支払もありません。日本法上問題となりますか。

5-5   147
社員を業務の必要から海外の学会に出張させることがあります。どのように労働時間を管理すべきですか。日曜日に海外へ移動させる場合、日曜日に休日を与えたものとして扱ってよいのでしょうか。

5-6   150
当社は旅行会社であり、海外旅行の添乗員の不足時、派遣会社から添乗員の派遣を受けています。1、2週間の勤務ですが、その間の添乗員の労働時間や休日の管理について教えてください。

5-7   154
カンボジア子会社の工場設営のため3か月の予定で出張させた技術者が、2か月後の休日、ホテルで強盗に刺され死亡しました。労災は適用されますか。遺族が損害賠償を求めていますが、当社に責任はありますか。

5-8   160
ベトナム子会社設立のため、半年間、法務の担当部長に毎月2回ほど約1週間の出張をさせていたところ、部長は脳出血によりホテルで倒れ死亡しました。労災は適用されますか。自宅で死亡したときはどうなりますか。

5-9   165
アジアの現地子会社の幹部候補となる優秀な社員をアメリカの経営大学院へ留学させることを計画しています。留学後に退職されないよう、何か予防策はありますか。せめて退職時に留学費だけでも回収できませんか。

6章   グループ人事を国際化する

6-1   172
当社には、国内外に複数のグループ会社があるところ、さらに人事シェアードサービス子会社を設立し、グループ会社の給与計算や社会保険関連の事務を担当させる計画です。国内・海外に設立した場合、法的制約はあるでしょうか。

6-2 177

60歳以上の定年後社員を海外子会社で再雇用することを検討していますが、高齢者雇用安定法上の義務を果たしたといえますか。また、再雇用後、当該海外子会社が閉鎖となった場合、当社に再雇用の義務はあるでしょうか。

6-3 181

１年の有期契約を２度更新し、期間満了したＡに国内のグループ総務子会社が求人中と当社が伝えるとＡは応募し、１年の有期契約を２度更新後、子会社が期間満了１か月前に終了通知をすると、Ａは当社に労働契約法18条の申込みをしました。有効ですか。

6-4 187

当社は１年契約を２度更新したアメリカ人Ａの帰国希望で労働契約を期間満了で終了させ、求人中のアメリカ現地子会社が雇用しました。２年経過し現地子会社が成績不良で解雇を検討し始めると、Ａは当社に労働契約法18条の申込みをしました。有効ですか。

6-5 190

アメリカ本社が随意雇用で３年雇用後、低成績で解雇したＡを、子会社である当社が解雇と同時に招聘して１年の有期労働契約を２度更新し、３度目の更新はしないつもりが、Ａが当社に労働契約法18条の申込みをしてきました。有効ですか。

6-6 193

アメリカ人Ａと高額年俸で１年の有期労働契約を締結し、更新しつつ５年のプロジェクトに参加させる予定ですが、労働契約法18条による無期転換を危惧しています。Ａからの、無期転換申込権を事前放棄する提案を受け入れてよいですか。

コラム 196

人事のアウトソーシング

7章　人事を全世界的に統一する

7-1 200

当社は、事業の海外展開を意図しています。人事政策や人事業務等をどのように変化・進化させるべきですか。グローバル企業におけるそれらの取組みには、どのような特色・特徴がみられるのでしょうか。

7-2 203

当社はアメリカ、ヨーロッパ、アジア等に、販売または製造のための子会社を置いていますが、人事業務の手続（プロセス）等に相違がみられます。グローバル経営の観点から、人事業務のあり方をどのようにしていくべきですか。

7-3　　206
グローバル経営の観点から、現地子会社の経営や労務管理等において、当社から経営者や人事・労務の責任者を派遣したほうがよいのか、ローカルへの権限授与を行っていくべきか、どのような考え方や運営のあり方が望ましいでしょうか。

7-4　　209
現地の会社の買収統合により海外での事業展開を進めていますが、グローバル経営の観点から、人事政策（人材要件、業績評価、昇進等）やコンプライアンス等は、どのような方針、内容とすべきですか。その場合の注意点等は？

コラム　　213
グローバル人事

8章　海外拠点リスクを管理する

8-1　　216
ある事業部門の部長をインドネシア現地子会社に代表取締役として送り込むことを計画中です。部長の当社での社員資格はどう取り扱うべきですか。この人事異動に社員本人の同意は必要ですか。

8-2　　219
他社では現地子会社の不祥事が多いようです。前問（Q8-1）のように代表取締役を送り出すとき、当社にはどのような準備が必要ですか。

8-3　　223
ある事業部門の部長を出向させ、タイの現地子会社に取締役として送り込んでいます。この者が現地で巨額の横領をしていたことが判明しました。どのように調査・処分すべきですか。

8-4　　228
経理部長を出向させ、現地子会社に取締役経理部長として送り込みました。当該経理部長在任中に現地人経理スタッフが犯した、巨額の横領行為が発覚しました。当社はこの者の監督不行届きの責任を問えますか。

8-5　　232
当社には、インドネシアの現地子会社に代表取締役として出向中の社員がいます。この社員が現地でやむをえず贈賄していたことが発覚しました。当社はどう対応すべきでしょうか。

8-6　　238
タイの現地子会社に代表取締役を送り込んでいますが、不祥事防止の観点から任期や後任をどう考えるべきでしょうか。

8-7 241
全社をあげて、海外子会社不祥事を防止するための取組みを検討しています。人事部ができることは何でしょうか。

コラム 245
海外派遣前セミナー

9章　国際的にリストラを断行する

9-1 248
アジアで現地子会社を擁する事業部門の縮小計画を策定中です。労働法上の整理解雇の規制を考えた場合、人員削減は当社、現地子会社いずれでするべきでしょうか。

9-2 251
当社が擁するグループ内にある子会社では、グループ一括採用による社員がいます。この子会社の特別清算が決まり、所属する社員全員を解雇するに際して求められる解雇回避努力義務はどの程度ですか。

9-3 254
当社はアメリカ本社の現地子会社ですが、事業縮小のため整理解雇をすることになりました。人選基準として50歳以上を設けるつもりですが、アメリカ本社からは年齢差別に当たり不適切と指摘されました。年齢基準をどう考えるべきですか。

9-4 257
前問（Q9-3）の場合において、当社は51歳のアメリカ人を整理解雇しました。するとこのアメリカ人はアメリカに帰国後、アメリカの裁判所に当社を相手取って解雇の効力を争う訴訟を提起してきました。どう対応すべきですか。

9-5 260
当社が属するアメリカ本社グループでは、2008年金融危機以降、グループ全体で人員削減を行っています。削減人数は本社から指示され、当社への割当ては10人です。整理解雇の4要件中、人員削減の必要性をどのように主張立証すべきですか。

9-6 263
当社はアメリカ本社のグループ傘下にあり、社員1000人を擁し、少数労働組合が一つだけあります。整理解雇を検討中ですが、人選の際に組合員資格をどう考えるべきですか。

9-7 268
アメリカ本社のグループ傘下にあり、本社から人員削減を命じられています。当社は、社員の自主性に任せる希望退職の方法をとりたいのですが、それでは優秀な人材から辞めてしまうと指名退職勧奨が指示されました。どちらが適当でしょうか。

9-8 271
退職加算金を付けた指名退職勧奨を行う計画です。退職勧奨のやり方に関し留意すべき点は何ですか。

9-9 274
人員削減の方法として、まず希望退職を募り、それでも目標に届かなければ整理解雇をする計画です。しかし、いずれの段階においても極力社員からの自主的な退職申入れを促したいです。申入れを待つ期間はどの程度に設定すべきですか。

9-10 276
当社が属するアメリカ本社傘下のグローバル企業グループでは、パフォーマンスレビューが世界統一基準で行われ、アメリカ本社では低成績を繰り返す者は解雇されます。当社においても、本社から指示のあった、この政策の実現は可能ですか。

9-11 279
当社は、アメリカ本社の方針を受け、国内工場を閉鎖してタイに製造拠点を移し、国内では販売業務に特化して収益性を回復する計画です。工場で働く製造工の整理解雇は可能ですか。

コラム 285
企業と戦略的リストラ

10章　国際化する労組とつき合う

10-1 290
当社に対し、当社工場で数多く勤務するフィリピン人によって労組が組織されたという宣言と、英語で賃上げ交渉をし、それができない場合には英語通訳を当社負担で同席させること、という要求とがありました。応じる義務はありますか。

10-2 294
当社はタイに現地子会社を有し、現地子会社は現地労組と団体交渉してきました。現地労組は、日本の労組を通じて、当社および現地子会社に、日本で団交を申し入れてきました。当社には応諾義務がありますか。

10-3 297
労組とユニオンショップ協定を締結しています。ところが、このたび採用した外国人社員が、組合費を支払いたくないとして労組加入を拒否しています。どう対処すべきですか。労組から当該外国人社員の解雇を要請されたら、どうすべきですか。

10-4 300
有期で働く外国人労働者数十名を雇止めし、彼らが加入したという労組から要求を受けて、団交を数回重ねました。しかし、当社の調べでは、彼らの多くはすでに本国に帰国しています。当社は今後も団交に応じる必要があるでしょうか。

10-5

当社には過半数労組Mがあります。最近外国人社員が労組Nを結成し、Mと同等の組合事務所の無償貸与を求め、断わると国籍差別だと言っています。当社は応じる義務があるでしょうか。

10-6

当社には、ヨーロッパに現地子会社があります。当社社員が組合員である労働組合は、OECD多国籍企業行動指針に当社が違反したと、OECD日本連絡窓口に申立てしました。当社はこの手続に応じる義務がありますか。

コラム
労働争議に思うこと

あとがき―本書の由来

項目索引

表紙カバーデザイン――竹内雄二

1章
労働法を国際場面に適用する

1-1

当社では、社員に海外出張や海外の支店等への赴任を命ずる機会が増えてきました。こうした海外勤務にはどこの国の労働法が適用されるでしょうか。そもそも、国際的な労働関係の場合、労働法の適用はどのように考えるべきでしょうか。

1　問題の所在──外国勤務と適用法規の決定問題

　本問のように、企業がその社員に外国出張をさせたり、海外の支店や子会社での勤務をさせたりする場合を、広く海外勤務と呼びます。

　こうした海外勤務には、さまざまな形態とそれぞれの特色があります。例えば、海外出張は、通常は短期のことが多いですし、特に、出張中であっても、普段所属している事業場の上司からの指揮命令を受けて勤務している点に特色があります。他方、海外支店での勤務（海外駐在とも呼ばれます）や海外子会社での勤務（海外出向とも呼ばれます）は、比較的長期にわたることが多いうえ、特に、勤務中は赴任先の海外支店や海外子会社の中での指揮命令を受けて勤務し、いわば、海外の事業場の組織に原則として組み込まれる点で特色があります。もちろん、海外支店での勤務の場合は、国内での転勤と同様に、同じ法人の中で異なる事業場に所属することになりますし、海外子会社での勤務の場合は、国内での出向と同様に、子会社とはいえ本来の雇用主とは別の事業主のために労務を提供し、その事業場の組織に原則として組み込まれることになります。

　このように、日本企業の社員が海外において勤務する場合、外国は独自の主権をもち、独自の法律を制定していますので、その国の労働法が適用されるのではないかとの問題が生じます。他方で、そうした海外勤務中の社員も、日本企業と労働契約を締結し、これまで日本で就労してきていることなどから、日本法がなお適用されるのではないかという点も問題となります。そこで、海外で勤務している社員については、どこの国の労働法が適用されるのかを決定しなければならなくなるのです。この点は、企業にとっては、どこ

の国の労働法に従えば法の遵守をしているといえるのかという問題となりますし、また、具体的に労働紛争が生じて裁判となった場合には、どこの国の労働法を適用して判断がなされるかという問題となります。

2　適用法規の決定にあたっての考え方――2つのアプローチ

(1)　適用法規の決定プロセス

　複数の国がかかわってくる状況においてどこの国の法が適用されるのかという問題は、もちろん、労働関係に限って生じるわけではありません（単純な例では、国籍の異なる夫婦の結婚や離婚の場合にも同様の問題が起きます）。この点は、これまで、国際私法という法分野で主として検討がなされてきており、そこでは、どこの国の法が適用されるかという問題（適用法規の決定問題）について解答を与える法的ルールを明らかにするための検討がなされてきました（こうした特別のルールは抵触法と呼ばれ、民法や刑法といった通常の法的ルールは実質法と呼ばれます）。

　複数の国がかかわる事件（渉外事件とも呼ばれます）における適用法規の決定問題は、最終的には裁判所において解決されるものです。その場合の判断のプロセスを簡単にみておきますと、裁判所は、まず、①自国の裁判所がその事件について裁判する権限をもつか（国際裁判管轄の問題）を決定します。国際裁判管轄が認められる場合には、次に、②その事件について適用される法（実質法）はどこの国のものかを決定します（適用法規の決定）。そして、適用される法が決まった後に、③その事件の事実関係に適用される法を当てはめて結論を下すというプロセスがとられます（この③の段階は純然たる国内事件と同様です）。

　実際には裁判にならない紛争も多く、また、企業が法を遵守するにあたっては、必ずしも裁判を想定する必要はないのですが、最終的には、裁判になった場合に適用される法はどこの国のものかを考えることになりますので、以上のプロセスのうち②の適用法規の決定は、企業が日常的に活動する際の法の遵守という観点に立った場合でも重要な意味をもつものです。

(2)　準拠法選択のアプローチ

　さて、以上みてきた適用法規の決定については、2つのアプローチがあります。まず、第一は、「準拠法の選択」というアプローチです。これは、裁

判所にとって複数の国の法が適用されうる場合に、そのうち一つの国の法を選択するアプローチで（図表1−1）、伝統的には、契約や不法行為など「私法」と呼ばれる法領域で用いられています。準拠法の選択をどのように行うかについては、国によって異なるルールがあり、訴えが提起され、国際裁判管轄権をもつ国のルールが適用されます。例えば、日本の国際裁判所に訴えが提起され、日本が裁判管轄権をもつ場合には、法の適用に関する通則法（通則法）の定めるルールが適用されます（かつては「法例」という法律がありましたが、平成18年に制定された通則法により大きな変更が加えられました）。

「私法」の領域では、各国の裁判所にとっては、自国法も外国法も原則として平等に適用される可能性があるとされており（内外法の平等と呼ばれます）、そのため、複数の国がかかわる事案では、いずれの国の法に準拠すべきかを選択する必要が生じるのです。労働契約に関する民事上の権利義務関係を定めた労働契約法は、このアプローチが用いられる典型的な労働法規です。

(3) 地域的適用範囲画定のアプローチ

次に、第二のアプローチは、「地域的適用範囲の画定」のアプローチと呼ばれるものです。これは、「準拠法の選択」のアプローチとは異なり、複数の国の法のうちから適用される法を選択するのではなく、自国法の適用範囲がどこまで及ぶかを検討するものです（図表1−2）。

このアプローチは、刑法など、公権力の行使の色彩が強い、いわゆる「公法」について用いられてきたものです。こうした「公法」の場合、それを制定した国が国家主権に基づきその適用にあたることから、裁判所が外国法を適用することは想定されないため、「私法」の場合のような複数の国の法から適用すべき法規を選択するというアプローチはとられないことになるのです。ここでは、通則法のような一般的な抵触法上のルールは存在せず、各法規の解釈により、その地域的適用範囲が画定されることになります。また、こうした法規は、契約当事者の適用法規に関する合意などの準拠法選択の決定枠組みとは関係なく直接適用されることが多く、「絶対的強行法規」ないし「国際的強行法規」と呼ばれることがあります。

労働法の領域でも、行政機関が介入するなど公法的色彩がある法規につい

1　山川隆一著『国際労働関係の法理』（信山社、1999年）12頁以下参照

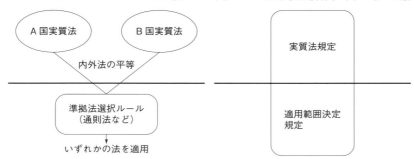

てはこのアプローチがとられることになります。労基法は、違反に対して刑罰が科され、労働基準監督官による行政取締がなされますので、このアプローチがとられるものと考えられますが、この点については、労基法が民事裁判で用いられる場合には準拠法選択のアプローチがとられるという見解もあります。[2]

また、職業安定法や労働者派遣法などの労働市場法も、その実施にあたっては行政機関の介入や刑事罰が予定されていますので、地域的適用範囲の画定のアプローチがとられますが（労働者派遣法24条3項は、海外への労働者派遣を想定した規定です）、具体的適用範囲を画定する際には、日本の労働市場政策の実現の必要性という観点が重要となると思われます。労組法も、不当労働行為については労働委員会という行政機関による法の実現が予定されていますので、やはり地域的適用範囲の画定のアプローチがとられており、日本に存在する労使関係について適用されると考えられます。[3]

3　海外勤務と適用法規の決定

(1)　労働契約の準拠法

ア　通則法と労働契約の準拠法

では、日本企業の社員が海外勤務をする場合、その労働契約についての準

2　山川・前掲書178頁以下、村上愛著「国際労働関係と法」（土田道夫＝山川隆一編『労働法の争点』ジュリスト増刊、有斐閣、2014年）255頁など参照
3　T社ほか1社事件・東京高判平成19. 12. 26労経速2063号2頁。ただし、労働協約の債務的効力については、準拠法選択のアプローチがとられると思われます。以上については、山川・前掲書198頁以下参照。

拠法はどうなるでしょうか。まず、労働契約の準拠法に関する通則法のルールをみてみます。

通則法7条によれば、法律行為（契約も法律行為の一種です）の成立および効力については当事者の合意による選択が認められています。労働契約という法律行為についても基本的には当事者の合意による準拠法の選択が可能ですが、同法12条1項は、労働契約に関し、当事者の法選択により適用すべき法が、当該労働契約にもっとも密接な関係がある地の法（以下、最密接関係地法）以外の法である場合、労働者が、最密接関係地法のうちの特定の強行規定（上でみた「絶対的強行法規」より広い概念であり、例えば、民事法規である労働契約法16条（解雇権濫用に関する規定）も含まれます）を適用すべき旨を使用者に対して表示したときには、その強行規定をも適用すると定めています。これは、使用者と労働者の交渉力格差にかんがみて、当事者の合意による準拠法選択に一定の制約を課したものです。

ここで、労働契約についての最密接関係地法とはどこの国の法をいうかが問題となりますが、通則法12条2項は、原則として当該労働契約において労務を提供すべき地（労務提供地）の法が最密接関係地法と推定されるとし、労務提供地を特定できない場合には当該労働者を雇い入れた事業所の所在地の法が最密接関係地法と推定されるとしています。また、労働契約の当事者が準拠法を選択しなかった場合は、同様に、原則として労務提供地の法が最密接関係地法と推定されますが、労務提供地を特定できない場合には当該労働者を雇い入れた事業所の所在地の法が最密接関係地法と推定され（同条3項）、これらの法が準拠法となります（8条1項）。

なお、以上のルールにおいては、労働者が日本人であるか外国人であるかという国籍の問題は、準拠法の選択につき直接影響するものではありません。また、以上のルールにおける「労働契約」とは、日本法における労働契約（労働契約法6条）がこれに当たることは問題ありませんが、通則法独自の概念ですので、厳密にいえば、日本法における労働契約と一致する必要はなく、これに類する労務供給契約も含まれうると考えられます。

イ　海外勤務の場合

先にみたように、労働契約上の問題、例えば解雇の民事上の効力などにつ

いては、準拠法選択のアプローチが用いられます。そこで、以上の通則法上のルールによれば、契約に関する準拠法の選択については原則として当事者の合意による選択が可能であるため、契約書などで明確に合意がなされていれば、原則として、それに従って準拠法が決定されます（ただし、労働契約の場合、上述の通則法12条1項による制約が重要な意味をもちます）。

　実務上は、準拠法に関して明示的に合意をしていない場合も多いでしょう。その場合には、通則法12条3項により、原則として労務提供地の法が最密接関係地の法として準拠法とされることになります。海外支店での勤務（海外駐在）や海外子会社での勤務（海外出向）の場合は、労務提供地はその所在地である外国であることが多いと思われますので、その国の法が適用されるのが原則となります。

　ただし、海外駐在や海外出向の場合には、一定の赴任期間を終えたら日本に帰任することも多いと考えられます。そのような場合は、特に解雇などの問題につき、赴任中に限りその国の解雇ルールによるということは想定されておらず、赴任の前後を通じて日本の解雇ルールによるという、当事者の黙示の合意による準拠法の選択があったと認定できる場合も多いと思われます（裁判例では、日本企業の社員が海外勤務をしている際の問題についても、日本法を適用しているものが大部分です）。また、通則法12条3項の例外として、赴任前後の労務提供地である日本が最密接関係地とされることもありうるでしょう。

　もっとも、当初からもっぱら外国で就労することを内容とする労働契約を結んだ場合は、このように日本法が準拠法として選択されたと認定するのは難しいこともありうるでしょう。[4]

　他方、海外出張の場合、すなわち、通常国内の使用者の指揮命令のもとで労務を提供している社員が、一時的に海外に出張して就労する場合には、出張中も国内の使用者の指揮命令が継続しているといえますので、労務提供地が出張先の国とはいいにくい面があります。したがって、海外出張の場合は、

---

[4] やや特殊な事例ですが、ドイッチェ・ルフトハンザ・アクチェンゲゼルシャフト事件・東京地判平成9.10.1労判726号70頁では、ドイツの航空会社に雇用された日本人の国際線客室乗務員につき、ドイツで雇用契約が締結され、契約書において労働条件はドイツの労働組合が締結した労働協約によるとされていた事案で、ドイツ法が準拠法として選択されていたと認定されています。

出張先が労務の提供地であるとしても、最密接関係地法は、出張以前に通常労務を提供していた国の法（日本企業で通常働いている社員の海外出張の場合は日本法）と考えるべきでしょうし、また、当事者としては、出張中においても、原則として日本法を準拠法として選択しているものとみるべきでしょう。

　いずれにせよ、当事者が選択した法が、以上の最密接関係地法とは異なる場合には、通則法12条1項により、社員が、最密接関係地法のうちの特定の強行規定を適用すべき旨を使用者に対して表示したときには、その強行規定を・も・適用することになります。例えば、日本企業の社員が海外出張している間に解雇されたという事案では、日本法が最密接関係地法であるとされる場合には、合意により外国法が準拠法として選択されていたとしても、その社員が解雇権濫用法理を定めた労働契約法16条を適用すべき旨を使用者に表示したときには、同条によって解雇が許されるかどうかについても検討する必要があると考えられます。労働契約法16条は、通則法12条1項にいう「強行規定」に当たると考えられているからです[5]。使用者の安全配慮義務を定めた労働契約法6条についても同様のことがいえるでしょう。

(2) **地域的適用範囲の画定**

ア　**労基法の地域的適用範囲**

　次に、地域的適用範囲の画定については、このアプローチがとられる法規ごとに検討することになります。海外勤務の場合、主として問題となるのは労基法ですが、同法については、先にみたとおり、刑罰法規および行政取締法規としての側面については、上記の地域的適用範囲の画定のアプローチがとられることに異論はありません。労基法の民事法規的側面についても同様に、その地域的適用範囲に含まれる限り、労働契約の準拠法いかんにかかわりなく適用されると考えられますが、上記のとおり、準拠法選択のアプローチによるべしとの見解もあります。この見解による場合には、基本的には(1)で述べたことと同様のことが当てはまりますが、労働時間などについては、赴任先国の法によるという準拠法選択の合意が認められることが多いでしょう。

---

[5]　小出邦夫編著『逐条解説・法の適用に関する通則法』（商事法務、2009年）157頁

そこで、地域的適用範囲の画定のアプローチのもとでの労基法の具体的な適用範囲についてみますと、同法は、「事業」に適用される構造をとっているため（9条参照）、問題は、「事業」にはいかなる地域的要件が課されるかという形で現われます。そして、国家の社会政策と密接なかかわりをもつ労基法は、国家権力の関与の強い規制システムを採用しており、国家権力の行使はその国の領域内に限定されるのが一般であること、また、他国の労働条件に規制を及ぼす意図はうかがえないことからすると、同法は、日本国内に所在する「事業」に適用されると考えられます。行政解釈もこうした立場をとってきています（昭和25.8.24基発776号参照）。

イ　海外勤務と労基法・労災保険法

　このように、労基法は、日本国内に所在する「事業」に適用されると考えられていますので、日本企業の海外支店や海外子会社での海外駐在や海外出向の場合は、国外に所在する事業場での就労になるため、労基法は適用されないのが原則となります。この場合には、労務提供を行っている赴任先国の労働法規が適用されることが通常でしょう。そのため、海外勤務をしている社員の人事管理においては、赴任先国の労働法についての知識が必要になることがあります（その他、次に述べる海外出張を含め、赴任先国における入国管理法令の規制も無視できません）。

　海外勤務の場合は、労災保険法の適用もしばしば問題となりますが、労災保険法も、労働者を使用する「事業」を適用事業としており、基本的には労基法と同様に解釈されるべきこととなります。ただし、海外勤務先の国の労災補償のレベルが低いなどの事態に対応するために、労災保険法は、海外勤務者等のための労災保険特別加入制度を設けています（33条7号、36条）。この特別加入制度は、海外勤務者等が特別に加入手続をとることによって、本来労災保険法の適用が及ばない海外においても同法による保険給付を認めるもので、明文の規定により、同法の地域的適用範囲を日本の領域外に拡大すること（「域外適用」といいます）を認める制度といえます。

　他方、いわゆる海外出張の場合は、社員は国内の事業場に所属しつつ、そこでの使用者からの指揮命令を受けて一時的に国外で就労しているにとどまるので、労基法の適用は可能といえます（ただし、労働時間規制の適用がどう

なるかなど、海外出張という就労形態の特殊性を考慮すべき問題が残ることはいうまでもありません)。労災保険法のもとでは、従来から同様の解釈がなされてきており、海外出張中の労働災害については、上記の特別加入制度を用いるまでもなく保険給付の対象となりうるとされています(昭和52.3.30基発192号。中国出張時における宴会の際の飲酒による嘔吐・窒息死を業務上の災害とした事例として、渋谷労基署長事件・東京地判平成26.3.19労経速2210号3頁があります)(**Q5-7**参照)。

　また、海外の支店や現地法人に赴任した社員についても、退職金や年次有給休暇、解雇などについては、日本国内の事業場でその雇用管理の一部がなされたり、使用者としての権限が行使されたりすることがありえます。このような場合、そうした事項を規律する規定の適用に関しては、社員は、当該権限の帰属する国内の事業場になお「使用」されていると評価でき、国内の事業者の権限行使に関する限り、労基法を適用することができるのではないかと考えられます[6]。

　　　　　　　　　　　　　　　　　　　　　　　　　　（山川隆一）

---

[6] 山川・前掲書184頁以下参照

1-2

当社では、外国人の雇用を考えています。こうした外国人社員にはどこの国の労働法が適用されるのでしょうか。また、日本法が適用される場合、日本人社員とは内容が異なるでしょうか。

1 外国人労働者と入管法の規制

　外国人労働者を雇用する場合、労働法以前に、入管法上の規制や手続を考える必要があります。入管法は、外国人の日本への入国、日本からの出国および日本での滞在等について規律を行っており、外国人は、一定の要件のもとで日本における在留の許可が与えられた場合に、その範囲・期間内でのみ日本に滞在でき、また、活動を行うことができる資格を有することになるからです。このように日本に入国して滞在できる資格要件のことを、在留資格といいます[7]。

　そして、日本の入管法は、現在、単純労働を目的とした外国人の入国・在留を原則として認めておらず、外国人を雇用するためには、高度な人材を類型化した一定の在留資格の要件に該当する必要があります（この点については、Q3-1で扱われています）。ただし、以上の原則には幾つかの例外があり、例えば、いわゆる日系人については、「永住者」や「定住者」の在留資格のもとで、単純労働も行うことができます。また、外国への技能移転を目的とした、いわゆる「技能実習」の在留資格のもとで、技能習得を行いつつ、必ずしも高度人材とはいえない一定の職種につき就労が認められることもあります。

2 外国人労働者と労働契約の準拠法

　次に、外国人労働者を雇用する場合には、どの国の労働法が適用されるかも問題になりえます。ここでは、Q1-1でみたように、①伝統的に「私法」と呼ばれてきた法規（労働契約法など）については、通則法が定める準拠法

---
[7] 在留資格の詳細については、山脇康嗣著『詳説 入管法の実務』（新日本法規出版、2010年）参照

選択のルールによって適用法規が決定されます。他方、②伝統的に「公法」と呼ばれてきた法規(労基法など)については、各法規の解釈によってその適用範囲が画定されることになります。

　結論的にいえば、本問のように日本に事業の本拠(本店)を置いている日本企業が、日本で就労する外国人を雇用する場合には、日本の労働法が適用されるのが通常だと考えられます。まず、①の準拠法選択の問題についてみてみますと、外国人との契約において労働契約に適用される準拠法を定めなかった場合には、通則法12条3項により、労務を提供すべき地(労務提供地)がその契約にもっとも密接に関係するものと推定されるので、同法8条1項により、労務提供地法である日本法が適用されることが原則となります。

　また、もし契約において日本法以外の法を準拠法と定めたとしても、通則法12条1項、2項によって、労働者の意思表示に基づき、当該契約にもっとも密接な関係があると推定される労務提供地法である日本法の強行規定が適用されるのが原則となります。そして、労働契約法上の規定の多くは強行規定であると考えられるため(解雇権濫用法理を明文化した同法16条などが代表例です)、労働契約法が適用される可能性は高くなります。また、次に述べる労基法等は、契約準拠法のいかんにかかわらず適用されます。

　例えば、アメリカのニューヨーク州法に準拠して設立された会社であっても、同国に居住するアメリカ人を、同社の日本子会社での特定のポジションのために雇用した場合には、労働契約書上、ニューヨーク州法が労働契約の準拠法であること、および同州法のもとでのいわゆる随意雇用(employment at will)の原則に基づき解雇は自由であることが明記されていたとしても、通則法12条1項によって、同人が主張する限り日本の解雇権濫用法理が適用されることになります。ただし、そのポジションが不要となったため同人を解雇するような場合、解雇権濫用法理をどのように適用するかは別の問題となりえます(この点は4(2)で説明します)。

　以上のように、外国人労働者については、労務提供地が日本であることが重視されています。また、日本の国籍をもたない外国人であることは、入管法による規制がなされる理由にはなりますが、労働契約についての準拠法の選択には基本的に影響を及ぼしません。そのため、外国で生活してきた日本人

を日本で雇用する場合にも、以上述べてきたことが妥当すると考えられます。

　これに対し、外国に事業の本拠のある会社が、そこで雇用した社員を一定の赴任期間を定めて日本所在の支店や子会社に駐在ないし出向させる場合には、労働契約等により外国法が準拠法として選択される場合も少なくないでしょうし、そのような合意がない場合でも、当該外国が労働契約にもっとも密接な関係のある土地であると評価される可能性もあります（この点はQ1-3で詳しく説明しますが、Q1-1でみた、日本企業がその社員に海外勤務をさせる場合と裏腹の関係といえます）。ただし、次に述べる労基法などの「公法」に属する労働法規は、日本所在の支店や子会社で就労している社員については、準拠法の選択とは関係なく適用されることが通常です。

3　外国人労働者と労基法・労組法等の適用
(1)　労基法等
　次に、上記②の「公法」の場合は、各法規の解釈として外国人労働者への適用の有無が決定されます。まず、労基法については、「事業」に適用される構造になっており（同法9条）、刑事罰や労働基準監督官による行政上の監督・取締といった公権力の行使によって実効性確保をはかっている同法の仕組みからすると、日本国内にある「事業」で使用されている労働者に適用されると考えられます。これは、刑事罰や行政上の監督・取締といった国の公権力の行使は、その国の主権が及ぶ領土における活動についてなされることが原則といえるからです。

　そして、以上のような労基法の仕組みからすると、同法の適用は、労働契約で定めた準拠法いかんにかかわらず認められるものと思われます（Q1-1でみた絶対的強行法規に当たります）。また、労基法は、国籍のいかんにかかわらず適用されると考えられています（同法3条は労働条件について国籍差別を禁止していますが、これは外国人にも同法が適用されることを前提としているといえます。外国人労働者に関する同条による国籍差別禁止の問題についてはQ3-2参照）。

　また、労災保険法や労働安全衛生法、最低賃金法も、労基法と同様に「事業」に適用される構造になっており、労基法と同様に、日本国内にある「事業」で使用されている労働者には、国籍を問わず適用されることになりそう

です。なお、これらの労働法規は、現実に展開されている労働関係に着目して労働者を保護するという趣旨をもちますので、いわゆる不法就労外国人にも基本的に適用されると考えられています（昭和63.1.26基発50号など）。

他方、男女雇用機会均等法については、「事業」に適用される構造にはなっていませんが、行政による実効性確保が大きな役割を果たしていることからすれば、やはり日本で就労している労働者に、国籍を問わず適用されるものと思われます。

(2) 労組法

集団的労働関係に関する法規制を行う労組法については、やや複雑になります。まず、不当労働行為（7条）については、労働委員会という行政機関による救済手続（27条）が用意されているため、準拠法選択のアプローチによらず、独自にその地域的適用範囲を画定することになります。労組法は、労基法のような「事業」に適用される構造にはなっていませんが、日本で労務を提供している労働者が、日本で労働組合を結成し、または日本で活動している労働組合に加入した場合には、その国籍を問わず労組法が適用されることには異論がないでしょう。

また、ここでも、労働契約で準拠法につき外国法を選択しても、労組法の適用には影響を与えないと考えられます。裁判例では、日本企業が直接外国人を雇用した事案ではありませんが、アメリカの会社により雇用されたアメリカ人が日本企業に赴任して就労している間に労働組合を結成しようとしたところ解雇されたという事案において、労働契約上はアメリカ法が準拠法として選択されていたとしても、「労働契約に基く現実の労務給付が…継続して日本国内で行われるようになった場合には、…準拠法選定自由の原則は属地的に限定された効力を有する公序としての労働法によって制約を受ける」としたうえ、本件解雇は労組法7条1号に窺われる公序に反して無効であるとしたものがあります（インターナショナル・エア・サービス事件・東京地決昭和40.4.26判時408号14頁）。

4 外国人労働者への労働法適用上の特色

(1) 労働災害

外国人労働者に日本法が適用される場合でも、その解釈・適用にあたり、

労働者が外国人であることによる特色が表われることがあります。例えば、安全配慮義務（労働契約法6条）については、外国人への安全配慮の内容として、当該外国人にも理解可能な言語で事故防止等のための教育や指示を行うことが求められると考えられます（滋野鉄工事件・名古屋高金沢支判平成11. 11. 15判時1709号57頁、ナルコ事件・名古屋地判平成25. 2. 7労判1070号38頁）。もっとも、これは、労働者の国籍が外国であることから直ちに導かれるものではないでしょう（外国人でも日本語を十分に理解できる場合はありますし、逆に、日本国籍であっても外国で生まれ育ったため日本語能力が十分でない場合がありえます）。

また、外国人の労働災害については、使用者が損害賠償責任を負う場合、後遺障害などによる逸失利益（障害がなければ得られたであろう賃金との差額）の賠償額はどのように算定すべきかという問題があります。この点も、外国人であるがゆえに日本人との間で賠償額に差が生じるわけではありません。問題となるのは、一時的に日本に滞在しているにとどまる外国人の場合や、そもそも日本での就労が法的には想定されていない不法就労外国人の場合です。

最高裁の判例では、不法就労外国人に関して、「予測される我が国での就労可能期間ないし滞在可能期間内は我が国での収入等を基礎とし、その後は想定される出国先（多くは母国）での収入等を基礎として逸失利益を算定する」としたものがあります（改進社事件・最判平成9. 1. 28民集51巻1号78頁）。

この判決は、不法就労外国人の場合には、日本における就労可能期間を長期にわたるものと認めることはできないとして、事故にあった勤務先を退社してから3年間に限り、日本での収入を基礎として逸失利益を計算しましたが、不法就労者以外でも、日本に一時的に滞在して就労している外国人については、個々の事案において、日本での就労が可能なのはどのくらいの期間であるかを予測して、その期間については日本での収入を基礎とし、その後は、予定された出国先での収入を基礎として賠償額を算定することになるでしょう。

(2) **解雇**

また、会社の業務内容にもよりますが、即戦力の上級管理職または専門職

として、外国人を職務を限定して中途採用したような事案で、その後に上級管理職または専門職としては不適格であることが判明した場合には、解雇の問題が生じます。こうした場合、解雇権濫用法理の適用にあたり、社員としての適格性の欠如という解雇事由は、限定された上級管理職または専門職の職務について考えれば足りると考えられますし、他の役職等への降格や配転などの解雇以外の対応をまず検討すべきだともいいにくいでしょう（警告等により改善を促すことは通常なされますが）。

　このような点で、伝統的な意味での日本人従業員の解雇とは異なる面が生じる可能性がありますが、これも、社員が外国人であることによって生じた特色ではなく、伝統的な日本型の雇用とは異なる雇用形態を採用したことによるものだと思われます。外資系企業が上級管理職として中途採用した日本人社員につき、上記のような発想で解雇が有効とされた裁判例もあります（フォード自動車（日本）事件・東京高判昭和59. 3. 30労民集35巻2号140頁）。

　また、社員を特定のポジション（例えば現地子会社の上級管理職）に就けるために雇用した場合、そのポジションが経営計画上不要となったためにその社員を解雇するようなときには、経営上の理由による解雇ではあっても、伝統的な整理解雇の4要件によらずに解雇が有効とされる場合があります（フェイス事件・東京地判平成23. 8. 17労経速2123号27頁。日本企業が中国の現地子会社の社長に就任させるために中国出身者を雇用した事案）。これも、雇用形態ないし雇用目的の特殊性に基づく判断であるといえるでしょう。　　　（山川隆一）

1-3

当社は、アメリカ本社（ニューヨーク州法人）の日本の子会社ですが、アメリカ本社の社員が当社に赴任しています。この社員への労働法の適用はどうなるでしょうか。契約でニューヨーク州法を適用することは可能でしょうか。

1　外国会社と労働法

　本問では、外国会社の日本子会社において、外国の親会社から赴任して就労している社員についての労働法の適用が問題になっています。「外国会社」とは、一般に、外国法に準拠して設立された会社をいい（会社法2条2号）、その本社も外国にあるのが通常です。他方、「外資系企業」という用語もありますが、これは、株式等の所有が外国人や外国会社等であることに着目した用語であり、設立準拠法が日本法である場合も含まれます。

　こうした外国会社が、日本法に準拠して日本に子会社（現地法人）を設立し、自らが株主になる場合は、設立した会社は日本子会社となります。日本子会社は外資系企業であっても外国会社ではありませんが、その雇用する社員については、どこの国の労働法が適用されるかが問題となりえます。

　日本子会社が日本で直接雇用して日本で就労する社員の場合は、日本の労働法規が適用されるのが通常ですが、本問のように、外国の本社がその雇用する社員を日本子会社に派遣し、その社員が日本に赴任して就労している場合には、もともと雇用主は外国会社ですので、適用法規いかんはより現実的な問題になります（このように外国本社から赴任している社員は、エキスパット（expatriate）と呼ばれることもあり、また「海外派遣社員」とも呼ばれますが、労働者派遣法上の派遣労働者とは別個の概念です）。

　こうした現象は、Q1-1でとりあげた日本企業がその社員を海外子会社に派遣する場合に対応するものといえます。ただし、日本企業がその社員を海外子会社に派遣する場合には、いわゆる在籍出向（海外出向）の形がとられ、日本企業との労働契約関係は海外出向中も継続することが多いと思われます

が、外国会社がその日本子会社に自らの社員を派遣する場合には、外国会社とそれまでに締結していた労働契約を解消し、日本子会社で新たに雇用する場合もあるようです。この点は個々の事案ごとに確認する必要があります。

以下では、このような外国本社から赴任している社員について、日本子会社が日本で直接雇用して日本で就労する社員と対比しつつ解説します。また、ここで問題になる労働法規には、Q1-1でみたように、いわゆる「私法」に属する、通則法の定める準拠法選択のルールにより適用が決まるものと、いわゆる「公法」に属する、その法規自体の解釈によりその地域的適用範囲が画定されるものとがありますので、以下ではこの2つに分けて解説します。

2　外国本社からの派遣社員と労働契約の準拠法
(1)　通則法上の原則

通則法12条2項および3項は、労働契約の準拠法に関して、原則として当該労働契約において労務を提供すべき地（労務提供地）の法が労働契約にもっとも密接に関係する地の法（最密接関係地法）と推定されると定め、労務提供地を特定できない場合には当該労働者を雇い入れた事業所の所在地の法が最密接関係地法と推定されると定めています。

そして、同条1項により、労働契約の当事者が、これと異なる法を準拠法とすることに合意した場合でも、労働者が、最密接関係地法のうちの特定の強行規定を適用すべき旨を使用者に対して表示したときには、その強行規定をも適用すると定めています。その場合、労務提供地法上の強行規定は、準拠法選択の合意にかかわらず適用されることになります。また、労働契約の当事者が準拠法につき合意しなかった場合には、最密接関係地法が契約の準拠法となりますので（8条）、労務提供地法が契約準拠法となります。

以上からすれば、外国会社の日本子会社が日本で雇用して日本で労務を提供している社員については、労働契約の準拠法を合意しなかった場合には、原則として日本の労働法が適用されることになります。また、日本法以外を準拠法として選択する合意があった場合でも、社員の主張に応じて、日本の労働法における強行規定が適用されることになります。日本の労働法には強行規定が多く、例えば、労働契約法16条の解雇権濫用法理などがこれに当たると考えられていますので、適用される日本の労働法は多くなるでしょう。

これは、労務提供先が外国会社の子会社である場合に限らず、外国会社の支店など法人格のない事業所である場合も基本的に同様だと思われます。かつて法例のもとでは、契約準拠法については契約締結地法が適用されるものとしており、労働契約については契約締結地と関連性が薄くなることがあるため、裁判例は、労働契約についての最密接関係地法を、黙示の準拠法選択を認定する形で適用する傾向がありましたが、その際には、労務提供地が重視されていました[8]。例えば、イギリス法人の東京事務所に雇用されていたイギリス人の解雇事件において、使用者が労基法に従い解雇予告手当を支払っていること、労務提供地は日本であること、イギリスで労働契約が締結されているが、それは当該イギリス人が所用でロンドンを訪れた際に行われたものであることなどから、日本法を選択したものと認定された事例があります（サッスーン事件・東京地決昭和63.12.5労民集39巻6号658頁）。

(2) 外国本社からの派遣社員

　外国本社からの派遣社員も、日本で労務を提供している点では、日本の子会社が日本で雇用した社員と同様です。そのため、こうした派遣社員が労働契約の準拠法を合意しなかった場合には、原則として日本の労働法が適用されることになりますし、準拠法選択の合意があった場合でも、社員の主張に応じて、日本の労働法における強行規定が適用されることになります。

　例えば、本問のような場合、ニューヨーク州法（およびアメリカにおける他の州法のほとんど）では、いわゆる随意雇用（employment at will）の原則のもとで、期間の定めのない雇用においては、禁止される差別等に当たらない限り労働者を自由に解雇できる原則がとられていますので、アメリカ本社が雇用している社員を日本に派遣して就労させる場合などに、日本子会社に対し、ニューヨーク州法等を労働契約の準拠法として合意することにより、解雇を自由になしうるような人事政策をとることを求める場合がありえます。

　かつての法例のもとでは、契約準拠法選択の自由（7条）はどのような場合に制約されるかにつき見解が固まっておらず、本問のような事案において、アメリカの州法を準拠法として選択する旨の合意を有効として、解雇権濫用法理の適用を認めなかった例がありました（シンガー・ソーイング・メシーン

8　山川・前掲書16頁参照

事件・東京地判昭和44.5.14判時568号87頁)。しかし、通則法12条1項が存在する現在では、労務提供地が最密接関係地に当たる限りは、社員側の主張があれば、解雇権濫用法理を適用しないことは許されないと思われます。

　もっとも、通則法12条による、労働契約については労務提供地が最密接関係地と推定するとのルールは、労務提供地を特定できない場合には適用されず、労働者を雇い入れた地が最密接関係地と推定されます。また、労務提供地や労働者の雇入れ地を最密接関係地と推定するというルールは、あくまで推定ですので、他に最密接関係地があるという反証を行って推定が覆される場合がありえます（ただし、次項3でみるように、絶対的強行法規に当たる労働法規は、その場合でも適用されることがあります）。

　例えば、問題となっている外国本社からの派遣社員が、これまで本社において労務を提供してきており、一定期間の子会社での任務を終えた後には本社に復帰することが予定されているような場合には、子会社に赴任している間だけ労働契約の準拠法が変更されることには合理性がないことがありえ、そのような事案では、赴任前および赴任終了後の労務提供地が最密接関係地とされることがありうるでしょう（この点は、日本に本社のある企業がその社員を海外の子会社等に一定の任期を付して派遣し、その完了後は本社に戻る場合と同様です。Q1-1参照）。

　また、労務提供地を特定できない場合についても、労働者の雇入れ地、すなわち労働契約を締結した土地が常に最密接関係地となるとは限らず、たまたま労働契約を締結した土地とその契約に基づき所属している事業所の所在地（そこから複数の外国への赴任を繰り返しているような場合は、そうした事業所の所在地を労務提供地とはいいにくくなります）が異なる場合などには、そうした所属事業所の所在地が最密接関係地であるとの反証が可能になりそうです。

3　外国本社からの派遣社員と絶対的強行法規の適用

(1)　日本の労働法規の適用

　以上のように、労務提供地が最密接関係地であるとの推定は覆される可能性がありますが、これは労働契約の準拠法についてのことであり、地域的適用範囲の画定のアプローチによって適用される絶対的強行法規（Q1-1参照）

については、その適用範囲に含まれる事案であれば、契約準拠法いかんにかかわらず適用されます。こうした絶対的強行法規の地域的適用範囲は、それぞれの法規の解釈によって画定されることになります。

　主要な労働法規の適用範囲については、日本企業が日本国内で外国人を雇用する場合一般に関してQ1-2で解説したとおりですが、簡単に整理しておくと、労基法については、「事業」に適用される構造をとっているため、日本国内に所在する「事業」において使用される労働者であれば、契約準拠法を問わず適用されると考えられます（同法の刑罰法規としての側面、および行政取締法規としての側面については異論がありませんが、民事法規的側面については準拠法選択のアプローチによるとの見解もあります）。労基法と同様の適用の仕組みをもつ労災保険法、労働安全衛生法、最低賃金法についても、基本的には労基法と同様に解釈されるべきこととなります。男女雇用機会均等法についても、「事業」に適用される構造はとられていませんが、やはり、日本で労務を提供している労働者であれば、国籍を問わず適用されるものと思われます。

　ただし、本問とは事案内容が異なりますが、外国本社からの指揮命令を受けて日本に海外出張しているにとどまる場合には、日本の労働法規は適用されず、当該外国で就労している際に適用される労働法規が継続して適用されることがあるでしょうし、日本の在籍出向と同様の形態で外国本社から他国に赴任し、外国本社との労働契約関係が一部分継続しているような場合には、その限りで当該他国で適用される労働法規が継続的に適用されることもありうると思われます。

(2) 外国の労働法の適用

　地域的適用範囲の画定のアプローチがとられる労働法規の場合は、以上みてきたように、広い意味での労務提供地（労務提供先である「事業」所在地を含みます）の法が適用されるのが原則ですが、労働法規によっては、国内の労働者が外国で労務を提供する場合にも適用範囲が拡大される場合があります。これは「域外適用」と呼ばれ、Q1-1でみた労災保険法の海外派遣者への特別加入制度などは、日本の労働法規が域外適用される例といえます。

　本問のように、外国人が日本で就労する場合、特に、外国会社や外資系企

業に雇用されて就労する場合には、外国の労働法規の域外適用がなされることがあります。例えば、アメリカの雇用差別禁止法は、同国の国外であっても、米国企業（現地子会社を含みます）に雇用されているアメリカ国民にも域外適用される場合が多くみられます[9]。また、そうした労働法規は一般に絶対的強行法規として位置づけられますので、契約による準拠法の選択にかかわらず適用されることになります。

　本問は、アメリカ本社に雇用された社員が日本子会社において就労しているという事案ですが、当該社員がアメリカ国籍をもつ者であれば、アメリカの雇用差別禁止法が域外適用され、人種・性別・宗教・出身国等による差別、年齢差別、障害者差別等は原則として禁止されることになりますので[10]（ただし、現地法によってこれらの差別が強制される場合等については例外が認められます）、雇用管理上留意が必要です。

　　　　　　　　　　　　　　　　　　　　　　　　　　　（山川隆一）

9　山川・前掲書89頁以下参照
10　詳細は、中窪裕也著『アメリカ労働法〔第2版〕』（弘文堂、2010年）参照

1-4
当社は国際的に事業展開をしていますが、国際的な労働関係に関する紛争については、どこの国の裁判所で訴訟が行われるのでしょうか。

1 国際裁判管轄─問題の所在

　国際的な労働関係について訴えが提起される場合、まず、どの国の裁判所で訴訟が行われうるかという、国際裁判管轄の問題を検討する必要があります。どの国で訴訟が行われるかによって、訴訟手続のために裁判所に出頭するコストが違ってきますし、また、どのような手続がとられるかも、国によって異なることがあります（例えば、アメリカで訴訟が行われる場合には、陪審審理がなされることがあります）。さらに、国際的な労働関係については準拠法を決定することも必要になりますが、準拠法を決定するためのルールは、手続が行われる裁判所の所在国のルールによることが一般です（例えば、日本の裁判所で訴訟手続が行われる場合は、日本の準拠法決定ルールである通則法が用いられます）。

　これらの違いを考慮したうえで、原告と被告は、それぞれ自らに有利であると考える国で訴訟手続を進行させようとしますので、国際裁判管轄の存否が当事者間で争われることが少なくありません（ある国の裁判所に訴えが提起された場合、その国に裁判管轄権がないとされたときには、訴え却下等の判断がなされ、それ以上の実体審理は行われないのが通常です）。

　国際裁判管轄についてのルールも国によって異なりうるものですが、ここでは、以下のとおり、いったん日本に訴えが提起された事例につき、日本の民事訴訟法の定めるルールを説明します（外国で訴えが提起され、その国の国際裁判管轄が争われる場合には、Q1-6でみるように、その国のルールにより判断がなされます）。

　① イギリス本社のロンドンにある本店で雇用されたイギリス人が、東京

支社に転勤となっていた間に解雇されたため、東京地方裁判所に解雇の効力を争って訴えを提起した場合
② イギリス本社（本店所在地はロンドン）の東京支社で採用され、アジア各国に出向いて営業活動を行っていたシンガポール人が解雇されたため、東京地方裁判所に解雇の効力を争って訴えを提起したが、採用時の雇用契約書には、将来雇用関係上の訴えを提起する場合はロンドンの裁判所のみとする旨の定めがある場合
③ 東京に本店がある日本企業で採用された日本人が、退職後に中国に移住したうえ中国に本店がある中国企業に採用され、競業避止特約に反して、日本と中国において同種の業務に従事しているため、日本企業から同人に対し、日本の裁判所において競業避止義務違反を理由とする損害賠償請求を行う場合

2 民事訴訟法における国際裁判管轄のルール

国際的紛争についてわが国の裁判所が国際裁判管轄権をもつかという問題については、従来は法律上直接の定めがなく、解釈に委ねられていましたが、平成23年の民事訴訟法改正により規定が設けられました（3条の2～12）。

例えば、
① 会社のような法人に対する訴えについては、その主たる事務所または営業所が日本国内にある場合

などにおいては日本の裁判所が管轄権をもつとされるほか（3条の2第3項）、

② 契約上の債務の履行請求や債務不履行を理由とする損害賠償請求については、債務の履行地が日本にある場合（3条の3第1号）
③ 事務所または営業所を有する者に対する訴えでその事務所または営業所における業務に関するものについては、当該事務所または営業所が日本国内にある場合（同第4号）
④ 日本において事業を行う者に対する訴えについては、当該訴えがその者の日本における業務に関するものである場合（同第5号）
⑤ 不法行為に関する訴えについては不法行為があった地が日本国内にある場合（同第8号。上記改正前の事件ですが、海外の親会社が日本の子会社を解散してその社員を解雇したことが不法行為に当たるとして損害賠償請求

がなされた事案で、日本に国際裁判管轄権が認められています（リーダーズ・ダイジェスト事件・東京地判平成元.3.27労民集40巻2 = 3号323頁））に、原則として日本の裁判所が管轄権をもつと定められています。

また、労働契約については特別規定があり、

⑥ 労働契約の存否その他の労働関係に関する事項について、個々の労働者と事業主との間に生じた民事紛争（「個別労働関係民事紛争」）に関する労働者からの事業主に対する訴えは、個別労働関係民事紛争に係る労働契約における労務の提供の地（その地が定まっていない場合にあっては、労働者を雇い入れた事業所の所在地）が日本国内にあるときは、日本の裁判所に提起することができる

とされています（3条の4第2項）。また、個別労働関係民事紛争に関する事業者から労働者に対する訴えについては、国際裁判管轄に関する民事訴訟法3条の3（上記②から⑤を含みます）は適用されないと定められています（3条の4第3項）。

労働契約の当事者による管轄の合意（合意管轄）に関しても定めがあり、合意の効力が認められる場合は制約されていますし、いわゆる専属管轄の合意は原則として否定されています。すなわち、将来において生ずる個別労働関係民事紛争を対象とする国際裁判管轄に関する合意は、①労働契約の終了のときにされた合意であって、そのときにおける労務の提供の地が存在する国の裁判所に訴えを提起することができる旨を定めたもの（その国の裁判所にのみ訴えを提起することができる旨の合意は、次の②に掲げる場合を除き、その国以外の国の裁判所にも訴えを提起することを妨げない旨の合意とみなされます）であるとき、あるいは、②労働者が当該合意に基づき合意された国の裁判所に訴えを提起したとき、または事業主が日本もしくは外国の裁判所に訴えを提起した場合において、労働者が当該合意を援用したときに限り、その効力を有するとされています（3条の7第6項）。

3 具体的事例

(1) 海外本社から赴任してきた社員の訴え

まず、上記1①でみた、イギリス本社のロンドン本店で雇用されたイギリス人が、東京支社に転勤となっていた間に解雇され、東京地方裁判所に解

雇を違法と主張して訴えを提起したという事例を考えます。

原告であるイギリス人の労働契約の相手方である会社は、本店はロンドンにありますが、日本支社への転勤中に解雇されたというのですから、その解雇をめぐる紛争は、特段の事情がない限り、日本支社での業務に関するものであると考えられます。そうすると、本件訴えについては、事務所または営業所を有する者に対する訴えであって、その事務所または営業所における業務に関するものとして、民事訴訟法3条の3第4号により、日本に裁判管轄権があると考えられます。また、本件訴えは、会社の日本における業務に関するものであるとして、同第5号の適用が考えられます。さらに、本件訴えは、個別労働関係民事紛争に関する労働者からの事業主に対する訴えであり、労働契約における労務の提供地は日本にあると考えられますので、同法3条の4第2項によっても、日本に裁判管轄権があると考えられます。

なお、日本に裁判管轄権が認められる場合には、日本のどの裁判所が土地管轄権をもつかという問題に移りますが、本件は、事務所または営業所を有する者に対する訴えでその事務所または営業所における業務に関するもの（同法5条5号）として、事務所または営業所の所在地である東京を管轄する、東京地方裁判所が土地管轄権をもつことになると思われます。また、この事例のような海外から赴任している外国人社員の労働紛争に関する準拠法については、Q1-3をご覧ください。

(2) 現地子会社社員の訴えと合意管轄

次に、上記1②でみた、ロンドンに本店のあるイギリス本社の東京支社で採用され、アジア各国に出向いて営業活動を行っていたシンガポール人が解雇されたため、東京地方裁判所に解雇の効力を争って訴えを提起したものの、採用時の雇用契約書には、将来雇用関係上の訴えを提起する場合はロンドンの裁判所のみとする旨の定めがあるという事例を考えます。

本件訴えについては、上記(1)の場合と同様に、事務所または営業所を有する者に対する訴えでその事務所または営業所における業務に関するものとして、また、会社の日本における業務に関するものであるとして、民事訴訟法3条の3第4号または第5号の適用が考えられます。さらに、アジア各国に出向いて行う営業活動が、東京支社からの指揮命令でなされている、すなわ

ち、東京支社からの出張と評価される場合には、労務提供地は日本であるとして、同法3条の4第2項によって日本に裁判管轄権があるとされる可能性もあります。

もっとも、アジア各国に出向いて行っている営業活動が、東京支社の事業活動とはいえない場合もありうるかもしれません（指揮命令が本店や東京支社など多数の事業所から行われていたような場合が考えられます）。その場合でも、同法3条の4第2項により、労働契約における労務提供地が定まっていない場合で、労働者を雇い入れた事業所の所在地が日本国内にあるときに当たるとして、日本に裁判管轄権があるとされることになるでしょう。

以上に加えて、本問では、雇用契約書上の、訴えを提起する場合はロンドンの裁判所のみとする旨の定めが、専属的管轄合意としての効力をもつものとして、日本の裁判管轄権が否定されるかが問題となります。しかし、この合意は採用時の合意ですから、民事訴訟法3条の7第6項1号にいう、労働契約の終了時にされた合意であるとはいえませんし、また、この規定による管轄合意は、基本的には専属的管轄合意としての効力をもたず、他の国の裁判所にも訴えを提起することは妨げられませんので、この合意により、本件訴えにつき日本の裁判管轄権を否定することは難しいと思われます。

(3) 退職後の競業避止義務違反に対する訴え

最後に、上記1③でみた、日本企業の東京の本店で採用された日本人が、退職後に中国に移住して中国企業に採用され、競業避止特約に反して、日本と中国において同種の業務に従事しているため、日本企業から同人に対し、日本の裁判所において競業避止義務違反を理由とする損害賠償請求を行うという事例はどうでしょうか。

民事訴訟法3条の4第3項により、個別労働関係民事紛争に関する事業者から労働者に対する訴えについては、同法3条の3は適用されませんし、また、労務提供地につき国際裁判管轄を認める3条の4第2項も、労働者から事業主に対する訴えについてのみのものですので、個別労働関係民事紛争に関する事業者から労働者に対する訴えについては、同法3条の2第1項により、労働者の住所が日本国内にある場合等にのみ、日本の裁判所が管轄権を有することになります。競業避止義務違反を理由とする損害賠償請求は個別

労働関係民事紛争に関する訴えといえますので、この事例については、元社員が中国に住所を有しているとみられる以上、日本では訴えを起こせないことになります。

　ただし、退職時において、競業避止義務違反に関しては日本の裁判所で訴えを提起できる旨の合意をしている場合には、労働契約の終了時に、そのときにおける労務の提供の地が存在する国の裁判所に訴えを提起することができる旨を定めたものといえますので、同法３条の７第６項１号による管轄合意の効力が認められ、日本の裁判所で訴えを提起できることになります。

　以上のほか、競業行為を行っている中国企業に対して訴えを起こす場合には、企業対企業の紛争になりますので、民事訴訟法３条の３に基づく国際裁判管轄権が認められます。その際に、元社員もあわせて被告とする場合には、同法３条の６に基づき、会社に対する損害賠償請求と密接な関連を有し、かつ、同法38条前段にいう共同訴訟の要件を満たすのであれば、元社員に対する訴えについても、あわせて国際裁判管轄権が認められうると思われます（ただし、応訴の負担等を考えて、同法３条の９により却下される可能性もあります）。

（山川隆一）

1-5

当社の海外子会社で採用し当社東京本店に出向していたＡがミスを多発させたため、子会社はＡに対して解雇通知を発しました。Ａは、解雇をしたのは当社だとして、解雇無効を理由に、地位確認訴訟を東京地裁に提起しました。どう対応すべきでしょうか。

1　国際裁判管轄

(1)　問題点の概要

　本問では、まず、提訴された裁判所がある国がその事件について裁判を行うことができるかという、国際裁判管轄の問題が生じます。

　国際裁判管轄については、Q1-4でみたとおり、例えば、①会社のような法人に対する訴えについては、その主たる事務所または営業所が日本国内にある場合などにおいては日本の裁判所が管轄権をもつとされるほか（民事訴訟法3条の2第3項）、②契約上の債務の履行請求や債務不履行を理由とする損害賠償請求については、債務の履行地が日本にある場合（3条の3第1号）、③事務所または営業所を有する者に対する訴えでその事務所または営業所における業務に関するものについては、当該事務所または営業所が日本国内にある場合（同第4号）、④日本において事業を行う者に対する訴えについては、当該訴えがその者の日本における業務に関するものである場合（同第5号）、⑤不法行為に関する訴えについては不法行為があった地が日本国内にある場合（同第8号。一定の例外があります）に、それぞれ日本の裁判所が管轄権をもつと定められています。

　また、労働契約については特別規定があり、⑥労働契約の存否その他の労働関係に関する事項について、個々の労働者と事業主との間に生じた民事紛争（「個別労働関係民事紛争」）に関する労働者からの事業主に対する訴えは、個別労働関係民事紛争に係る労働契約における労務の提供の地（その地が定まっていない場合にあっては、労働者を雇い入れた事業所の所在地）が日本国内にあるときは、日本の裁判所に提起することができるとされています（3条

の4第2項)。また、個別労働関係民事紛争に関する事業主から労働者に対する訴えについては、国際裁判管轄に関する民事訴訟法3条の3(上記②から⑤を含みます)は適用されないと定められています(3条の4第3項)。

そのほかに、個別労働関係民事紛争を対象とする国際裁判管轄に関する合意の効力に関しても定めがあります(3条の7第6項)が、ここでは省略します(Q1-4参照)。

(2) 海外子会社からの社員と国際裁判管轄

日本で事業活動を行う企業が外国人を雇用して日本で労務を提供させている場合において、そうした労働関係に関する訴えは、上記①の主たる事務所または営業所が日本国内にある場合(3条の2第3項)として、日本の裁判所が管轄権をもつのが通例でしょうし、そうでなくとも、上記③の日本国内にある事務所における業務に関する訴えとして(3条の3第4号)、または、上記④の、日本において事業を行う者に対する、その者の日本における業務に関する訴えとして(同第5号)、さらには、⑥の労務提供地が日本国内にある場合として、やはり日本の裁判所が管轄権をもつことになると予想されます。

日本の会社が直接外国人を雇用して日本で就労させている場合のほか、本問のように、海外子会社で採用して日本の本社で就労している外国人が、本社を相手として日本の裁判所に訴えを提起した場合についても、以上の①、③、④または⑥などの規定により、日本の裁判所に管轄権が認められるものと考えられます(これに対し、このような外国人が子会社所在国に帰った後に、同国の裁判所において本社を相手として訴えを提起した場合については、Q1-6で取り扱います。また、外国に本社のある会社で雇用され、日本支社に転勤となっている間に解雇された労働者が、日本の裁判所で訴えを提起した場合については、Q1-3で取り扱っています)。

2 出向先に対する地位確認訴訟

(1) 準拠法の選択

本問では、もともと外国の子会社で雇用され、日本本社に出向していた原告が、解雇をしたのは出向先である日本本社であるとして、日本本社を被告に労働契約上の地位確認の訴えを提起しています。ここでは原告・被告間の

労働契約の存否が争われていますので、それを判断するための準拠法はどこの国の法かが問題になります。

この点については、契約一般の準拠法について定めた通則法8条、および労働契約の準拠法について定めた同法12条により、準拠法選択の合意がなければ労務提供地法である日本法が最密接関係地法として適用され、日本法以外が準拠法として選択されていた場合には、原則としてその法が準拠法となるものの、原告が主張すれば、最密接関係地法である日本法の強行規定が適用されるのが原則です。

(2) **日本法の解釈・適用**

本問では、出向先が出向社員に対して解雇をしたと主張されています。この主張の前提になるのは、もともと出向社員と出向先との間に労働契約が存在した(そのため出向先は契約当事者として解雇をした)ということであると思われます。そこで、日本法によって、本問の出向社員と出向先との間に労働契約が存在したかどうかを判断することになります。

出向労働関係の法的性質については議論がありますが、現在では、いわゆる二重の労働契約関係と理解する見解が有力です。[11] しかし、二重の労働契約関係といっても、出向先と出向社員との間には完全な労働契約関係が存在するものではないのが一般であり、また、労働契約を終了させる解雇権については、出向元が保有し続けていることが多いと思われます。

本問のような解雇の無効を前提とした労働契約上の地位確認の訴えは、完全な労働契約関係が出向先との間に存在することを前提とした訴えであると考えられますが、以上からすれば、原告と出向先との間に完全な労働契約関係が存在することを根拠づける事実(両者間に黙示の労働契約が締結されたと評価できる事情や、出向先の法人格を否認できる事情などがこれに該当しうると思われます)が主張されていない限り、本件訴えは、主張自体失当な請求原因に基づくものとして棄却されるものと予想されます。

なお、本問における地位確認の訴えが、出向元による出向社員の解雇が無効であることを前提とした、出向先と出向社員との出向労働関係(労働契約

---

11 村中孝史著「出向・転籍」(土田道夫=山川隆一編『労働法の争点』(ジュリスト増刊、有斐閣、2014年)57頁)参照

関係の一部）が存在することの確認を求める趣旨を含むものであることも考えられます。その場合、もし、出向元による解雇が無効であり、かつ、出向元への復帰を認めるべき事情がないのであれば（この解雇等の効力を判断するための準拠法は別途問題になりえます）、労働契約関係の一部としての出向労働関係が出向社員と出向先との間に存在する旨の判決が下されることもありうると思われます（栃木合同輸送事件・名古屋高判昭和62.4.27労判498号36頁参照）。

　　　　　　　　　　　　　　　　　　　　　　　　　　　　（山川隆一）

1-6

当社は、東京で採用して就労させていた日本在住のアメリカ人を成績不良により解雇したところ、アメリカ人は帰国し、当社を被告として解雇の適法性を争う訴えをニューヨーク州の裁判所に提起しました。どう対応すべきでしょうか。

1 外国の裁判所に訴えを提起された場合の対応

　国際的な労働関係をめぐる紛争においては、外国の裁判所に訴えが提起される場合があります。その場合、まず、その国の裁判所が裁判管轄権をもつかという、いわゆる国際裁判管轄が問題となり、それが肯定された場合に、Q1-1でみたように、どの国の労働法規を適用すべきかが問題となります。

　外国の裁判所が裁判管轄権をもつとされた場合には、その国の裁判所に出頭したり、証人尋問に応じたりするなどの手続的な負担が伴い、それにかかるコストも大きくなります。また、適用法規がどうなるかは、上記のように裁判管轄権とは別の問題ですが、日本法が適用されると判断されたとしても、外国の裁判所が日本法を正確に把握して適用できるかどうかという問題が残ります（準拠法選択ルールの内容も国によって変わるため、どの国の裁判所に訴えが提起されたかによって準拠法が変わる可能性もあります）。

　さらに、アメリカにおいては、いわゆるディスカバリー（証拠開示）の負担が大きくなりますし、適用される法規によっては、陪審による審理がなされ、判断の結果につき予測可能性が低くなるという問題もあります（解雇訴訟や差別訴訟では陪審審理がなされることが多いと思われます）。その他、アメリカでは、これも適用法規や事案の内容によって異なりますが、集団訴訟（クラス・アクション）が提起されたり（本問の場合は集団的性格は希薄のようです）、懲罰的損害賠償が命じられたりすることもありえます。

　このように、どこの国の裁判所が管轄権をもつかは、実務上重要な意味を有するため、慎重に対応を検討する必要が生じます。そこで、外国の裁判所に訴えが提起された場合の対応としては、訴えに応じてその内容の当否につ

いて主張立証活動を行うほかに、その国の裁判管轄権を争うなどして、手続上、証人尋問などの実体的な審理に入らないことを求めること（いわゆる妨訴抗弁）が考えられます。

2　国際裁判管轄をめぐるルール
(1)　外国法の検討

　国際裁判管轄をめぐるルールは、特別な条約等がない限り、それぞれの国が定めるものです。例えば、日本の裁判所に訴えが提起された場合、日本の裁判所が国際裁判管轄権をもつかどうかは、日本の民事訴訟法によって定められています（Q1-5参照）。したがって、外国の裁判所に訴えが提起された場合に、その国の裁判所が国際裁判管轄権をもつかどうかを考えるためには、その国における国際裁判管轄をめぐる法令を検討する必要があります。

(2)　アメリカ法の特殊性

　本問のように、アメリカにおいて訴えが提起された場合は、厳密には「国際」裁判管轄に限らない問題となります。連邦制国家であるアメリカは、州ごとに法律や裁判制度がありますので（その他に連邦の法律や裁判制度があります）、複数の州をまたがる紛争に関して、どの州が裁判管轄権をもつか、また、どの州の法が適用されるかといった問題が生ずるのです。州裁判所の管轄の問題に関しては、ある州と外国との双方にかかわる紛争についても、基本的には、このような複数の州をまたがる紛争に関するルールと同様のルールが適用されることになります。

　例えば、ニューヨーク州には、州裁判所における民事訴訟手続に関して、ニューヨーク民事訴訟法・規則（Civil Practice Law and Rules）と呼ばれる法令があり、その中に、州をまたがる紛争に関する裁判管轄のルールを定めた規定がいくつかあります。たとえば、302条（a）においては、

「以下のいずれかから生ずる訴訟原因（cause of action）については、裁判所は、ニューヨーク州に本拠のない者（non-domiciliaries）…に対し、以下に該当する場合には、人的管轄権（personal jurisdiction）を行使できる。

1. 州内で事業を行い、または、州内で商品もしくはサービスを供給する旨の契約を場所のいかんにかかわらず締結した場合

　（以下略）」

と定められています。

　これらの規定をめぐっては裁判例が多数蓄積されていますので、具体的な判断にあたっては裁判例の状況をみる必要があります。また、アメリカの裁判所の管轄権に関しては、紛争を審理するうえで適切であってより便宜な法廷地が存在すると認められる場合には、申立てを却下することができるという、フォーラム・ノン・コンビニエンス（forum non conveniens）と呼ばれる法理もあります。さらに、州裁判所の管轄権を広く認めている州法につき、アメリカ合衆国憲法修正第14条の適正手続条項により制約されるかという問題が争われることもあります[12]。

　アメリカに限らず、どの国（州）の法令でも、国際裁判管轄は、手続にかかわる外国法の技術的な解釈や裁判例の検討が求められる事項を多く含む問題ですので、詳細については、外国の専門家の教えを請うことが望ましいと思われます。

（山川隆一）

12　以上については、ウィリアム・M・リッチマン＝ウィリアム・L・レイノルズ著、松岡博ほか訳『アメリカ抵触法（上）－管轄権編』（レクシスネクシスジャパン、2008年）など参照

2章
海外で適材を採用する

2-1
当社は、優秀な若手社員獲得のため、インドネシアに採用担当者を出張させて採用活動を行う予定ですが、求職者に宗教について質問することにつき、日本の労働法規の適用の有無や留意点を教えてください。

1 採用活動における質問に関する制限

　日本では、会社には、原則として求職者に対する調査の自由が認められていますが（三菱樹脂事件・最判昭和48.12.12民集27巻11号1544頁）、職業安定法5条の4において、一定の制限がなされています。

　(1) 個人情報

　職業安定法5条の4では、労働者の募集を行う者等は、その業務に関し、求職者等の個人情報を収集、保管、または使用するにあたり、その業務の目的に必要な範囲内でこれを保管し、および使用しなければならないとされ、ただし、本人の同意がある場合その他正当な事由がある場合はこの限りではないとされています。

　(2) 思想および信条

　そして、職業安定法5条の4を具体化した指針（平成11.11.17労働省告示141号）第4においては、労働者の募集を行う者等は、その業務の目的の範囲内で求職者等の個人情報を収集することとされ、「ア 人種、民族、社会的身分、門地、本籍、出生地その他社会的差別の原因となるおそれのある事項」「イ 思想及び信条」「ウ 労働組合への加入状況」を収集してはならないとされ、ただし、特別な職業上の必要性が存在することその他業務の目的の達成に必要不可欠であって、収集目的を示して本人から収集する場合はこの限りではないとされています。信ずる宗教もまた「思想及び信条」に含まれると解され、原則としては収集できない性質の情報です。

　(3) 罰則

　職業安定法5条の4および前記指針に反した場合、まずは職業安定法48条

に基づき厚生労働大臣から助言および指導を受け、または同法49条に基づき改善命令がなされるおそれがあり、当該改善命令に従わない場合には、同法60条により、6月以下の懲役または30万円以下の罰金に処せられる可能性があります。

2　職業安定法の域外適用

このような職業安定法が、本問のように、東京に所在する会社がインドネシアで採用活動をする際にも適用されるのであれば、日本における採用活動と同様の制限を受ける可能性があります。

(1)　職業安定法の目的

職業安定法の目的は、雇用対策法と相まって、公共職業安定所その他の機関が、各人にその有する能力に適合する職業に就く機会を与え、産業に必要な労働力を充足し、もって職業の安定をはかるとともに、経済および社会の発展に寄与することとしています（職業安定法1条）。

このように、私人間の利益調整ではなく、国家の労働市場政策の実現を目的とする職業安定法は、民事法規としての側面も含めて、絶対的強行法規としての性格をもち、通則法12条の規定を媒介とせずに直接的に適用される絶対的強行法規としての性質を有しているものと解されます（Q1-1参照）。

そして、労働者または使用者の少なくとも一方が日本に存在する場合、行為の少なくとも一部が日本においてなされる場合には、日本の労働市場政策を実現するために、職業安定法の規制を及ぼす合理的な必要性が認められ、職業安定法が適用されるものと解されます[1]。

本問のように、東京に所在する会社が、インドネシアに採用担当者を出張させて採用活動を行う場合には、使用者が日本に存在しますし、関係当事者間の依頼や事務連絡などの形で、行為の少なくとも一部が日本国内でなされたと認められるのがほとんどであると思われ、職業安定法5条の4が適用されることとなると思われます。

(2)　インドネシアにおける宗教の意味合い

インドネシアでは、日本とは宗教、習慣等が異なる点について、留意すべきです。

1　山川隆一著『国際労働関係の法理』（信山社、1999年）212頁参照

インドネシアは、イスラム教88.1％、キリスト教9.3％、ヒンズー教1.8％他という宗教分布を有し[2]、イスラム教は国教ではないものの、世界最大のイスラム教人口を有しています。イスラム教には、一般的に、豚、アルコール、血液および宗教上の適切な処理が施されていない肉等に対する食の禁止事項や、1日5回の祈祷の時間、金曜日が集団祈祷の日として休みになる場合が多いなどの留意すべき点があります。

このため、インドネシアの労働法においては、会社は信仰する宗教に義務づけられた祈祷を行う社員に対して十分な機会を与えなければならないこと、社員が宗教的義務により祈祷を実施するため出勤できない場合には会社は賃金を支払わなければならないこと、宗教的義務である祈祷を行うことによる解雇が禁止されることなど、社員の宗教に対して日本とは異なった配慮がなされているようです。

(3) **宗教に関する質問**

優秀な社員を獲得したい当社でも、イスラム教徒の宗教的義務を踏まえて労働環境や労働条件等を決定したうえで、求職者に説明し、理解してもらう必要があるため、労働環境や労働条件等と関係する宗教的義務に話題が及ぶことは避けては通れません。また、当社が例えば食品関係業者であって、イスラム教徒の食の禁止事項に該当する食品を扱っていれば、採用後に、思わぬ雇用のミスマッチを生む結果となってしまう場合も想定できます。

そこで、求職者に対しては、どのような宗教を信仰しているのかという観点ではなく、職業安定法5条の4および前記指針の趣旨に則り、採用後の業務遂行に支障となる事情はないか、という観点から、自らの会社の取扱商品を含む業務内容等や、採用後の労働環境、労働条件等を事前に説明し、会社が情報を取得する理由についても説明したうえで、求職者の同意を得て、求職者から情報を取得することが可能であると思われます。

なお、このような質問をする際には、当社が特定の宗教に偏見を有している、または当社が特定の宗教の信仰を理由に採用を拒否した、という思わぬ誤解を招かぬよう注意する必要があります。

(平尾嘉昭)

2　2010年宗教省統計

2-2

当社は、アメリカ・ニューヨーク州在住のアメリカ人に対し、採用のオファーレターを送り、当該レターにサインしてもらい労働契約を締結する予定ですが、当該レターにどのような事項を記載すべきですか。

1　労働条件等の明示

(1)　外国人に限らない一般的な書面交付義務

日本の労基法15条および同法施行規則5条では、会社は労働契約の締結に際し、社員に対して

① 労働契約の期間に関する事項（期間の定めのある労働契約を更新する場合の基準に関する事項）
② 就業の場所および従事すべき業務に関する事項
③ 始業および終業の時刻、所定労働時間を超える労働の有無、休憩時間、休日、休暇ならびに労働者を二組以上に分けて就業させる場合における就業時転換に関する事項
④ 賃金（退職手当および労基法施行規則5条1項1号に規定する賃金を除く）の決定、計算および支払の方法、賃金の締切りおよび支払の時期に関する事項
⑤ 退職に関する事項（解雇の事由を含む）

という労働条件が明らかとなる書面を交付することとされています。

(2)　外国人労働者への労働条件等の明示

また、「外国人労働者の雇用管理の改善等に関して事業主が適切に対処するための指針」（平成19.8.3厚生労働省告示276号）においても、「事業主は、外国人労働者との労働契約の締結に際し、賃金、労働時間等主要な労働条件について、当該外国人労働者が理解できるようその内容を明らかにした書面を交付すること」とされています。

2　労基法の地域的適用範囲

本問の場合に日本の労基法が適用され、オファーレターが上記書面に当た

るのであれば、上記労働条件を記載する必要があります[4]。

(1) 刑罰法規としての労基法

労基法15条1項に違反して明示すべき範囲の労働条件等を明示しない場合や同法施行規則5条3項で定められた方法で明示しない場合には、30万円以下の罰金に処せられますので（労基法120条1号）、労働条件明示義務は、刑罰法規としての性格も有していることになります。

(2) 刑罰法規適用の要件

刑罰法規としての労基法が適用されるには、①日本国内に事業があり、かつ、②違反行為が日本国内で行われたものでなければなりません。

まず当社は、①国内に所在地があり、事業は日本国内にあると認められます。また、日本から労働条件について明示したオファーレターを送るべきところそれを行わなければ、②行為地は日本であると考えられます[5]。

したがって、本問には日本の労基法が適用され、その結果、オファーレターにも、前述のような労働条件を、最低限記載しなければなりません。

3 オファーレターの各記載事項

それではさらに、オファーレターに次のような記載をした場合、有効でしょうか。

① 準拠法：ニューヨーク州法
② 解雇：随意雇用（employment at will）としていつでも解雇可能
③ 紛争解決：「仲裁地はニューヨーク、仲裁手続はニューヨーク州法により、仲裁判断を最終的判断とすること」、または「ニューヨーク州の地方裁判所を専属合意管轄とすること」

(1) 準拠法をニューヨーク州法とすること

労働契約の当事者は、労働契約の成立および効力について、労働契約締結当時に、準拠法を選択することができます（通則法7条）ので、本問のよう

---

3 厚生労働省のホームページには、英語、中国語、韓国語、ポルトガル語、スペイン語、タガログ語、インドネシア語およびベトナム語で記載された、外国人労働者向けモデル労働条件通知書が掲載されています（http://www.mhlw.go.jp/new-info/kobetu/roudou/gyousei/kantoku/index.html）。
4 本文記載の労働条件のほか、日本における入社時の誓約書に記載するような事項、例えば守秘義務や競業禁止規定等も記載しておくことも想定されます。
5 山川・前掲書190頁参照

に日本にある会社が社員と労働契約を締結する際に、ニューヨーク州法を準拠法として選択すること自体は可能です。

　もっとも、通則法12条は、情報・交渉力において劣位に立つ社員を保護するため、労働契約に関する特則として、当事者による法選択があるときにおいても、社員は労働契約の最密接関係地法中の特定の強行規定（当事者の意思にかかわらず、法として画一的に適用される規定）の適用を求めることができるとされています（同条1項）。

　この最密接関係地法は、労働契約においては、労務提供の地の法（これを特定することができない場合には、労働者を雇い入れた事業所の所在地の法）と推定されます（同条2項）。

　そして、強行規定には、労働契約法や、強行法的性格を有する限りで労使間の権利義務について確立された判例法理も含まれると解されます。

　本問のように、オファーレターとそれへのサインにより、ニューヨーク州法を準拠法として選択すること自体は可能ですが、社員から、労務提供の地である日本の労働契約法や判例法理等の適用を求められる可能性がありますので、注意が必要です。

(2) 随意雇用としていつでも解雇できること

　ニューヨーク州法では、随意雇用（employment at will）が原則となっており、解雇に理由および相当性は求められていません（雇用期間、差別、労働協約等による解雇の制限は存在します）。他方、日本の労働契約法16条では、解雇は、客観的に合理的な理由を欠き、社会通念上相当であると認められない場合は、その権利を濫用したものとして、無効とされます。ニューヨーク州法を準拠法として選択したとしても、社員から労働契約法16条の適用を求められる可能性があり、解雇権の濫用として解雇が無効となる可能性があります。

(3) 紛争解決は仲裁によること

　日本では、仲裁法附則4条において、仲裁法の施行（平成16年3月1日）後に成立した仲裁合意（すでに生じた民事上の紛争または将来において生ずる一定の法律関係に関する民事上の紛争の解決を仲裁人に委ね、かつ、その判断に服する旨の合意）であって、将来において生ずる個別労働関係紛争を対象とするものは、無効とするとされており、同条は仲裁合意の有効性に関する強行

規定であると解されています。

そこで、仲裁地はニューヨーク、仲裁手続はニューヨーク州法によるとして、仲裁判断を最終的判断とする仲裁合意を定めたとしても、社員から仲裁法附則4条の適用を求められた場合は、仲裁合意は無効となります[6]。

(4) ニューヨーク州の地方裁判所を専属合意管轄とすること

近年、国際裁判管轄に関する規定を整備した「民事訴訟法及び民事保全法の一部を改正する法律」が、個別労働関係民事紛争を対象とする規定を新たに設けました（Q1-4参照）。労働者が原告の場合には、被告の住所等に関する管轄権（民事訴訟法3条の2）、契約上の債務に関する訴え等の管轄権（同法3条の3）に加え、原則として、労務提供地が日本国内の場合には日本の裁判所にも管轄権を認め（同法3条の4第2項）、他方、事業主が原告の場合には労働者の住所地にしか管轄権を認めず（同条第3項）、また、紛争発生前の管轄合意の効力を制限しています（同法3条の7第6項）。

すなわち、紛争発生前の個別労働関係民事紛争を対象とする管轄合意は、①労働契約の終了の時にされた合意であって、②その当時の労務提供地の裁判所に訴えを提起することができる旨を定めたものに限り有効とされ、専属的合意管轄の合意をしたとしても、当該合意は合意した管轄裁判所と法定の管轄裁判所の併存を認める合意とみなされます（同項1号）。

もっとも、合意された国での裁判を被告たる労働者が希望する場合は、労働者からいわば追認があったものとして、合意は有効です（同項2号）。

オファーレターに記載された専属的な管轄合意は、採用時にされたものであって①労働契約の終了のときにされたものではなく、②ニューヨークは労務提供地でもなく、無効です。労働者がニューヨーク州の地方裁判所での裁判を望む場合に限り、有効であると解されます。

（平尾嘉昭）

6　東京地判平成23.2.15（判タ1350号189頁）では、「仲裁法附則4条の趣旨は、同法施行時における労働者と使用者との間の情報量や交渉力の格差および仲裁が紛争解決手続として浸透していない我が国において同法施行後に成立した仲裁合意について、当分の間無効としたものと考えられる。そうすると、仲裁地や手続をすべて米国のものとする本件仲裁合意に、同条は適用されないものと解される」と説示されていますが、傍論でありまた理論的根拠が明らかにされていないため、そのまま、仲裁地や仲裁の手続の準拠法が仲裁法附則4条の適用基準になると解してよいのか、という点は否定的に考えざるをえません（高橋宏司著「渉外的な個別労働関係紛争における仲裁合意にもとづく防訴抗弁」（ジュリスト1450号（2013年）128頁）参照）。

2-3
当社は、採用に至らなかった求職者の個人データを、国外の子会社に対し、同社での採用検討のために提供したいと考えていますが、どのような手続が必要でしょうか。

1　子会社への提供と第三者提供
(1)　第三者提供の原則禁止

　個人情報取扱事業者に該当する会社は、個人情報データベース等を構成する個人情報（個人情報保護法2条2項、同法施行令1条。以下、個人データ）を、あらかじめ本人の同意を得ることなく、第三者に提供してはなりません（個人情報保護法23条1項）。個人情報は、本人に目的を明らかにして入手したうえ、その目的の範囲内でのみ利用が認められるものであり、開示された個人情報が、開示を受けた者から転々流通して、本人の全く予期しない者の手に渡り、当初の目的の範囲を超えて利用される危険性を考慮し、第三者への提供については本人の事前同意を必要としたものです。

(2)　子会社への提供

　それでは、当社から子会社への提供は、第三者提供に当たるのでしょうか。この点、「個人情報の保護に関する法律についての経済産業分野を対象とするガイドライン」（平成21.10.9厚生労働省・経済産業省告示2号）によれば、第三者提供とされる事例として、親子兄弟会社、グループ会社の間で個人データを交換する場合や外国の会社に国内に居住している個人の個人データを提供する場合もあげられています。[8]

---

[7] 「個人情報データベース等」とは、特定の個人情報をコンピュータを用いて検索することができるように体系的に構成した、個人情報を含む情報の集合物、またはコンピュータを用いていない場合であっても、カルテや指導要録等、紙面で処理した個人情報を一定の規則（例えば、五十音順等）に従って整理・分類し、特定の個人情報を容易に検索することができるよう、目次、索引、符号等を付し、他人によっても容易に検索可能な状態に置いているものをいいます。

[8] 前記ガイドラインでは、同一事業者内で他部門へ個人データを提供することは、利用目的による制限があるものの、第三者提供とされない事例としてあげられています。

本問のように、求職者の個人データを子会社に提供することは、第三者提供として原則的には禁止されています。

(3) 事前同意とオプトアウト

例外的に許されるのは、前述の本人たる求職者の事前同意を得る場合や、オプトアウトを行う場合（個人情報保護法23条2項参照）です。

しかし、すべての求職者から事前に同意書を取得することは事務処理として煩雑であり、またオプトアウトは、そもそも第三者提供を利用目的として設定する必要があるため、当社での採用選考を利用目的として設定して個人データを収集した実態とそぐわないでしょう。

2 企業グループによる共同利用

他方で、次のような一定の要件を満たせば、個人情報の共同利用が認められています。共同利用により個人データの提供を受ける者は、第三者に当たらないものとされており（個人情報保護法23条4項3号）、この場合、本人の事前の同意がなくても、またオプトアウトを行わなくとも、共同利用者に対し個人データの提供が可能です。企業グループ内でも、共同利用を活用すれば、求職者の個人データをやりとりすることができます。

一定の要件とは、すなわち、
① 特定の者と共同して利用すること
② 共同利用される個人データの項目
③ 共同して利用する者の範囲
④ 利用する者の利用目的
⑤ 当該個人データの管理責任者の氏名または名称

の5項目について、あらかじめ求職者に通知し、または求職者が容易に知りうる状態に置くことです。

また、実務的には、共同利用者の要件・範囲（グループ会社であること等）、各共同利用者の個人情報取扱責任者、問合わせ担当者および連絡先、共同利用する個人データの漏洩防止に関する事項、共同利用する個人データに関する事件・事故が発生した場合の報告・連絡に関する事項、共同利用を終了する際の手続等も定める必要があります。

3　国外の子会社であることの留意点

　本問では、子会社が日本国内でなく国外に所在する点が特徴的ですが、それによる留意点はあるのでしょうか。

　EUデータ保護指令25条1項[9]は、加盟国から第三国への個人データの移転は、当該第三国が「十分なレベルの保護措置」（adequate level of protection）を確保している場合に限って行うことができる旨を定めています。

　しかし、日本の個人情報保護法は、日本国外への個人データの移動について、今のところはそのような制限を設けていません（Q8-7参照）。国外の子会社も、国内の場合と同様に、求職者の個人データを共同利用することができます。

（平尾嘉昭）

9　EUの欧州委員会は、EUデータ保護指令を改正することを目的として、2012年1月25日、「個人データの取扱いに係る個人の保護と当該データの自由な移動に関する欧州議会及び理事会の規則（一般データ保護規則）提案」を発表しています。関係者からは、同提案は2015年中に規則提案が採択されるであろうとの見通しが示されているとのことです（NBL1031号(2014年)22頁)。

2-4

当社は日本国内に複数の子会社を有し、そのうち一つはグループに対する人事シェアードサービスを提供しています。グループ各社の採用面接は、当該人事子会社の採用専門チームが代行する予定ですが、法的な規制はありますか。

1　職業安定法上の規制

社員の採用は、一般的に、①募集、②採用選考（書類審査・筆記試験・面接など）を経て、③採用決定に至ります。

これらの手続の一部が専門業者に外部委託されることがあり、このような委託には職業安定法上の規制がなされる場合がありますが、どのような行為が規制対象になるのかについては明確な判断基準が示されておらず、実務上、判断が困難なことが多いと思われます。

2　面接代行と委託募集との関係

(1)　委託募集

委託募集とは、労働者を雇用しようとする者（募集主）が、自らまたは業者等の他人をして、労働者となろうとする者に対しその被用者となることを勧誘すること（職業安定法4条5項）です。募集を受託する者は、当該委託が報酬を伴うものであれば厚生労働大臣の許可が必要であり、また無報酬であっても厚生労働大臣への届出が必要となります（職業安定法36条1項および3項）。

(2)　面接代行と委託募集

それでは、本問のような面接代行は、募集に当たるのでしょうか。厚生労働省はこれが募集に該当するか否かについて明確に判断を示していません。しかし、同省は、採用試験の手数料を労働者から徴収することについて、「採

10　厚生労働省の労働者の募集・採用に関する実態調査報告書（平成18年実施。委託先：三菱UFJリサーチ＆コンサルティング）によれば、人事サービスベンダー企業が面接を代行すること、その形式としては、ユーザー企業の面接官に交じって同席するものが多いとのことです。

用試験は募集に応じた者から雇用することとなる者を選考するために行うものであるため、募集とは別の行為である」（厚生労働省職業安定局「労働者募集業務取扱要領」平成26年）との見解を示し、募集（①）と採用選考（②）における試験とを区別しています。

(3) **本問について**

そこで、本問においても、グループ各社が募集し（①）、各社が人事子会社に対し、採用選考（②）としての面接を委託するのであれば、「募集とは別の行為である」として、当該面接委託は委託募集に該当しないものと考える余地もあるのではないかと思われます。そうであれば、人事子会社は厚生労働大臣の許可や届出なしに、面接代行を行うことができます。

3　面接代行と職業紹介との関係

(1) **職業紹介**

職業紹介とは、ⓐ求人および求職の申込みを受け、ⓑ求人者と求職者との間における雇用関係の成立をあっせんすることをいうとされており（職業安定法4条1項）、あっせんとは、求人者と求職者との間をとりもって、雇用関係が円滑に成立するように第三者として世話をすることをいいます[11]。有料職業紹介を行う者は厚生労働大臣の許可が必要であり、また無料であっても例外的な場合を除き、許可が必要となります（職業安定法30条、33条）。

(2) **面接代行と職業紹介**

それでは、本問のような面接代行は、職業紹介に当たるのでしょうか。募集の場合同様、厚生労働省はこれが職業紹介に該当するか否かについて、明確に判断を示していません。しかし、職業紹介が、両方から申込みを受ける行為（ⓐ）とあっせん行為（ⓑ）から成り立つものだと考えれば、いずれかの行為が欠ければ、職業紹介には当たらないと解することができるように思えます。

(3) **本問について**

そこで、本問において、グループ各社が募集し、応募者が集まったのであれば、求人および求職の申込み（ⓐ）はすでにグループ各社と求職者の間で

11　東京労働局のホームページ http://tokyo-roudoukyoku.jsite.mhlw.go.jp/hourei_seido_tetsuzuki/yuryou_muryou_shokugyou/whatshokai.html 参照

終了していると解し、人事子会社による面接代行は、職業紹介には該当しないと考える余地もあるのではないかと解されます。

4　柔軟な採用活動を行うための許可取得

このように、グループ各社が募集し、応募者に対して、人事子会社が単に面接代行をするだけであれば、これまで説明してきたとおり、このような代行が委託募集にも職業紹介にも該当しないと考える余地もあると解されます。

しかし、ある求職者に関して、人事子会社が、当該求職者を募集したグループ子会社Aよりも別のグループ子会社Bのほうに適性があると判断した場合、グループ子会社Bに当該求職者をあっせんし、適材適所の採用を行いたいと感じることも多いと予想されます。このようなあっせんは、明らかに職業紹介に該当します。

そこで、より柔軟な採用活動を行うためには、有料職業紹介事業の許可（職業安定法30条）または無料職業紹介事業の許可（同法33条）を取得したほうがよいと思われます。職業紹介事業者は、求職者に対してはその能力に適合する職業を紹介し、また求人者に対してはその雇用条件に適合する求職者を紹介するように努めなければなりません。こうして人事子会社は、グループ子会社各社に適合する求職者を絞り込み、紹介することができます。

もっとも、人事子会社がこれらの許可を得ている場合でも、あっせんには採用の決定までは含まれていないため、採用決定（③）まではできないと考えるべきでしょう。これはグループ子会社各社で行うべきです。（平尾嘉昭）

2-5

当社では、適材適所のために、基幹要員を企業グループ名で採用し、国内外のグループ各社いずれに配属されるかは、採用時に告げません。労働法上の問題はありますか。

1　グループ一括採用とは

　今日、企業は中核企業を中心にグループ化し、グループ内で活発な人事交流がなされています。そして、グループ一括採用を行う企業も多くなっています。

　グループ一括採用の形態はさまざまあり、①本問のように企業グループ名で募集・採用し、入社後にグループ各社に配属する例、②グループ各社で民法上の組合を組織して当該組合を通じて募集し、グループ各社で採用する例（Q6-1参照）、③企業グループ内における中核企業で採用し、入社後にグループ各社へ出向させる例、④転籍させる例、⑤グループ内で共同募集や共同説明会まで一括して行い、採用自体はグループ各社で行う例等があります。以下では、①〜④についてとりあげ、それぞれの問題点を検討します。

2　企業グループ名で募集・採用し、入社後にグループ各社に配属

　(1)　労働契約の当事者

　判例は、会社が求職者に対し採用内定通知を出すことによって、一定の条件のもとに始期付解約権留保付労働契約が成立するとします（大日本印刷事件・最判昭和54.7.20民集33巻5号582頁）。ところが、本問のように企業グループ名で採用内定通知を出しても、企業グループには法人格がなく契約の当事者となれないため、労働契約自体を締結することができないのです。これでは採用ができたとはいえません。

　(2)　労働条件等の明示義務との関係

　また、労働条件等の明示義務の問題も生じます。会社は、労働者の募集を行うにあたり、求職者に対し、その者が従事すべき就業場所に関する事項を

含めて、業務の内容その他の労働条件を明示しなければならない（職業安定法5条の3第1項）とされ（Q2-1参照）、また、会社は、労働契約の締結に際し、労働者に対して就業場所を含めて労働条件を明示しなければならない（労基法15条1項）とされています（Q2-2参照）。

ところが、企業グループ名で採用内定通知を出す場合、グループ各社のどれに入社するかが確定していない以上、求職者に対し就業場所を含めた労働条件等を明示することができず、これらの労働条件等の明示義務に反することになると思われます。

3　民法上の組合により募集し、グループ各社で採用

企業グループに属する複数の会社が民法上の組合をつくり、当該組合を通じて社員を募集する場合には、組合は独立した法人格をもたず、当該組合を通じて行った行為に係る法的権利義務は当該組合の構成員たる複数の会社に合有的に帰属します。当該民法上の組合は、前述の労働条件等の明示を行う義務があり、当該組合がこれに違反すれば、当該組合の構成員たる個々の会社すべてが当該義務に違反したことになりますので、注意が必要です（厚生労働省職業安定局「労働者募集業務取扱要領」平成26年）。

4　中核企業で採用後、グループ各社へ出向

(1)　出向命令が出せる場合

出向（在籍出向）とは、社員が自己の雇用先（出向元）に在籍のまま、他の会社（出向先）の事業所において相当長期間にわたって当該会社の業務に従事することをいいます。

労働契約法14条では、使用者が労働者に出向を命ずることができる場合でも、当該出向命令が、必要性、対象労働者の選定に係る事情その他の事情に照らして、権利を濫用したものと認められる場合には、当該命令は無効とするとされています。

(2)　採用時の同意

出向では労務提供先が変更されるため、出向を命ずることができる場合とは、原則として、就業規則・労働協約上の根拠規定や採用時の同意などの明示の根拠が必要と思われます（Q4-2参照）。当該同意の程度に関し、裁判例では「真に同意に値するものである限り、明示とか個別的なものに限る理由な

く、暗黙あるいは包括的な態様のもので足る」としているものもあります（興和事件・名古屋地判昭和55.3.26労判326号61頁参照）。

(3) グループ一括採用の説明・明示

　出向への同意の程度として、暗黙あるいは包括的な同意で足りるとしても、同意を得る前提としての出向に関する説明は、単に出向を命ずることがある程度の説明では足りず、次のことを十分に求職者に理解させるものである必要があります[12]（上記興和事件）。すなわち、当社グループにおいてグループ一括採用が重要な人事施策であること、中核企業で採用しても入社直後にグループ各社に出向させる可能性があること、その後もグループ内で活発な人事交流がなされること等を説明し、求職者が出向先につきある程度予測できることも必要です。また、海外への出向は言語・文化・生活様式が日本と異なる等社員の不利益が大きいため、出向に海外子会社への出向も含まれることも説明する必要があります。さらに、当該海外子会社における労働条件等については就業規則等により明示しておく必要があると思われます。

(4) グループ一括採用の説明の欠落

　このような説明をしていない場合、入社直後に子会社に出向させることには問題があります。

　実務では、求人難を理由に、ネームバリューのある中核企業の名前で求人し、実際はグループ子会社要員として採用するということがありますが、これは、求職者にとっては、もともと意図していた企業と異なる企業に採用されたものに等しいといわざるをえません。前述の労働条件等の明示義務に反する可能性があるばかりか、いかなる使用者の指揮命令により、いかなる労務の提供を行うのか、という点が労働契約の重要部分であることを考慮すれば、労働者の全く予想しない不利益を一方的に課すこととなります[13]。このような場合に、会社が入社直後に出向命令をする権限を有しているかは疑問であり、社員は拒否できると評価せざるをえないと思われます。

12　この点に関して、安西愈著『企業間人事異動の法理と実務』（中央経済社、1991年）109頁は、「このような、はじめから子会社のためにいわば子会社の代理人的に親会社の名義で子会社の社員となる者を採用するという脱法的な偽りの求人というものではなく、あくまでも企業集団の運営に当たるという目的で、親会社の正式な社員として、グループ内各社を自由に出向するという形で異動するということを明示のうえ募集採用するのならば違法ではない」としています。

5　中核企業で採用後、グループ各社へ転籍

　出向に対し、転籍（移籍出向）とは、社員が自己の雇用先から他の会社に籍を移して当該会社の業務に従事することをいいます。転籍は、出向元との労働契約を合意解約して出向先との労働契約を締結するものであれ、労働契約上の地位の譲渡としてなされるものであれ、当該社員の同意を要します。

　そして、この同意について、包括的な同意を根拠に転属（転籍）を認めるとした裁判例もありますが（日立製作所横浜工場事件・最判昭和48.4.12集民109号53頁、ミロク製作所事件・高知地判昭和53.4.20労判306号48頁参照）、入社時における事前の包括的同意では足りず、転籍時の個別具体的な同意が必要であると解されます（日立精機事件・千葉地判昭和56.5.25労判372号49頁）。

　よって、企業グループ内の中核企業で採用し、入社後にグループ各社へ転籍させる場合であっても、原則として、社員の個別具体的な同意が必要であると解されます。

　まして、海外子会社への転籍は、前述のとおり社員の不利益が大きいことから、今後の企業のグローバル化の進展の程度にもよりますが、少なくとも現時点では、転籍時の個別具体的な同意が必要であると考えられます。

（平尾嘉昭）

13　この点に関して、そもそも出向命令の根拠がないと判断された事案ではありますが、名村造船事件・大阪地判昭和48.8.16労判185号27頁においては、「原告にとって、自ら選んで雇用契約を締結した被告会社から当時予想もしなかった出向を、それも被告会社と規模、社会的評価等で大きな差異のある訴外会社に、前記説示のような実質的に移籍となんら異なるところがないような形態で、命ぜられたことは、右雇用契約の期待を裏切るものといっても過言ではなく、そのこと自体原告にとっては重大な不利益といわざるをえない」とされています。

2-6
当社は、日本に住む外国人留学生の採用を内定しましたが、当該留学生は日本での知り合いが少なく身元保証契約を締結できる身元保証人がいません。どのように対応したらよいでしょうか。

1 身元保証

　日本の会社は、新卒の求職者などを採用する際に、親族等を身元保証人として、求職者が在職中、故意または過失により会社に損害を与えた場合は当該求職者と連帯して身元保証人が会社に対し損害を賠償する旨が記載された身元保証書などを徴求し、身元保証契約を締結する場合が多いと思われます。このような身元保証契約に基づいて、会社は身元保証人から被った損害の全額を賠償してもらえるのでしょうか（なお、身元保証には、本人が精神疾患などの病気などになった場合の身元引受も含む場合もありますが、本問では、金銭的賠償契約としての身元保証契約について説明します）。

(1) 身元保証法

　身元保証は、日本の歴史的な慣習であり、広汎無限で永続的な責任を負うものとされていた「人請」の伝統によるものです。

　また、身元保証契約の実態としては、会社は身元保証書を徴求する際に、身元保証人の意思を直接確認することはしません。他方で、身元保証人は何ら報酬を受けることもなく単なる義理によって、保証を引き受けざるをえないことが多いと思われます。このように当事者間では身元保証契約が慎重に締結されているわけではないのです。

　そこで昭和8年の身元保証法の制定により、身元保証契約における身元保証人の責任に一定の制限が課せられました。

　なお、入管法により、在留資格の認定のため、身元保証書が求められる場合がありますが、この入管法上の身元保証人と、身元保証法による身元保証[14]

14　http://www.moj.go.jp/content/000007381.pdf

人は異なり、国は、入管法上の身元保証人が法的な責任を負うことはない旨を説明しています。[15]

(2) 身元保証人の責任の永続性の制限

身元保証法は、身元保証人の責任の永続性を制限するため、身元保証契約の存続期間を、期間を定めない場合は一般的に３年間、期間を定めた場合でも５年間を上限とし（身元保証法１条、２条）、その間に著しい事情の変化によって保証人の負担が予想外に増大する危険が生じた一定の場合（同法３条１号、２号）には、会社は当該事実を遅滞なく身元保証人に通知しなければならないとし（同法３条）、身元保証人は当該事実を知ったときは、身元保証契約を将来に向かって解除し、その責任を免れることができるとします（同法４条）。

(3) 身元保証人の責任の範囲の限定

身元保証契約において身元保証人が責任を負う損害の範囲は、社員の行為によって会社に与えた損害のうち、社員の労務に直接、間接に関連したものに限定されます。

そして、会社に生じた損害について身元保証人が負う責任および金額の範囲についても、身元保証人はその損害すべてを負わなければならないわけではなく、裁判所は身元保証人の損害賠償の責任およびその金額を定める場合は、社員の監督に関する会社の過失の有無、身元保証人が身元保証をするに至った事由およびこれをするにあたり用いた注意の程度、社員の任務または身上の変化その他一切の事情を斟酌します（身元保証法５条）。

また、身元保証法の規定に反する特約で身元保証人に不利益なものはすべて無効とされます（同法６条）。

---

15 http://www.mofa.go.jp/mofaj/toko/visa/faq.html#q5-5 (「Q5：身元保証人の責任範囲はどこまでですか？」「A5：ビザ申請における『身元保証人』とは、ビザ申請人である外国人の日本における滞在が適法に行われることを在外公館長（日本国大使・総領事等）に対し保証する方です。身元保証人の責任については、民法上の『保証人』のように法的責任を伴うわけではなく、道義的責任に留まりますが、保証事項（滞在費、帰国旅費、法令の遵守）が履行されないと認められる場合には、それ以降のビザ申請において身元保証人となった場合に信頼性を失うことになるのは当然です。ただし、身元保証人であれ招へい人であれ、ビザ申請人との関係や渡航目的を偽った書類を作成し、結果的にテロリストの入国や人身取引等の犯罪に荷担することとなった場合には、別途刑事責任を問われる場合もありますのでご注意ください。」)

2　身元保証契約の実務上の意義
(1)　裁判例
　裁判所は、このような身元保証法5条に基づき、身元保証人の責任および金額の範囲を相当に限定しているため、会社が賠償してもらえる損害の範囲は相当程度限定されるものと考えておいたほうがよいと思われます。
　その意味で、金銭的賠償契約としての身元保証契約の意義は、金銭消費貸借契約の際の連帯保証のように大きいものではありません。
(2)　民法改正の動き
　また、平成16年の民法改正では、総則、物権、債権の3編が現代語化されるとともに、保証に関して新たな規律が導入され、また、現在、法制審議会では民法の債権関係の改正に向けた審議がなされており、保証に関しても、より包括的な改正が検討されていることから、金銭の賠償契約としての身元保証契約の意義は、今後ますます小さくなっていくものと考えられます。

3　外国人を採用する場合の身元保証人について
　外国における身元保証に関し、イギリスやアメリカにも身元保証（fidelity）という制度があるようですが日本と同一の制度ではなく、また、諸外国においては、対人信用という精神的要素の趣旨で推薦状（reference）が要求されることがあっても、身元保証人まで要求されることは一般的ではありません。
　また、前述のように、身元保証契約の意義は、金銭消費貸借契約の際の連帯保証のように大きいものではなく、また、その意義は今後ますます小さくなっていくものと考えられるうえ、日本で判決を得たとしても、身元保証契約を締結している身元保証人の所在国によっては、強制執行ができない可能性もあります。
　ですので、本問のように、外国人留学生が身元保証人を立てることが困難な場合には、身元保証契約にこだわらない考え方もあるのではないかと思われます。

（平尾嘉昭）

2-7

当社は、アメリカ等で優秀な人材を中途採用で確保する際に、入社を動機づける魅力として、サイニングボーナスを支払う予定ですが、気をつける点はありますか。

1 サイニングボーナスの問題点

　会社が、有能な役員・幹部を他社から中途採用する際に、雇用開始日から一定期間内に自己都合等で退職した場合には返還するとの条件で、労働契約締結時に一定の金員を支払う、ということがあります。このような金員は労働契約締結時またはその直後に支払われることから、サイニングボーナス（またはサインオンボーナス）と呼ばれています。

　このようなサイニングボーナスは、労働の対価というよりは、他社から有能な社員を引き抜く際の契約金としての性質を有していたり、また、会社と社員が労働契約の成約を確認し、勤労意欲を促すことを目的とした支度金の性質を有していたりします。

　このような会社と社員との間のサイニングボーナスは、契約自由の原則から、本来的には自由なものですが、日本においては労基法16条に反しないかが問題となります。[16]

(1) 労基法16条について

　労基法16条は、労働契約の不履行について違約金を定め、または損害賠償額を予定する契約をしてはならないとしていますが、このような立法例は、諸外国にも、また国際労働条約にも例がありません。[17]

---

16 違約金の定め、損害賠償額の予定を禁止した労基法16条と同時に、強制労働を禁止した労基法5条が問題となることもあります。これまでの裁判例においては、労基法16条と同法5条の違反性が同時に判断される例は東箱根開発事件・東京高判昭和52. 3. 31労判274号43頁、医療法人北錦会事件・大阪簡判平成7. 3. 16判時677号51頁等であり、比較的不当性の高い事件であったといえます。

17 厚生労働省労働基準局編『平成22年版 労働基準法（上）―労働法コンメンタール3』（労務行政、2011年）240頁

労基法16条の制定経緯に関して、かつて、わが国の労働慣行として、労働契約の期間中に労働者が転職したり、帰郷する等労働契約が不履行の場合に、一定額の違約金を定めたり一定額の損害賠償を支払うことを労働者本人や身元保証人と約束する前近代的雇用慣行があり、このような慣行は、ともすると労働の強制にわたり、あるいは労働者の自由意思を不当に拘束し、労働者を使用者に隷属せしめることとなるという弊害がありました。

そこで、前近代的雇用慣行を廃止するため、戦前の工場法施行令には労基法16条と同旨の規定が定められており、当該規定を受けて戦後、労基法16条が規定されました。[18]

(2) 日本ポラロイド（サイニングボーナス等）事件

このようなサイニングボーナスと労基法16条の関係について判断を示した判例として、日本ポラロイド（サイニングボーナス等）事件（東京地判平成15.3.31労判849号75頁）があります。

当該事件では、他社で執行役員をしていた原告を、被告会社が年俸1650万円（月額110万円）で採用する際、サイニングボーナスとして別途200万円を支払いました。この200万円は原告が１年以内に自己都合退職した際には全額返還することが合意されており、原告が採用後１年未満のうちに辞職したため、被告会社が当該200万円の返還を求めて訴訟を提起した、という事案です。

この事案において、裁判所は、「毎月の支給額が極めて高額であるといったような特段の事情がない限り、退職に際し、使用者から一度に100万円を超す相当額の賃金の返還を求められれば、通常の労働者は退職を躊躇するとみるのが相当である」ので、「いわゆる経済的足止め策も、その経済的給付の性質、態様、当該給付の返還を定める約定の内容に照らし、それが当該労働者の意思に反して労働を強制することになるような不当な拘束手段であると言えるときは、労基法５条、16条に反し当該返還を求める約定は、同法13条、民法90条により無効である」と判示しました。

---

[18] 「工業主ハ職工ノ雇入ニ関シ…又ハ工業主ノ受クヘキ違約金ヲ定メ若ハ損害賠償額ヲ予定スル契約ヲ為スコトヲ得ス」（工場法施行令24条）

2　サイニングボーナスの留意点と現代における労基法16条の適用範囲

(1)　サイニングボーナスの留意点

　前述の判示では、返還金額が100万円を超す高額であること、また月収の約2倍に当たることがポイントとなっているようです。このことからすれば、サイニングボーナスの金額を、社員の月収から判断して、退職を躊躇しない程度の金額にする等の考慮をしないと、裁判所において無効とされる可能性がありますので、注意が必要です。

(2)　現代における労基法16条の適用範囲

　もっとも、実際上同条による保護が予想されるのは主として年少者や女性であり、例えば映画のスター俳優のごとく、会社と対等に契約しうる実力をもつ者が、一定期間多額の報酬を受ける代わりに、違約金の約束をするがごときは、本条によって、特に保護を与える必要がないから、かかる約束は同条にかかわらず、なお有効と解すべきものとする考え方があり[19]、このような考え方は、前述のとおり、同条の趣旨が前近代的雇用慣行の廃止であり、諸外国でも類を見ない立法であることも考えあわせると、非常に興味深いといえます。

　これを現代においてみると、会社と対等に契約しうる実力のある金融機関のディーラーやファンドマネージャー等を他社から引き抜くに際してのサイニングボーナスの場合は、労基法16条の前述の趣旨が及ばず、同条は適用されないとする余地もあるように思えます。　　　　　　　　　　（平尾嘉昭）

19　末弘厳太郎著「労基法解説（一）」（法律時報20号（1948年）3頁）

2-8
当社は、アジア人の大学生を新卒採用した際に期間の定めのない労働契約を締結し、当該大学生の日本での在留資格に対応する業務内容を記載しましたが、他の業務に携わる職種に変更することはできないのでしょうか。

1　労働契約上の業務の内容の記載と職種限定の合意との関係

　本問のように、大学生の日本での在留資格取得を考慮して、当該大学生が大学で専攻した科目に関係する部門での業務内容を労働契約に記載した場合に、職種限定の合意、すなわち労働契約において、労働者を一定の職種に限定して配置し、それ以外の職種へは異動させない旨の労使当事者間での合意があったと解されれば、これに反して中途で職種を変更することは、労働条件の変更に当たり、原則として契約当事者である労働者の同意が必要となります（労働契約法8条）。

(1)　職種限定の合意が認められた判例

　職種限定の合意が認められる可能性のある職種の例としては、医師、看護師、ボイラーマン等の特殊な専門的技術、技能、資格を有する職種が考えられ、判例でもアナウンサー[20]（日本テレビ放送網事件・東京地決昭和51.7.23労判411号36頁等）、大学教員（福井工大事件・福井地判昭和62.3.27労判494号54頁）、秘書兼通訳（ヤマトセキュリティ事件・大阪地決平成9.6.10労判720号55頁）等の職種において、職種限定の合意が認められています。

　これらの判例等を踏まえれば、特殊な専門的技術、技能、資格を要する職種であること、採用時には一般職とは異なる採用試験等の選考過程を経ていること、職種別の賃金体系があること、他職種への配転実績が乏しいこと等の事情があれば、職種限定の合意が認められる方向に働くと思われます。

20　アナウンサーについては、九州朝日放送事件・福岡高判平成8.7.30労判757号21頁において、職種限定の合意が認められませんでしたので、注意が必要です。

(2) 本問における職種限定の合意

どのようなときに職種限定の合意が認められるかですが、労働条件等の明示（労基法15条1項）の際に示した「業務の内容」は一般的には採用後に初めて配属される、いわゆる初任地における「業務の内容」の記載であると解されるため、職種限定の合意があったとは、直ちに解されないと思われます。

また、在留資格の制限がある外国人労働者も、在留資格変更許可申請手続等を経て、職種の変更がなされる可能性があります。

さらに、就業規則に、職種の変更も含めた配置転換の合理的な内容の規定があり、これが採用時に周知されていたのであれば、労働契約の内容は当該就業規則で定める労働条件によることになります（労働契約法7条）。

本問の場合であっても、前述のような職種限定の合意が認められる方向に働く事情がなければ、会社は当該大学生に対して、就業規則に基づき、職種の変更も含めた配置転換を命じることができます。

もっとも、実務的には、当該大学生に職種限定の合意があったとの誤解を与えないように、念のため、当該大学生との間の労働契約書には、業務の内容に関して、就業規則に基づき、職種の変更を伴う異動を命ずることがある旨を記載すべきであり、また当該大学生の理解を得るようにこの旨の説明をしておくことをお勧めします。

2　在留資格「留学」からの変更申請の柔軟化

現在、実務においては、必ずしも大学において専攻した技術または知識に限られない広範な分野の知識を必要とする業務に従事する外国人社員の事例が多いことから、在留資格「留学」からの変更申請の場合は、大学における専攻科目と就職先における業務内容の関連性を問わない、という運用がなされているようです。

よって、日本に留学中のアジア人大学生がその専攻と会社での採用後の業務が強く関連するとはいえない場合であっても、その他の要件いかんによっては、「留学」からの在留資格の変更が可能であるようです。

もっとも、大学生が再入国許可をとらずに出国した場合や出国中に再入国許可期限が徒過した場合は、そのまま日本へ入国することができないため、在留資格認定証明書交付申請を行わなければなりませんが、この際には、上

述の関連性を問わない運用はなされず、専攻科目と業務内容の一定の関連性については、依然として要件とされるため、注意が必要です。　（平尾嘉昭）

3章
外国人を受け入れる

3-1

当社は、世界各地に子会社を有して事業展開するアメリカ本社の子会社のひとつです。アメリカ本社から出向社員（外国人）を受け入れて、当社で就労させるための在留資格は何でしょうか。

1 在留資格制度

(1) 在留資格制度と在留資格の種類

　入管法では、外国人は、一定の在留資格をもって行うことのできる活動と、一定の期間を定めて在留を許可され、定められた期間その活動を行うことができるとされています[1]（入管法2条の2）。

　在留資格には、外国人が行う活動に着目して類型化した資格（法別表第一）と、外国人が有する身分または地位を類型化した資格（ただし、その身分や地位を有する者としての活動の存在を前提として定められているもの）に応じたもの（別表第二）があります。外国の親会社から外国人社員が日本の子会社に出向してくる場合は、一般的には、別表第一の資格のうち「投資・経営」（例：外資系企業の社長、取締役）、「技術」（例：機械工学等の技術者）、「人文知識・国際業務」（例：通訳、デザイナー）、「企業内転勤」（例：外資系企業の駐在員）等（別表第一の二）の活動に該当する場合が多いと考えられます[2]。

　上記の投資・経営等の在留資格に該当する場合のうち、一定の基準を満たすと、「高度人材」として「特定活動」（別表第一の五）の在留資格が得られ優遇される場合があります[3]。

---

1 在留資格一覧http://www.immi-moj.go.jp/tetuduki/kanri/qaq5.html参照。平成26年改正（平成27年4月1日施行）については、http://www.moj.go.jp/nyuukokukanri/kouhou/nyuukokukanri05_00007.html

2 法務省のホームページより（在留資格に応じた必要資料を紹介する冒頭部分で、各在留資格の例が記載されています）http://www.moj.go.jp/ONLINE/IMMIGRATION/ZAIRYU_NINTEI/zairyu_nintei10.html

3 「高度人材告示」（出入国及び管理難民認定法第七条第一項第二号の規定に基づき高度人材外国人等に係る同法別表第一の五の表の下欄（ニに係る部分に限る。）に掲げる活動を定める件（法務省告示126号））http://www.moj.go.jp/nyuukokukanri/kouhou/nyuukokukanri06_00023.html

(2) 入管法改正

平成26年の入管法の改正（平成27年4月1日施行）では別表第一の二のうち、既存の「投資・経営」に行うことのできる活動が追加されて「経営・管理」に変更され、「技術」「人文知識・国際業務」の区分は廃止されて「技術・人文知識・国際業務」として包括的な資格が創設されました。また、別表第一の二に「高度専門職」が新設され、これまで「特定活動」（別表第一、五）の在留資格を付与して優遇措置を実施していた高度外国人材同様、優遇措置が実施されます。[4]

2　在留資格該当性と上陸許可基準適合性

(1) 上陸の条件

外国人が別表第一の二の在留資格のいずれかを得て日本に上陸するには上陸の条件（7条1項）に適合することが必要であり、その条件のうちの重要なものに、行おうとする活動が在留資格に該当すること（在留資格該当性）、「法務省令で定める基準」に適合すること（上陸許可基準適合性）があります[5]（7条1項2号）。

(2) 在留資格該当性

ア　在留資格と活動例の概要

本問の場合に関係することが多いと考えられる在留資格（入管法改正後）と活動の例の概要（日本で行うことのできる活動。入管法別表第一の二表の関係すると考えられる資格と活動の一部の概要）は、以下のとおりです。

- 経営・管理…本邦において貿易その他の事業の経営を行い又は当該事業の管理に従事する活動
- 技術・人文知識・国際業務…本邦の公私の機関との契約に基づいて行う、（略）自然科学の分野若しくは（略）人文科学の分野に属する技術若しくは知識を要する業務又は外国の文化に基盤を有する思考若しくは感受性を必要とする業務に従事する活動
- 企業内転勤…本邦に本店、支店その他の事業所のある公私の機関の外国

4　平成26年改正（平成27年4月1日施行）については注1のとおり。高度専門職第一号として一定期間滞在した者を対象とする高度専門職第二号も創設されました。

5　旅券、査証の有効性（7条1項1号）、在留期間（7条1項3号）上陸拒否事由に該当しないこと（7条1項4号）等も審査されます。

にある事業所の職員が本邦にある事業所に期間を定めて転勤してきて当該事業所において行うこの表の技術・人文知識・国際業務の項の下欄に掲げる活動
・高度専門職一号…高度の専門的な能力を有する人材として法務省令で定める基準[6]に適合する者が行う次のイからハまでのいずれかに該当する活動であって、我が国の学術研究又は経済の発展に寄与することが見込まれるもの

 イ　（略）

 ロ　法務大臣が指定する本邦の公私の機関との契約に基づいて自然科学若しくは人文科学の分野に属する知識若しくは技術を要する業務に従事する活動又は当該活動と併せて当該活動と関連する事業を自ら経営する活動

 ハ　法務大臣が指定する本邦の公私の機関において貿易その他の事業の経営を行い若しくは当該事業の管理に従事する活動又は当該活動と併せて当該活動と関連する事業を自ら経営する活動

例えば、親会社から一定の期間出向してくる外国人社員が日本子会社において「本国との間の貿易等にかかる会計業務」[7]を行う予定であれば、「技術・人文知識・国際業務」または「企業内転勤」の活動に当たる可能性があります。

イ　在留資格該当性の判断

在留資格該当性の判断においては、在留期間中、在留資格に該当する活動を継続して確実に行うことが客観的に認められなければならないとされます[8]。

(3)　上陸許可基準

また、前述のとおり、それぞれの在留資格に関する上陸許可基準（出入国管理及び難民認定法第7条第1項第2号の基準を定める省令）に適合することも

---

[6] 「出入国管理及び難民認定法別表第一の二の表の高度専門職の項の下欄の基準を定める省令」参照
[7] 法務省が公開する、『「技術」及び『人文知識・国際業務』の在留資格の明確化等について」で例が紹介されています。http://www.moj.go.jp/nyuukokukanri/kouhou/nyukan_nyukan69.html
[8] 坂中英徳・齋藤利男著『出入国管理及び難民認定法　逐条解説〔改訂第4版〕』（日本加除出版、2012年）253頁

必要となります。上記(2)**ア**の例のように、外国親会社から出向してくる外国人が、一定の期間日本の子会社で「本国との間の貿易等にかかる会計業務」を行おうとする場合に、該当すると考えられる各在留資格の上陸許可基準の例は、以下のとおりです。

〔法別表第一の二の表の技術・人文知識・国際業務の項の下欄に掲げる活動〕

　申請人が次のいずれにも該当していること。

　一　申請人が（略）人文科学の分野に属する技術又は知識を必要とする業務に従事しようとする場合は、従事しようとする業務について、次のいずれかに該当し、これに必要な知識を修得していること。

　　イ　当該技術若しくは知識に関連する科目を専攻して大学を卒業し、又はこれと同等以上の教育を受けたこと。

　　ロ　当該技術又は知識に関連する科目を専攻して本邦の専修学校の専門課程を修了（略）したこと。

　　ハ　十年以上の実務経験（略）を有すること。

　二　（略：申請人が外国の文化に基盤を有する思考又は感受性を必要とする業務の場合）

　三　日本人が従事する場合に受ける報酬と同等額以上の報酬を受けること。

〔法別表第一の二の表の企業内転勤の項の下欄に掲げる活動〕

　申請人が次のいずれにも該当していること。

　一　申請に係る転勤の直前に外国にある本店、支店その他の事業所において法別表第一の二の表の技術・人文知識・国際業務の項の下欄に掲げる業務に従事している場合で、その期間（略）が継続して一年以上あること。

　二　日本人が従事する場合に受ける報酬と同等額以上の報酬を受けること。

　以上のように、上陸許可基準では、在留資格が「技術・人文知識・国際業務」の場合には職務に関係した学歴や経験が求められ、「企業内転勤」では学歴等は問われないものの直前の関係会社での勤務実績が必要となること等の差があります。

3　子会社の対応

(1)　子会社の手続き―在留資格認定証明書の交付申請

　外国親会社から出向者を受け入れる場合には、事前に就労先を管轄する地

方入国管理局で在留資格認定証明書（7条の2第1項）の交付を申請する方法を活用することが有益です。在留資格認定証明書は、外国人本人か、受け入れようとする日本の子会社の社員が代理人（同第2項）として申請することができます。地方入国管理局長は、在留資格該当性と上陸許可基準適合性が立証される場合に在留資格認定証明書を交付するもの（入管法施行規則6条の2第5項）とされています。[9]

(2) 在留資格該当性・上陸許可基準適合性等の判断

在留資格該当性に関する評価や上陸許可基準適合性についての判断では、入国管理局内部の基準が活用されており[10]、例えば、上陸許可基準のうち「日本人が従事する場合に受ける報酬と同等額以上の報酬」についての詳細な定めは法令にないものの、「人文知識・国際業務」（改正前）の場合、「外国人が大卒であればその企業の日本人専門職、研究職の賃金を参考として判断される（審査要領）」[11]とのことです。結局のところ、具体的案件ごとに個別に判断されることも多いと考えられます。

外国人出向者を受け入れる子会社としては、法令やその他の資料を調査する[12]ほか、必要に応じて地方入国管理局の事前相談を利用する等をして、適切な在留資格や、在留資格認定証明書交付の見通しについて事前に把握することが望ましいと考えられます。

（金子浩子）

---

9 また、上陸拒否事由がある場合が明らかである場合等は「交付しないことができる」とされています（同条同項）。在留資格認定証明書が交付された場合には、在外日本公館で査証の発給を受け、査証を受けた旅券と在留資格認定証明書を提示して上陸許可を申請することになります。
10 山脇康嗣著『詳説 入管法の実務―入管法令・内部審査基準・実務運用・裁判例』（新日本法規出版、2010年）5頁など
11 山脇・前掲書222頁。また、「東京圏ではどのような業種であっても、実務上、月額報酬が18万円程度を下回ると許可の可能性がかなり低くなる」（同頁）との指摘もあります。
12 法務省のホームページや、出入国管理法令研究会編『注釈・判例 出入国管理実務六法』（日本加除出版、2012年）が手掛かりになると考えられます。

3-2

当社は、優秀かつ低賃金の労働力確保のため、相応の経験と資格のある外国在住の外国人IT技術者を複数雇用し、東京で勤務させたいと考えています。本給と諸手当についてどのように定めるべきでしょうか。

1　賃金の定め方

　労働の対価である賃金（労働契約法6条、労基法11条）は、重要な労働条件であり、その金額等は、使用者と労働者が「対等の立場」で合意により定めることとされています（労働契約法3条1項、労基法2条1項）。実際には、個別の合意ではなく、就業規則や労働組合との協約による賃金制度により定められることが多くあります。

2　最低賃金

　このように、賃金は労使の合意により決定するものですが、両者の力関係に差があるため、最低賃金制度により最低限の賃金額が定められています。当事者の間で合意された賃金額が最低賃金（最低賃金法4条1項）より低い場合は無効とされ、最低賃金と同様の定めをしたものとみなされます（同条2項）。また、最低賃金法の違反は、罰則の対象にもなります（同法40条）。労働者である社員が外国人である場合も同様です。

3　労基法3条による均等待遇

(1)　均等待遇の要請

　労基法3条は、労働者の国籍、信条または社会的身分を理由として、「賃金、労働時間その他の労働条件について差別的取扱をしてはならない」（均等待遇）と規定されています。賃金等についての差別的取扱いがあり、その差別的取扱いが国籍等に基づく場合には、同条違反となります。[13]

---

[13] 厚生労働省「外国人労働者の雇用管理の改善等に関して事業主が適切に対処するための指針」でも、労働者の国籍を理由とした差別的取扱いをしてはならないことが示されています（同指針第四、二1）。

ただし、異なった労働条件で差別的取扱いが、他の理由を決定的な原因として行われた場合、例えば、適性、能率等の違いによるものであれば、言語能力等間接的に国籍等に由来するものであっても3条違反とはならないといわれています。[14]

(2) 国籍による賃金差別の効果

労基法3条に違反する労働契約はその部分について無効とされることから、労基法3条違反の差別により賃金に関して不利益に取り扱われた社員は、会社に対して不法行為による損害賠償請求等により差額を請求できるとされています。[15]

4 外国人の労働条件に関する判例

(1) 外国人への差別に関する判例

労働条件について外国人差別が問題となった過去の裁判例は、日本人社員と外国人社員の契約期間の差に関するものが目立ち、これらの判例では、外国人社員との間では期間の定めのある契約であるものの、むしろ賃金面では優遇されている場合が多いようです。[16]

(2) 賃金等の差別が問題となった判例

ア 外国人に対する低賃金問題

外国人が低賃金であることが問題となった例には、外国人研修・技能実習制度（当時）[17]に基づき来日した中国人が、二次受入れ機関（就労先）に対し、契約のうち賃金の定めの部分が労基法3条等に違反し無効であることや不法行為を根拠に、日本人社員の初任給との差額の支払を求めたものがあります。

裁判所は、原告らの技能実習期間（来日後1年間の研修期間を終えた後の実習生の期間）の賃金格差については「労働内容の差異に見出すことは困難であるから、これが労基法3条に違反しないというためには、当該格差を正当化

---

14 東京大学労働法研究会編『注釈 労働基準法（上）』（有斐閣、2003年）98頁
15 労基法に基づく差額請求を認める立場もあります。
16 「裁判例は、外国人労働者につき、採用形態が異なることなどを理由に、外国人について類型的に日本人と異なる取り扱いをしても、労基法3条が禁ずる差別と認めない傾向がある」（早川智津子著「外国人と外国法」（ジュリスト1350号（2008年）21頁））とされています。
17 当時の在留資格によるもので、1年目は労働者でない「研修生」として実務研修だけでなく、一定の座学等の非実務研修を行うことが義務づけられており、2年目、3年目は労働者である「技能実習生」として技能実習が行われていました。

するに足る合理的な理由がなければならないものと解される」としました（デーバー加工サービス事件・東京地判平成23.9.20判タ1044号20頁）。

そして、「格差を正当化する合理的な理由」について、原告らが外国人研修・技能実習制度により来日しており、同制度による就労先のコストの負担等があることから「制度の特質に基づく合理的な差であれば許容される」とし、語学力による業務遂行能力の差や、外国人研修生・技能実習生受け入れの負担を指摘して、日本人社員の賃金の約74%の賃金は「外国人研修・実習制度に基づく技能実習生に対する賃金としては、なお合理的な範囲にあたると解することができる」として労基法3条違反や公序良俗違反を否定し、差額の請求を認めませんでした。

この事件では結果的に差額の請求は認められなかったものの、問題となった外国人が技能実習生でなく通常の社員だった場合や、日本人社員との賃金の格差がより大きかった場合には、労基法3条違反とされる可能性を示していると考えられます。

イ　福利厚生差別

この事件では、技能実習生の給与から控除されていた寮費（住居費、水道光熱費）のうち日本人社員の負担額を超える額については、労基法3条の均等待遇義務に反するものとして労基法13条により無効であるとして、技能実習生への差額分の賃金の支払いが命じられています。

5　設問について

本問の場合は、「優秀かつ低賃金の労働力確保のため」に外国人IT技術者を採用する、すなわち、職務の内容が同一の日本人のIT技術者の賃金制度より低廉な賃金制度を設けて外国人IT技術者を雇おうとしていると考えられます。しかし、以上のように、賃金等の差が職務の内容の差などにより正当化できる範囲を超えることは問題があると考えられます。[18]

---

[18] なお、労働契約法20条では、「労働者の業務の内容及び当該業務に伴う責任の程度（職務の内容）、当該職務の内容及び配置の変更の範囲その他の事情を考慮して不合理と認められるものであってはならない」として期間の定めがあることによる不合理な労働条件が禁止されています。また、パートタイム労働法では、待遇の相違は職務の内容等を考慮して不合理と認められるものであってはならないとされています（同法8条）。

6　入管法との関係

　外国人のIT技術者が日本で就労する場合には多くの場合「技術」(改正後は「技術・人文知識・国際業務」)の在留資格を申請すると考えられます。在留資格の認定を得るには「通常日本人が従事する場合に受ける報酬と同等額以上の報酬を受けること」(上陸許可基準)が必要であり、給与が低額の場合には在留資格が認められないこととなっています[19](Q3-1参照)。外国人に対する差別待遇の防止に加え、日本の労働市場での労働条件の維持の観点からのものであるとされています[20]。

　　　　　　　　　　　　　　　　　　　　　　　　　　　　(金子浩子)

19　法務省・前掲注7が給与の例の参考にもなります。
20　実際の契約内容より労働者に有利な内容の契約書を入管等で使用した場合(いわゆる「二重契約」)について、判例では、本来の合意のとおりの低い賃金が有効であるとするものがありますが(山口製糖事件・東京地決平成4.7.7判タ137号36頁)、公序違反を形成する場合がある等批判的な意見もあります(野川忍著「外国人労働者をめぐる法的課題」(ジュリスト1377号(2009年)37頁))。

3-3

当社には、外国人社員が相当数いますが、そのうちの一人が、自分が昇進しないのは国籍差別だと主張しています。昇進は適性や実績を勘案して決定していますが、問題ありますか。

1 昇進と裁量
(1) 昇進と昇格
　日本の多くの会社では職能資格制度が採用されています。この制度では、一般的に、会社の中での役職や職位と、資格を区別し、役職・職位の上昇が昇進、職能資格制度での資格の上昇が昇格といわれます。この制度での資格は、賃金体系と結びつくことが多いほか、昇進の前提条件となることも多くあります。

(2) 昇進についての会社の裁量
　昇進・昇格は、会社の経営にかかわるため、一般的に、会社の自由裁量が認められるといわれます。特に、昇進は、権限を有する役職者への登用の問題であることから、基本的に会社に高度の裁量が認められ、例外的に労基法3条等の差別禁止等に当たる場合に違法とされるとの見解が多いようです。

　一方、昇格も人事考課を経て使用者の総合的判断事項として行われ、違法な差別等に当たる場合を除き、使用者に裁量が認められるとされますが、例外的に労使慣行により昇格請求が認められる場合があり、また昇格が人事考課による場合には人事考課の不公正があればその結果の不昇格措置についても人事権の濫用として不法行為が成立することがあるとされます。[21]

2 労基法3条による国籍による差別の禁止
(1) 労基法3条
　労基法3条は、「労働者の国籍、信条または社会的身分による賃金、労働時間その他の労働条件」の差別を禁じています。

21　土田道夫著『労働契約法』（有斐閣、2008年）360頁

そこで、賃金、労働時間その他の労働条件に関し、①国籍等の列挙された差別事由があり、②差別的取扱いがされ、③差別的取扱いが列挙された事由を理由（動機）としてなされる場合に同条の違反とされます。

そして、「その他の労働条件」には昇進も含まれることから、国籍（①）を理由として（③）、社員の昇進について差別的取扱いをすること（②）は、同条違反となり得ると考えられます。

(2) 昇進と差別

この点、国籍を理由に外国人社員の昇進を制限するような人事制度がある場合であればともかく、人材の評価による場合には、差別であるかの判断は困難です。

そもそも昇進については、先にも述べたとおり、使用者の広い裁量が認められ、判例でも（ただし不当労働行為が問題となった場合）「管理職ポストに起用する者を選定するにあたっても、使用者である会社はその者の執務能力、協調性、指導力等諸般の事情を考慮して当該役職の適格者であるかどうかを決定するについて広汎な裁量権を有している」としています（放送映画製作所事件・東京地判平成6.10.27労判662号14頁）。

ところで、昇進について男女差別が問題とされた事件でも「人材登用が職務遂行能力、係長としての適格性という観点のみによってされたという点については疑問を払拭することができない」としつつも単に、「昇進させるか否かについては一審被告（筆者注：会社）の極めて実践的な経営判断、人事政策に属するものであって専権的判断事項」としたものもあります（芝信用金庫事件・東京高判平成12.12.22労判796号7頁）があるものの、別の事件（広島高判平成25.7.18LLI/DB06820367）では、「昇進」は、「人事権の行使として広汎な裁量に委ねられている」としつつ、「業績考課、能力考課の評定結果、職務適性評定により主任の役割を果たすことができると判断した者を、同ポストの主任として登用していた」こと、当該社員の人事考課の結果から「人事権の裁量の範囲内で判断された」こと、「人事評価において女性差別が存したことをうかがわせる事実も認められない」ことから、昇進していないことが女性差別によるとする社員の主張を斥けました。後者の判例では、裁判所は、人事考課制度と評価の仕組みを含む、会社の人事制度や、当該社員に

対する人事考課について認定したうえで、このように判断をしています。
　外国人に対する昇進差別が主張される場面でも、人事制度のみならず人事考課に焦点が当たることが考えられます。
3　本問について
　昇進の人事は、会社の広い裁量に委ねられているものの、労基法3条違反の主張がされる可能性があり、その場合、人事制度や人事考課制度が検証されることがありうることから、客観的検証に耐えうる合理的な制度を構築、運用することが望ましいと考えられます。　　　　　　　　（金子浩子）

3-4
外国人が勤務する事業所では、当該外国人の母国語による就業規則の備え置きが必要でしょうか。

1 就業規則の作成、周知

(1) 労基法による就業規則の作成と周知

労基法では、常時10人以上の労働者を使用する使用者は、一定の事項について定められた手続によって就業規則を作成し、行政官庁に届け出ることが義務づけられています（労基法89条、90条）。これは、就業規則に記載すべき事項を網羅的に定め、事業場による労働条件の明確化をはかり、また、届出により国家による規制を可能とするためであるといわれています[22]。

作成した就業規則は、一定の方法で周知する必要があります（労基法106条）。周知の方法は、掲示または備え置き、書面の交付、コンピューターによるものなど、労基法施行規則52条の2に定められています。周知により社員がその規則の内容を知ることにより、使用者が社員の無知に付け込む等を防止するためとされます。

(2) 労働契約法

労働契約法では、労働契約を締結する場合において「合理的な労働条件が定められている就業規則を労働者に周知させていた場合には」労働契約において別途労働条件の合意をした場合を除き、「労働契約の内容は、その就業規則で定める労働条件によるものとする」（同法7条）とされています。また同法10条による就業規則の変更により労働条件の変更をする場合にも周知要件のひとつとされます。このように、労働契約の内容との関係でも就業規則の作成、周知が重要です。労働契約法での周知については、必ずしも労基法で要求されている周知の方法をとらなくても、実質的な周知がされていれば

---

22 青木宗也・片岡曻編『労働基準法〔2〕』〔注解法律学全集〕（青林書院、1995年）243頁

よい[23]との意見もあります。ただし実務的には、労基法で要求されている周知方法を行うべきと考えられます。

2　就業規則の外国語訳等の必要性

(1)　外国語の就業規則等の作成の必要性

ところで、外国人社員がいる場合に、日本語の就業規則のみならず、当該外国人の母国語である外国語版の就業規則や、外国語訳を作成する必要があるでしょうか。労基法89条は、就業規則の言語について言及しておらず、解釈上も言語を指定しているとは解し難いと考えられます。

しかしながら、上述のような労基法の趣旨からすると、日本語の語学力が不十分な外国人社員がいる場合には当該外国人社員のため配慮がされることが望ましいと考えられます。厚生労働省等による「技能実習生の労働条件の確保・改善のために」と題するパンフレット（平成24年3月）でも、技能実習生（労働関係法規が適用される）との関係で、労基法89条についての説明として「就業規則の内容は、技能実習生にも理解ができるように配慮をお願いします」としており、必ずしも母国語訳等が要求されず、日本語の就業規則について適宜説明等をすることで足りる場合もあると考えられます[24]。

実務上は、日本語の就業規則とその英語翻訳があれば、英語圏出身の外国人のみならず、一定程度の英語教育を受けて英語を読解できる外国人社員との関係でも特段の問題は生じない場合が多く、また、一定の言語を社内の公用語としている会社においては、当該言語の翻訳があれば足りる場合も多いでしょう[25]。

一方、就業規則が文書で求められていることの趣旨からすると、仮に、母国語以外の言語の読解ができない社員がいる場合には、就業規則の母国語訳が必要とされる場合もあると考えられます。

23　荒木尚志＝菅野和夫＝山川隆一著『詳説 労働契約法〔第2版〕』（弘文堂、2010年）113頁
24　公益財団法人 国際研修協力機構の「外国人技能実習生労務管理ハンドブック」（2014年3月版、24頁）では、労基法106条を参照条文として掲げたうえで、労働者への周知として、「技能実習生の場合は、日本語に堪能でないことが多いので、母国語で説明するなど周知徹底すること」とされています。
25　なお、外国人への労働条件通知書については、厚生労働省が、「外国人労働者向けモデル労働条件通知書」として各国語の労働条件通知書のモデルを公開しています。英語については、http://www.mhlw.go.jp/new-info/kobetu/roudou/gyousei/kantoku/040325-4.htmlのとおりです。

(2) **外国人への周知**

　以上のような配慮をせず、日本語の就業規則のみが一般的な方法で周知されたにとどまる場合には、労基法上の就業規則の周知義務や、労働契約法要件とされる周知の存否につき疑問が生じる場合があり得ることから、外国人社員への配慮が必要と考えられます。

　　　　　　　　　　　　　　　　　　　　　　　　　　　　（金子浩子）

3-5

当社の地方工場では、多くの日系外国人を工場作業者として雇用しています。安全のために重要な作業手順について、部門の長が日本語で詳しく説明するか、外国人社員のリーダーに母国語で説明させるか迷っています。

1 安全配慮義務
(1) 安全配慮義務の根拠
　会社には、雇用する社員の生命・安全に配慮する義務（安全配慮義務）があります。この義務は、従来から労働契約に付随する義務としてとらえられ、それが果たされなかった場合、債務不履行とされてきましたが、労働契約法では「労働者がその生命、身体等の安全を確保しつつ労働できるように、必要な配慮をする」義務（同法5条）として規定されました。

(2) 義務の内容としての安全教育
　安全配慮義務の具体的内容は状況によって異なりますが、工場労働者の安全のために重要な作業手順の説明等は、安全教育あるいは適切な業務指示として、安全配慮義務の内容をなすものといえます。適切な説明等がされなかったことにより事故が発生し、労働者が死傷した場合には、会社は、安全配慮義務違反として、損害賠償責任を負う可能性があります。

2 外国人社員への説明
(1) 母国語での説明
　社員が外国人であって、日本語の能力が低い場合には、日本語での説明では会社が安全配慮義務を果たすには不十分とされる可能性が高く、母国語での説明を検討するべきでしょう。

　厚生労働省の「外国人労働者の雇用管理の改善等に関して事業主が適切に対処するための指針」でも、安全衛生教育の実施について「内容が理解できる方法により行うこと」とされています（同指針三1）。判例でも、日本語をほとんど解しない中国人（研修生）との関係で「中国語で記載した書面を交

付するか、中国語で説明」することが必要とされたものがあります（ナルコ事件・名古屋地判平成25.2.7労判1070号38頁）。

(2) 説明の内容

しかしながら、単に母国語による説明があればよいのではなくその内容も重要です。中国人実務研修生・技能実習生が日本人上司らから作業を習っていたものの、有毒性や具体的な危険性、危険を防ぐための措置等について「具体的に説明、指導することを怠り、単に危険であるとして、保護具を着用させていた」として会社の安全配慮義務違反が認められた例（名古屋高金沢支判平成11.11.15判時1709号56頁）や、母国語のできる者が外国人に一通り機械の使い方を教えていた場合でも、会社には機械の仕組みと危険性を十分理解させたうえで望ましい動作や行ってはいけない動作について教育すべき義務があったとした例（矢崎部品ほか事件・静岡地判平成19.1.24労判939号53頁）もあります。また、作業手順を教えて実際に作業を行っていることを確認しても、母国語で手順等を説明等したうえで、「その内容・意味を正確に理解していることを確認するのでなければ、安全教育としては不十分」（前掲ナルコ事件）とされた例もあります。

3 本問の場合

上述のとおり、外国人社員の日本語の理解が不十分である場合には、責任者が日本語で説明をしただけでは会社の措置として不十分とされる可能性が高いと考えられます。

また、外国人社員のリーダーが他の外国人社員に母国語で説明する場合には、リーダーが十分に理解していること、リーダーの説明の内容が正確、適切であるかの確認が必要になると考えられます。

4 労働安全衛生法等

(1) 安全衛生法上の義務

労働安全衛生法では、事業者に安全衛生管理体制の確立や、労働者の危険防止措置、労働安全衛生教育等を義務づけています。労働安全衛生法の義務は、公法上の義務であるものの、安全配慮義務違反の判断の際にも考慮されます。

また、労働安全衛生法の規定の違反は罰則の対象となることがあります。

現場の監督者らに加え、両罰規定により会社も処罰されることがあります。

(2) **刑事責任**

　社員の安全が十分に確保される説明がなされなかったことにより、社員が死傷した場合、作業指示者等が、業務上過失致死傷罪等に該当するとされる場合があります。　　　　　　　　　　　　　　　　　　（金子浩子）

3-6

前問（Q3-5）の工場で、ある外国人社員が在庫横流しをしている疑いがあります。当該社員はこれまで日本語で問題なく業務をこなしましたが、本人からの事実調査や、その後の懲罰委員会での弁明の聴き取りは日本語で行ってよいでしょうか。

1　社員の企業秩序違反行為と懲戒処分

　懲戒処分は社員に大きな不利益を及ぼす可能性があることから、会社が懲戒処分をなすには、懲戒の対象となる事由と、それに対して行われうる処分の種類・内容とが事前に就業規則で定められていることが必要です（労基法89条）。社員による在庫横流しなどの会社の企業秩序を乱す行為は、通常は就業規則で懲戒の事由とされています。ただし、就業規則に定められている懲戒事由に形式的に該当している場合でも客観的に合理的な理由を欠き社会通念上相当であると認められない場合には懲戒権の濫用として無効とされます（労働契約法15条）。

2　懲戒処分における適正手続の必要性

(1)　適正な手続

　懲戒処分については、就業規則や労働協約で、懲罰委員会や賞罰委員会の審議を経ること、労働組合と協議することや、対象者への弁明の機会の付与など手続的な規定が定められていることがあります。このような制度や懲罰委員会等の構成、性格、権限等は会社により差がありますが、いずれにせよこれらの規定の手続を実践することが必要になります（中央林間病院事件・東京地判平成8.7.26労判699号22頁）。

　また、懲戒の対象となる社員への弁明の機会については、仮に規定がなくても付与することが望ましいとされます。

　これらの手続が実行されない手続の瑕疵がある場合には、社会通念上の相当性を欠き懲戒権の濫用として懲戒処分の有効性に影響することとなります[26]。

(2) 実質的な弁明の機会の付与

懲戒処分の対象となる社員への弁明の機会の付与は、実質的なものであることが必要とされます。判例では「懲戒解雇の事由に関する事項に関し、疑問点等につき釈明させるものであるから、釈明可能な事項につき、釈明のための必要な資料や疑問の根拠を示し、必要あるときはその資料を開示し、あるいは釈明のための調査する時間も与える」ことや「心理的に動揺し、また解雇のおそれを感じることから、心理的圧迫を与える場所や言動をしない配慮」が必要と述べているものがあります（長野油機事件・大阪地決平成6.11.30労判670号36頁）。

(3) 事実調査と弁明の機会の付与の関係

ところで、懲戒の事由があることが疑われる場合には、通常、事実関係を把握するための調査が必要であり（労働契約法15条も「事情」の把握を当然の前提としていると考えられます）、その一環として、会社が懲戒事由について疑いのある社員から事実調査をする場合があります。このような場合、嫌疑を受けた社員は、原則としてこれに協力する義務があると考えられます（富士重工事件・最判昭和52.12.13労判278号7頁）。弁明の機会の付与は、単にこのような事実関係の調査にとどまらず、上記(2)でも述べたとおり、社員に嫌疑をかけられた具体的事項を示して、その釈明をする機会を与えるものであると考えられます。

なお、実際には、事情聴取等の事実調査の際に弁明の聴き取りも行う場合や、事情聴取等の事実調査とは別に弁明の機会を与える手続が存在する制度など、機会の付与の態様には差があるようです。

3　外国人社員への対応

外国人社員に対して事実調査のための聴き取りをする場合には、具体的な事実関係の把握という目的のために支障のない言語によるべきことが必要であると考えられます。社員の語学力、聴き取りの内容である事実関係や、質問の複雑さ等が考慮されるべきと考えます。

一方、外国人社員に弁明の機会を与える際は、基本的には、通訳の手配を

26　事情によっては、弁明の機会を設けなかったことが手続的瑕疵でないとして有効とされた例（時事通信社事件・東京高判平成11.7.19労判765号19頁など）もあります。

する等して母国語によるべきことが必要な場合が多いと考えられます。仮に、外国人社員がある程度日本語を解する場合であっても、懲戒の対象となるという特殊な状況下で十分な対応ができないことがありうること、本人にとって重大な懲戒処分が下される可能性があることから、語学力の不足のための不利益がないように配慮が必要です。

4　本問について

(1)　事実調査

本問では、嫌疑を受けた社員は従前、日本語で問題なく業務にあたってきたとのことであり、単に事実調査の一環としての聴き取りを行う場合には、日本語で実施することも考えられます。ただし、事実調査としての聴き取りであっても、その後に予測される懲戒処分と密接に関係する可能性があることから、事案の複雑さ、当該社員の日本語力や、希望を考慮して、通訳を付けることを検討すべきでしょう。

特に、事実調査の段階においてすでに当該社員の嫌疑が相当程度ある場合には、通訳を付けることが望ましいと考えられます。本問では、事実調査の後に懲罰委員会で弁明の聴き取りをすることも予定されているようですが、事実調査の結果認定された事実に基づいて懲罰委員会で取り上げられると考えられることや、懲罰委員会での弁明の聴き取りの態様によっては弁明の機会として十分でなく、事実調査の際の聴き取りが弁明の機会となる可能性がありうると考えられるので、この点からも留意すべきでしょう。

(2)　懲罰委員会

懲罰委員会で社員本人の弁明を聴く場合には、懲戒処分についての決定がされる前に社員が会社に対して言い分を伝える最後の機会であることから、通訳を利用する等により、十分な発言をさせるべきと考えられます。

（金子浩子）

3-7

当社は、Q3-5の工場で単純製造業務を行う社員のうち、外国人とは有期雇用契約を結び、日本人とは期間の定めのない雇用契約を結ぶこととしています。労基法3条違反といわれるでしょうか。

1　労基法3条

労基法3条では、国籍によって、賃金その他の労働条件について差別的取扱いをすることを禁じています。この労基法の規定は、日本で就労する外国人との関係で適用されることから、本問の場合が国籍による差別として禁止されているものであるかが問題となります。

2　採用と労基法3条

(1)　国籍による採用差別

本問については、会社の労働者採用の段階で、日本人を期間の定めのない雇用契約による採用の対象とし、外国人にはその機会を閉ざしていることから、労基法3条違反とならないかの問題が考えられます。

一般的に採用の場面では労基法3条は適用されず採用者に広汎な自由が認められるといわれます（三菱樹脂事件・最判昭和48.12.12）。

ただし、外国籍であることのみをもって、採用される機会を奪うことが適切であるかは、疑問の余地があるとも考えられます。厚生労働省の「外国人労働者の雇用管理の改善等に関して事業主が適切に対処するための指針」（以下、指針）の第4、2「採用」では、「事業主は、外国人労働者について、在留資格の範囲内で外国人労働者がその有する能力を有効に発揮できるよう、公平な採用選考に努めること」とされています[28]。

なお、内定後に在日朝鮮人であることが発覚して採用取消しがされた場合

---

[27] なお、本問のような場合、一般的には、いわゆる非正規社員として採用される外国人の側から差別が主張されると考えられますが、有期の社員として就職を希望する日本人に機会を与えないという点からの問題もありうると考えられます。

[28] ただし男女雇用機会均等法5条のような採用差別禁止規定はありません。

に、内定取消しを国籍を理由とする解雇であるとして無効とした事案があります[29]（日立製作所事件・横浜地判昭和29.6.19労判206号46頁）。

(2) **在留資格の期間を理由とする場合**

　外国人を期間の定めのない雇用契約の採用の対象としない理由として、国籍そのものでなく「在留資格の期間」を理由とすることが考えられます。

　しかしながら、日本の現在の入国管理制度では、たとえ日本での活動が仕事と結びついている在留資格（企業内転勤、技術・人文知識・国際業務など）をもって在留する外国人であってもその在留期間と雇用契約の期間とが一致するとは限りません。しかも、本問のような単純（非熟練）労働に従事する社員であれば、本件外国人社員はこのような業務に適法に従事できる在留資格（日本人の配偶者等、定住者等身分・地位に基づく活動を認められている資格）や永住権を有する外国人であると考えられます。このような外国人に関しては、仕事と在留期間は、直接結びつくとはいえないので、在留期間を理由として一律に日本人と異なる取扱いをすることは、必ずしも合理的とはいえない場合もあると考えられます。前記の指針でも「永住者、定住者等その身分に基づき在留する外国人に関しては、その活動内容に制限がないことに留意すること」とされています。

(3) **国籍等以外の理由による有期雇用契約での採用**

　他方、言語、学歴、将来にわたる就労継続の意思などは、国籍と関係するものであっても、基本的には有期労働契約での採用と期限の定めのない労働契約での採用を区別する理由とすることが問題となる可能性は高くないと考えられます。

3　外国人の有期雇用と労基法3条

(1) **外国人の有期雇用に関する判例**

　期間の定めのある雇用契約で採用された外国人により、外国人社員の雇用契約に期間の定めがあるのは労基法3条に違反する国籍による差別であるとして争われた例があります。

---

[29] ここでは、傍論であるものの「私企業には契約締結の自由があるから、立法、行政による措置や民法90条の解釈による制約がない限り労働者の国籍によってその採用を拒否することも必ずしも違法とはいえない」とされています。

期間の定めのある雇用契約で採用された外国人教員らが雇止めをされ、期間の定めは労基法3条違反で無効であると主張した事件では、裁判所は、外国人教員の賃金が日本人教員より高額であることから「外国人教員との間で期間の定めのない雇用契約を締結する意思がないこと」が「明らかな差別であると認めることとはできない」として「期間を定める部分が憲法14条労基法3条に違反して無効であるということはできない」と判断しました（東京国際学院事件・東京地判平成13.3.15労判818号55頁）。また、別の事件でも、外国人社員について、期間の面では日本人正社員と比べ不利であっても、専門職としての雇用であって賃金の面では相当優遇されていることから期間の定めがあることがもっぱら国籍や人種を理由とするものであるとはいえないとして差別の主張を否定した例があります（ジャパンタイムズ事件・東京地判平成17.3.29労判897号81頁）。

(2) **いわゆる単純（非熟練）労働者の有期雇用**

本問の外国人社員は単純（非熟練）労働者であり、前記判例のような仕事の専門性やそれに伴う高額賃金という事情はないと考えられます。

判例の理由からすると、このような場合には、差別とされる可能性がないとはいえないとも考えられます。

（金子浩子）

3-8

当社工場では数多くの工場作業者を雇用しており、その中には外国人も相当数います。外国人社員については、本人たちの希望も考慮し、雇用保険に入れず、その分賃金を増額しています。問題はありますか。

1 適用事業と被保険者

(1) 適用事業

労働者が1人でも雇用される事業は、原則として雇用保険の適用事業とされます（雇用保険法5条1項）。

(2) 被保険者

そして、適用事業に雇用される労働者は、適用除外者（同法6条、65歳以降に雇用される者など）に該当しない限り、原則として被保険者となります（同法4条）。当事者の意思は勘案されません。

これは、労働者が外国人である場合でも同様です。実務では、過去には、雇用保険に関しては「永住」「定住」の資格で在留する外国人等に適用されるものの期間が限られて就労が認められる在留資格の外国人については適用されない、という取扱いがされていたこともあったとのことですが、現在は一部の例外を除き[30]、外国人も、在留資格にかかわらず対象とされているとのことです[31][32]。

---

30 過去の取扱いについては、布施直春著『改訂版 外国人労働者の雇用の実務』（労働基準調査会、1990年）49頁、佐野秀雄著『外国人雇用・研修手続の手引』（日本加除出版、1995年）239頁など。

31 平成26年7月22日版の厚生労働省の業務取扱要領では、日本国内に在住する外国人については、外国公務員や外国の失業補償制度の適用を受けていることが立証された者が除外されることが記載されています。
在留資格との関係では実務では「日本国に在住し、合法的に就労する外国人」とされているようです。大阪労働局・ハローワーク「雇用保険事務手続きの手引き 平成26年8月版」http://osaka-roudoukyoku.jsite.mhlw.go.jp/library/osaka-roudoukyoku/H26/koyouhoken/260902-h2.pdf
また、山田利行ほか著『新しい入管法 2009年改正の解説』（有斐閣、2010年）34頁、不法就労者について、東京弁護士会労働法制特別委員会著『新労働事件実務マニュアル〔第3版〕』（ぎょうせい、2014年）456頁参照。

2 届出と確認
(1) 被保険者となったこと等の事業者による届出
　適用事業の事業者は、被保険者である労働者に関しては、被保険者となったこと、被保険者でなくなったこと等を厚生労働大臣に届け出て（同法7条）その者が被保険者となったこと等の確認を受けなければならないとされています。[33][34]

(2) 厚生労働大臣による確認
　被保険者となったこと等は、厚生労働大臣（その委任を受けた公共職業安定所長）が確認をすることとなっています（同法9条）。被保険者は、資格を取得しても、厚生労働大臣による確認がされるまでは、有効にその効力を主張できないとされています（最判昭和40.6.18判タ180号103頁。なお、この確認が、以下3のとおり給付とかかわります）。

(3) 被保険者（労働者）による確認の請求
　確認は、通常は前述のとおり事業者の届出（同法7条）により行われます（同法9条）が、労働者も確認の請求（同法8条）をすることができます。事業者が届出を怠ったような場合には労働者が自ら確認請求をすることが有益です。

3 届出の懈怠
(1) 届出の懈怠と給付への影響
　このように、事業者は届出の義務を負っているところ、届出の懈怠により労働者に不利益が生じる可能性があります。
　現在の雇用保険の制度のもとでは、一定の期間内に一定以上の被保険者期間があることが雇用保険による失業等給付の基本手当等の受給の要件となり、また、被保険者であった期間により基本手当の限度が変わります。そして、

32　労務行政編『平成18年度版 雇用保険の実務手引』（労務行政、2007年）では、在日外国人について「外国公務員及び外国の失業補償制度の適用を受けていることが立証された者等を除き国籍（無国籍を含みます）のいかんを問わず被保険者となります。なお、外国人であって被保険者となるべきもののうち、外国において雇用関係が成立した後日本国内にある事業所に赴き勤務している者については、雇用関係が終了した場合、又は雇用関係が終了する直前において帰国するのが通常であって、受給資格を得ても求職者給付及び就職促進給付は受け得ないので、これらの者については被保険者として取扱いません」とされていました（同書113頁）。
33　事業所の所在地を管轄する公共職業安定所の長に提出（雇用保険法施行規則6条、7条）。
34　雇用保険の被保険者資格の届出は、事実上、外国人雇用状況の届出（雇用対策法28条1項）と関係します。厚生労働省「外国人労働者の雇用管理の改善等に関して事業主が適切に対処するための指針」（第五、一〜三）。

9条による確認がされても確認から2年以上前の期間は、被保険者期間や算定基礎期間としては考慮されません（同法14条2項2号、22条4項。ただし、例外として14条2項括弧書、22条5項）。

そこで、本来事業主が届出するべき時期に届出をせず、適時に確認がされなかった場合には、後に労働者の請求等により確認がされたとしても、労働者は、手当の不支給や支給日数が少なくなる不利益を受ける場合があることとなるのです。

(2) 届出の懈怠と損害賠償責任

労働者が被保険者となったことの届出をすることは、事業者の公法上の義務ですが、その懈怠は、私法上も、不法行為ないし雇用契約の付随義務違反の債務不履行となることが肯定される傾向にあるとされます（大真実業事件・大阪地判平成18.1.26労判912号51頁）。

前記(1)で述べたとおり、届出の懈怠は労働者の雇用保険の給付に影響を与えることから、届出を懈怠した事業者に対しては、これにより不利益を受けた労働者から、損害賠償の請求がされる可能性があります。

判例では、このような請求に対し、手当の不支給と事業主の雇用保険手続懈怠との因果関係を認めず損害賠償を認めなかった例（山口（角兵衛寿司）事件・大阪地判平成元8.22労判546号27頁、前掲大真実業事件）、保険加入手続を失念していた場合に事業主に慰謝料の支払いを命じた例（グローバルアイ事件・東京地判平成18.11.1労判936号23頁。教育訓練給付金の支給を受ける可能性を失ったことについて）、基本手当支給分の賠償が認められた例（プロマインド事件・東京地判平成19.10.1労判953号84頁）があります。また雇用保険の例ではありませんが、厚生年金保険の被保険者資格の届出を怠った場合に将来の得べかりし年金額も含め、年金の差額の賠償（ただし、過失相殺3割）が認められた例もあります（京都市役所非常勤嘱託職員厚生年金事件・京都地判平成11.9.30判時1715号51頁）。

(3) 不加入の合意と損害賠償

ところで、本問では、雇用保険に加入しないことは外国人社員の希望でもあったようです。このように、労働者と雇用保険に加入しない合意をしていた場合にも、不加入による損害があった場合に、会社に対して損害賠償請求

できるのか、疑問がないでもありません。

　しかしながら、この点、雇用保険は、社会保険制度で運営されるものであるところ、社会保険は当事者の意思にかかわらず適用されるものであって、その原則が崩れると制度自体を揺るがしかねません。このような制度が前提となっている以上、私人間で問題となる場合にも、当事者の合意は重視されないと考えるべきでしょう。厚生年金保険についての判例ではありますが、社会保険について「保険事故に対する危険を分散することにより社会構成員の生活を保障するものであるから、特定の者がその受益を放棄して負担を免れることは本質的に相容れないものというべき」として、「合意があることをもって当然にその届出義務の懈怠が正当化されるものということはできない」としたものがあります[35]（豊國工業事件・奈良地判平成18. 9. 5労判925号53頁）。また、この事件では、事業主が労働者に対して加入資格がないと説明していたことから、労働者による不加入の同意についても「加入を断念させる行為自体が違法なものであり、労働契約上の債務不履行をも構成する」と判断されています。

4　罰則

　被保険者資格取得等の届出は公法上の義務であり、違反した場合の罰則があります（同法83条）。

5　本問について

　本問の工場は適用事業であり、外国人社員も、適用除外者に当たらない限り、当人らの意思や会社との取決めにかかわらず被保険者となりますので、適切な対応をとることが必要です[36]。

　会社が被保険者の届出をしていなくても保険関係は成立するので、後に、社員の請求等により確認がされ、会社が雇用保険料や追徴金を徴収されることとなる可能性があります。さらに、会社は、届出の懈怠により社員が基本手当の受給等の不利益などの損害を受けた場合、社員に対し、損害賠償責任を負う可能性があります。

（金子浩子）

35　この判例は厚生年金保険についてのものですが、前掲大真実業事件では雇用保険が強制加入とされる趣旨について、厚生年金保険についてと同様の説明をしています。

36　前掲注34「指針」第四、四

4章
人材を海外へ送り出す
―赴任―

4-1

当社は、社員を海外子会社等に赴任させる予定ですが、どのような準備が必要ですか。出張の場合はどうでしょうか。

1　海外での勤務形態

　海外での勤務形態は、大きく分けて、①出張、②法人格のない海外支店等への駐在、③海外子会社等への出向、④海外子会社等への転籍に分類することができます。

　ここで、②の駐在[1]は、赴任先が法人格を有しない場合であるのに対し、③の出向と④の転籍は、赴任先が法人格を有していることが前提となります。

　また、③の出向が、出向元の社員の地位を保持したまま、出向先の社員ないし役員となって出向先の業務に従事させる人事異動であるのに対し、④の転籍は、現在所属する企業との間の労働契約関係を終了させ、新たに転籍先との間に労働契約関係を成立させる人事異動であり[2]、両者は、元の勤務先との間の労働契約が存続するか否かの点で違いがあります（以上、Q1-1も参照）。

　①の出張は、比較的短期のものと位置づけられますが、どの程度短期のものを出張とし、どの程度長期のものを駐在や出向とするのが適当でしょうか[3]。これには、明確な線引きがないのですが、以下では、参考となる考え方をもとに、あえて線引きを試みてみます。

（1）　労災保険の考え方

　厚生労働省の「労災保険特別加入制度のしおり（海外派遣者用）」によれば、「『海外出張者』とは、単に労働の提供の場が海外にあるにすぎず、国内の事

1　「駐在」は法的概念ではなく、法人格のない海外支店や現地事務所等での勤務をさすために便宜的に使用する用語です。
2　菅野和夫著『労働法〔第10版〕』（弘文堂、2012年）518頁参照
3　出張の場合は日本の労災保険制度が適用されるのに対し、それ以外の場合には、労災保険特別加入制度を利用していない限り、日本の労災保険制度の適用対象外となるという違いがあります（昭和52. 3. 30労働省発労徴21号・基発192号）。

業場に所属し、その事業場の使用者の指揮に従って勤務する労働者です。『海外派遣者』とは、海外の事業場に所属して、その事業場の使用者の指揮に従って勤務する労働者またはその事業場の使用者（事業主およびその他労働者以外の方）と定義され、『海外出張者』と『海外派遣者』のどちらに当たるかは勤務の実態によって総合的に判断されることになります」とされています。

つまり、両者の区分のメルクマールは期間ではなく、国内、海外いずれの事業場に所属しているか、また、いずれの事業場の使用者の指揮に従っているかという点にあります（Q5-7参照）。もっとも、一般的にいって、長期になればなるほど、国内の事業場に所属して、その使用者の指揮に従っているとは認められにくくなるでしょう。期間が絶対的な基準になるわけではありませんが、労災保険の適用に影響を与える要素にはなるといえます。これも踏まえて線引きを検討する必要があります。

(2) 労働者派遣法の考え方

労働者派遣法23条4項に定める「海外派遣」の届出に関して、労働者派遣の期間がおおむね1か月を超えないものは「海外派遣」には該当せず、届出を要しないとされています。[4]

つまり、1か月以下のごく短期であれば、派遣社員に及ぼす影響がそれほどでなく、海外派遣のような特別な派遣社員保護の必要はないとされているということができます（Q5-6参照）。この考え方を推し及ぼして、1か月以下のごく短期であれば、通常の国内勤務をしているのとさして変わらず、特別な取扱いは不要、とすることもできるでしょう。もっとも、この考え方は、1か月以下であれば出張と取り扱ってよいとの示唆を与えてはくれますが、何か月以下まで出張としてよいかについては何も示していません。

(3) 租税条約

日本と租税条約を締結している国における短期滞在者について、年間滞在期間が通算183日を超えない場合は給与等への課税が免除される、いわゆる「183日ルール」が存在します。

(4) 一応のメルクマール

以上を考慮すると、出張と取り扱うのは6か月程度までとし、海外勤務が

---

[4] 労務行政研究所編『労働者派遣法―労働法コンメンタール9』（労務行政、2013年）290頁

それ以上になれば駐在ないし出向と取り扱う、というのが一応のメルクマールになると思われます。しかし、前述したように、これはあくまであえて線引きしてみたものであり、これ以外の線引きが許されない、ということではありません。

いずれにしても、取扱いにおける疑義を避けるため、海外出張期間の上限を就業規則等で明確にしておくことが望ましいといえます。

2 海外赴任にあたっての準備

海外赴任（駐在ないし出向）をさせるにあたり、どのような準備が必要でしょうか。

(1) 就労ビザの手配

赴任先で就労することになりますので、赴任先の国・地域における就労ビザの取得が必要となります。ビザの取得までには相応の時間を要するうえ、有効期間等の条件も国・地域によって異なりますので、早い段階で関係当局に確認することが必要です。

(2) 社会保険の資格継続

社会保険は、資格継続として取り扱うケースが多いようです。しかし、海外子会社が給与を全額負担しているような場合には、資格喪失とみなされるおそれもありますので、給与支給の枠組みを検討する際に、年金事務所や健康保険組合に取扱いを確認しておく必要があります。

(3) 海外旅行保険等への加入

社会保険の資格が継続されても、日本の健康保険証は海外では使用することができないため、赴任先での病気や傷害等に対する医療費は社員がいったん自己負担する必要があります。その後、健康保険組合等に海外療養費の請求をすればよいのですが、健康保険には原則3割の自己負担分が存在します。

このため、民間の海外旅行保険のほうが、全額補償という点でメリットが大きいところです。また、保険会社が契約している海外の病院で医療を受けた場合、医療費の自己負担が不要となるケースがあるというメリットもあるようです。そこで、社員を海外に赴任させるにあたっては、海外旅行保険等を付保することも検討する必要があります。

(4) 労災保険特別加入制度

労災保険は国内にある事業場に適用される制度であるため、海外における労災事故については、原則として日本の労災保険は適用されません。

しかし、実際には海外赴任中の事故や傷病も多く、国によっては労災の適用範囲や給付内容が不十分な場合もあることから、労災保険法上、労災保険特別加入制度が設けられています。

これは、会社が海外に派遣する社員について特別加入の申請を行い、都道府県労働局長の承認を得ることにより、業務災害や通勤災害が発生した場合に労災保険から給付がなされるという制度です。

労災保険給付の中には、遺族補償年金など海外旅行保険でカバーされない可能性のある給付もありますので、赴任させる場合は、この特別加入の手続を行うことも検討すべきです。

なお、出張の場合は日本国内の事業とみなされることから、行政通達上、特別加入は不要であるとされています（昭和52.3.30基発192号）。

(5) 赴任前健康診断の実施

会社は、社員を海外に6か月以上派遣する場合は、あらかじめ、所定の項目について医師による健康診断を行わなければなりません（労働安全衛生法66条1項、労働安全衛生規則45条の2第1項）。

この健康診断については社員の側にも受診義務がありますが（労働安全衛生法66条5項）、この点を明確にするため、就業規則に一般的な受診命令の規定を設けておくべきでしょう。なお、この健康診断の結果は英文に翻訳しておくと、後日、社員が海外の医療施設を利用することになったときに役立ちます。

(6) その他

以上に加えて、赴任先への航空券の手配、各種予防接種、赴任先での住居の確保、帯同する子女の学校の入学手続など、必要に応じて準備を進めていくことになります。

3 出張の場合の準備

出張の場合には、2(2)以降で前述したような準備は基本的に不要ですが、出張中の事故等に備え、海外旅行保険等の付保は行っておくべきでしょう。

（内田靖人）

4-2

当社社員に海外子会社への出向を命じたところ、家庭の事情を理由に難色を示していますが、どのように対応すればよいですか。また、出向先が危険地域であることを理由とする場合はどうすべきでしょうか。

1 社員に出向を命じるためには

　出向とは、出向元の社員の地位を保持したまま、出向先の社員ないし役員となって出向先の業務に従事させる人事異動です[5]。

(1) 出向命令権と就業規則等の規定

　会社は、人事権のひとつとして出向命令権を行使することになりますが、社員にとっては、労務提供の相手方が変わるほか、賃金や労働条件、キャリア等の面でも不利益が生じえます。

　したがって、社員に出向を命じるためには、①労働協約ないし就業規則における出向命令権の包括的規定や入社の際の事前同意だけでは必ずしも十分とはいえず、②労働協約や就業規則等において、出向期間、出向中の社員の地位、賃金、退職金、手当等の処遇に関して社員の利益に配慮した規定が設けられていることが必要となります（新日本製鐵（日鐵運輸第2）事件・最判平成15.4.18労判847号14頁参照）。

　また、包括的な規定や同意で出向を命じるには、密接な関連会社間の日常的な出向であって、当該職場で社員が通常の人事異動の手段として受容しているものであることも必要とする説も有力です[6]。

(2) 勤務地限定特約

　労働契約において就業場所を限定する旨の特約（勤務地限定特約）がある場合は、海外出向を命じるにあたって、労働協約ないし就業規則の規定のみでは足りず、必ず本人の個別同意を要しますので、注意が必要です。

5　菅野・前掲書518頁
6　菅野・前掲書519頁参照

(3) 出向命令の権利濫用

出向命令が、必要性や対象社員の選定その他の事情に照らし、権利濫用として無効となる場合もあります（労働契約法14条）。裁判例でも、出向先における労働条件が低下することを理由に出向命令が無効とされた例がありますので（神鋼電機事件・津地決昭和46.5.7労判133号14頁、神戸高速鉄道事件・神戸地判昭和62.9.7労判503号23頁）、注意が必要です。

(4) 実務上の対応

前述のとおり、一定の要件を満たせば、社員に海外出向を命じることは可能です。しかし、現実には、就労ビザの取得手続等、海外出向を実現させるためには社員本人の協力が不可欠であることから、実際には、海外出向を命じる場合は、一定期間前に本人に内示のうえ、その内諾を得てから出向辞令を発令することになります。

2 家庭の事情による出向命令拒絶への対応

では、本問のように、社員が家庭の事情を理由に海外出向に難色を示した場合、会社としてはどのように対応すべきでしょうか。

(1) 聴取と説得

まずは、社員本人やその家族等の事情をよく聴取したうえで、不安を取り除く手立てを考えるべきでしょう。例えば、経済的負担が大きいという理由で難色を示しているのであれば、会社からの金銭的補助による解決の可能性もあります。

(2) 育児・介護理由の拒絶

育児や介護を理由として難色を示している場合、育児介護休業法26条において、「事業主は、その雇用する労働者の配置の変更で就業の場所の変更を伴うものをしようとする場合において、その就業の場所の変更により就業しつつその子の養育又は家族の介護を行うことが困難となることとなる労働者がいるときは、当該労働者の子の養育又は家族の介護の状況に配慮しなければならない」とされていますので、注意が必要です。

国内における転勤命令の事案ですが、育児や家族の介護等の事情を考慮して、転勤命令が無効とされた裁判例（明治図書出版事件・東京地決平成14.12.27労判861号69頁（共働き夫婦における重症アトピー性皮膚炎の子の育児の必要性

を考慮))や、慰謝料請求が認められた裁判例(NTT西日本(大阪・名古屋配転)事件・大阪地判平成19.3.28労判946号130頁(実父の介護等の必要性や、肺ガンの再発の危険性を抱える妻のサポートの必要性を考慮))があります。

(3) 拒絶への対応

最終的に、説得が功を奏さず、社員が海外出向命令を拒絶する事態に至った場合は、代替要員を選定・確保するとともに、拒絶の理由が合理性を欠くような場合には、当該社員に対する懲戒処分も検討することになります。

3 出向先が危険地域である場合

テロや人質事件が頻発しているような危険地域への出向を命じたところ、これを社員が拒否した場合、会社は業務命令違反を理由に当該社員を懲戒したり、解雇することができるでしょうか。

この点、出張命令に関する判例ですが、危険地域であることを理由に出張命令を拒否し、船の出航を阻害した社員に対する解雇が無効とされています[7](電電公社千代田丸事件・最判昭和43.12.24民集22巻13号3050頁)。

上記の例でも、出向の業務上の必要性や社員の生命・身体等に対する危険の程度等の要素を考慮して判断すべきであると思われますが、諭旨解雇や懲戒解雇といった処分は重きに失する可能性が高いといえます。懲戒処分にあたっては慎重な検討が必要です。

(内田靖人)

---

7 当時危険地域であった朝鮮海峡における海底ケーブルの修理作業への従事を拒否した社員3人について、船の出航を一時阻害したことを理由になされた解雇は妥当性・合理性を欠き、公社に認められた合理的な裁量権の範囲を著しく逸脱したもので無効であるとされました。

4-3

当社は最近海外に子会社を設立し、社員を数名出向させることになったため、海外赴任規程を作成することを考えていますが、どのような点に留意して作成すべきでしょうか。

1 海外赴任規程の必要性

　海外勤務は、生活習慣、言語、気候、衛生環境、ビジネス慣習などさまざまな点において日本と異なる環境下での勤務であり、また、テロや人質事件、事故等のリスクもあることから、海外勤務を命じるにあたり、会社はこれらの点に十分に配慮することが必要となります。

　そこで、海外勤務を命じることがある旨の包括的、一般的な規定を就業規則に設けるだけでなく、これとは別に海外赴任規程を作成し、海外勤務中の賃金、退職金、諸手当、年次有給休暇の取扱い等の事項について規定を設ける必要があります。

　なお、海外赴任規程が存在しない会社において新たに規程を設ける場合は、就業規則の不利益変更に該当する場合がありますので、赴任先の限定、社員の身分、待遇等の明確化と保証など規定内容の合理性や、労働組合等との協議経過等が問われることに注意が必要です（ゴールド・マリタイム事件・大阪高判平成2.7.26労判572号114頁参照）。

2 海外赴任規程において定めるべき事項

　海外赴任規程には具体的にどのような事項を定めるべきでしょうか。

(1) 赴任期間

　海外赴任規程あるいは就業規則本体の中に、赴任期間を明示する必要があります。海外出張の場合は、長くても6か月程度にとどめるべきと考えられますが（Q4-1参照）、赴任（駐在ないし出向）の場合、最長期間はどの程度が相当でしょうか。

　この点、期間については、業務上の必要性に応じて決めることになります

が、海外赴任の期間はおおむね3年ないし5年程度が一般的ではないかと思います。もっとも、個別の事情によりさらに延長するということもありえますので、延長の可能性も明記しておくべきです。

(2) **賃金**

海外赴任時の賃金については、日本で勤務していた時の賃金水準を下回らないように設定する必要があります。そこで、いわゆる購買力補償方式と呼ばれる考え方により、支給水準を維持することが一般的です。[8]

賃金の支給方法については、為替リスクの観点からは、赴任先において現地通貨で支給することが合理的であるようにも思われますが、家族を帯同しないケースもあることや、赴任者本人の財産形成や社会保険資格継続の観点から、赴任先と日本国内の双方で支給する例が多いようです。

赴任先と日本国内の双方で支給する場合、現地通貨と日本円の両建てで支給するケースが多いようですが、現地通貨での支給にあたって、為替レートの換算方法や換算時期が問題になりますので、この点も明確にしておくべきです。

支給費目としては、基本給以外に、住宅手当や、赴任地の生活環境や治安等を考慮した特別の手当（いわゆる「ハードシップ手当」）を支給する例もあります。このような手当を支給する場合は、その支給基準や金額を定める必要があります。

なお、通常の賃金に加えて、実費として、海外赴任時・帰任時の旅費や引越費用、赴任後の一時帰国の際の旅費などを支給することもあります。

(3) **退職金**

海外出向の場合、一定期間経過後は出向元に戻ることが前提となっていることから、出向元の退職金計算において出向中の勤続年数を通算する例が多いところです。

(4) **労働時間、休憩、休日**

労働時間や休憩、休日については、現実に就労している赴任先の条件に合

---

[8] 国内勤務時の給与から税金と社会保険料を控除し、生活費指数等を乗じて、現地通貨に換算して支給額を決定する方式をいいます。このほか、国内勤務時の基本給に比例して支給する給与と赴任先の国・地域別に設定した給与を合算して算出する「併用方式」、国内勤務時の給与とは無関係に、赴任先の国・地域や赴任先での職務・役割等に応じて別途給与を算定する「別建て方式」などがあります（永井知子＝五木田桂子著『海外赴任者の労務』（税務経理協会、2012年）173頁）。

わせることになります。後述するように、赴任先に就業規則等が存在する場合には、これを適用する旨を明記しておくべきでしょう。

特に、宗教や生活習慣の違いから、一般的な休日の曜日が日本とは違う場合（例えばイスラム圏）、この点の明記がないと、休日労働時間の算定に疑義が生じることがあります。[9]

(5) 休暇

休暇については、日本への一時帰国のための特別休暇制度を設ける例があります。また、慶弔休暇についても、海外赴任の特殊性にかんがみ、日本国内におけるよりも長い期間を設定することがあります。

(6) 福利厚生

海外赴任に伴う生活上の困難等を考慮して、社宅の提供、無料健康診断の実施、語学習得費の補助、子女の教育費用の負担、日本国内に在住する家族の渡航費用の補助など、さまざまな福利厚生制度を設けることがあります。

もちろん、これらはあくまで任意の制度ですので、これらがなければ海外赴任を命じられないというものではありません。

(7) 赴任先の就業規則との関係

赴任先にも就業規則ないしこれに類する規定が存在する場合、赴任先、赴任元いずれの就業規則を適用するかが問題となる場面もあります。

一般的には、労働時間や休日、休憩、服務規律、安全衛生など、現実に就労する際の諸条件については、赴任先の規則を適用することになります。

（内田靖人）

9　オマーンの事業所に出張していた期間中の休日割増賃金について、イスラム圏での一般的な休日である金曜日を法定休日として計算した裁判例があります（日鯨商事事件・東京地判平成22．9．8労判1025号64頁）。

4-4

当社は、社員をタイの現地子会社に出向させる予定ですが、日本での時間外勤務に対する法定割増率が1.25倍であるのに対し、タイでは1.5倍です。当社は、いずれの基準で割増賃金を支払うべきでしょうか。

1 適用法規の決定の問題

(1) 問題の所在

本問では、時間外勤務に対する割増賃金の割増率について、出向元である日本の法律を適用すべきか、それとも出向先であるタイの法律を適用すべきかという、いわゆる適用法規決定が問題となります。[10]なお、適用法規決定の詳細はQ1-1を、海外出向ではなく海外出張についてはQ5-4を参照ください。

(2) 行政取締法規としての労基法の適用

この点、日本の労基法が国外における事業にも適用されるか否かについて、行政取締法規としての面では、同法は日本国内にある事業にのみ適用がある（属地主義）ので、国外の支店や出張所等であって事業としての実体を備えるものについては、同法の適用はないとされています。[11]

タイの現地子会社は日本国内の事業には該当しないことから、日本の労基法は、行政取締法規としての側面では適用されないことになります。

(3) 私法的な側面についての労基法の適用

では、本問のように、国外における時間外勤務に対する割増賃金支払という私法的な側面について、日本の労基法が適用されるでしょうか。この問題については、準拠法選択のアプローチをとる見解と、地域的適用範囲画定の

---

10 現実の紛争においては、適用法規決定の問題の前に、国際裁判管轄の問題も生じえますが、ここでは適用法規決定の問題に限定して論じます。
11 厚生労働省労働基準局編『平成22年版 労働基準法（下）―労働法コンメンタール3』（労務行政、2011年）1043頁。他方、例えば海外において日本の建設業者により施工される土木建設工事に労働者派遣がされて作業を行う場合に、当該作業場が独立の事業と認められない場合には労基法が適用されます（昭和25.8.24基発776号）。

アプローチをとる見解がありますので、それぞれ検討します。2つのアプローチの詳細はQ1-1を参照ください。

(4) 準拠法選択のアプローチ
ア 会社と社員との間で日本法を適用する旨の合意が成立している場合

通則法7条において、当事者による準拠法の選択がある場合はそれによるとされています。したがって、会社と社員との間で、労働契約について日本法を適用する旨の合意が成立している場合は、原則として日本法が適用されることになります。この場合、割増賃金は日本の労基法に従って計算することになりますので、割増率は1.25倍とすれば足ります。

しかし、通則法12条1項[*12]において、当事者が選択した準拠法が最密接関係地法[*13]以外の法律であっても、労働者が最密接関係地法における強行規定の適用を選択した場合は、当該強行規定が適用される旨規定されており、同条2項[*14]には、労務提供地法を最密接関係地法と推定する旨の規定があります。

すなわち、会社と社員との間で日本法を準拠法とする旨の合意がある場合でも、労務提供地（本問の事例ではタイ）の法律が最密接関係地法と推定されますので、社員がタイ法の適用を選択した場合は、日本の裁判所においてもタイ法が適用される可能性があります（なお、タイ法の割増賃金に関する規定は、強行規定であると思われます）。この場合は、割増率を1.5倍として計算することになります。

イ 会社と社員との間で準拠法についての明確な合意がない場合

他方、当事者間で準拠法に関する明確な合意がない場合は、「当該法律行為の当時において当該法律行為に最も密接な関係がある地の法」（最密接関係地法）が適用されますが（通則法8条）、通則法12条3項[*15]により、やはり労

---

12 「労働契約の成立及び効力について第7条又は第9条の規定による選択又は変更により適用すべき法が当該労働契約に最も密接な関係がある地の法以外の法である場合であっても、労働者が当該労働契約に最も密接な関係がある地の法中の特定の強行規定を適用すべき旨の意思を使用者に対し表示したときは、当該労働契約の成立及び効力に関しその強行規定の定める事項については、その強行規定をも適用する。」
13 最密接関係地法とは、当該法律行為にもっとも密接な関係がある地の法をいい（通則法8条1項）、労働契約の場合は、当該労働契約にもっとも密接な関係がある地の法をいいます（通則法12条1項）。
14 「前項の規定の適用に当たっては、当該労働契約において労務を提供すべき地の法（その労務を提供すべき地を特定することができない場合にあっては、当該労働者を雇い入れた事業所の所在地の法。次項において同じ。）を当該労働契約に最も密接な関係がある地の法と推定する。」

務提供地の法律が最密接関係地法と推定されます。

　したがって、この場合も、労務提供地（本問の事例ではタイ）の法律が最密接関係地法と推定される結果、タイ法が適用され、割増率を1.5倍として計算することになります。[16]

(5)　地域的適用範囲確定のアプローチ

　地域的適用範囲確定のアプローチによる場合は、労基法は日本国内の事業にのみ適用されることになりますので、タイの現地子会社には適用されないことになります。他方、タイ国内の事業であることからすると、タイ法が適用される可能性があります。

(6)　現地法の適用の可能性

　以上のとおり、割増賃金の計算にあたっては、適用法規の決定につきいずれのアプローチをとるかにかかわらず、タイ法が適用される可能性があります。

　また、以上のような適用法規決定に関する問題にかかわらず、社員からタイの裁判所において割増賃金請求がなされた場合や、タイの行政当局からの監督がなされた場合には、労務提供地であるタイの法律が適用される可能性を排除できません。

　タイに限らず、海外出向を行うにあたっては、現地法の内容とその適用の可能性について、事前に現地の専門家に十分確認しておく必要があります。

2　割増賃金を出向元と出向先のどちらが負担するか

　海外出向の場合、労働時間管理は出向先の会社が行うことが通常ですが、時間外・休日労働に対する割増賃金を出向元と出向先のいずれが負担するかについては、基本的には出向受入契約に定めるところによります。

　出向受入契約上の定めがない場合は、出向先が支給することになると思われますが、疑義を避けるため、負担関係について出向受入契約で明確にしておく必要があります。

（内田靖人）

15　「労働契約の成立及び効力について第7条の規定による選択がないときは、当該労働契約の成立及び効力については、第8条第2項の規定にかかわらず、当該労働契約において労務を提供すべき地の法を当該労働契約に最も密接な関係がある地の法と推定する。」
16　日本企業に雇用された後に外国に派遣され、工事業務に従事していた労働者からの割増賃金請求に対し、労基法を適用して請求を認容した裁判例（三和プラント工業事件・東京地判平成2.9.11労判569号33頁）がありますが、適用法規決定の問題を無視した判断であるとの批判が強くあります。

4-5
当社から海外子会社に出向した社員が、メンタルヘルスの不調を訴えていますが、出向元としての当社はどのような対応が必要でしょうか。

1　海外勤務とメンタルヘルス

　海外勤務は、国内と全く違う生活習慣、言語、気候、衛生環境、ビジネス慣習等のもとで行われることから、社員にはさまざまなストレスが生じる可能性があります。その結果、赴任した社員が精神疾患に罹患するというケースは珍しくありません。

　また、家族帯同での海外勤務も多いところですが、その場合は、社員本人のみならず、帯同した家族の心の健康も問題となることがあります。

　裁判例においても、上記のような海外勤務の特殊性のもとで、仕事上の困難などが誘因としてつけ加わることにより心因性精神障害の発症の危険性が高まるという一般論を述べたものがあります（加古川労基署長（神戸製鋼所）事件・神戸地判平成8. 4. 26労判695号31頁）。また、海外に単身赴任した労働者のうつ病による自殺について、業務起因性が認められ、労災保険給付の不支給処分が取り消された例もあります（前掲加古川労基署長（神戸製鋼所）事件、国・八王子労基署長（パシフィックコンサルタンツ）事件・東京地判平成19. 5. 24労判945号5頁）。

　さらに、海外勤務におけるメンタルヘルスの問題は、労災のみならず会社の安全配慮義務にもかかわるところです。一次的には、当該社員を現実に就労させている出向先が安全配慮義務を負うことになると考えられますが、出向元との間の労働契約関係も存続していることから、出向元も一定の範囲で安全配慮義務を負うことになります。

　出張の事案ではありますが、裁判例において、社員が長期出張中に帰社させてほしいと要望したにもかかわらず、当該社員がうつ病を発症するまで業

務の軽減その他の援助を与えるべき義務を怠り、その後もかえって出張期間を延長するなどした会社の対応につき、安全配慮義務違反を認めたものがあります（デンソー（トヨタ自動車）事件・名古屋地判平成20.10.30労判978号16頁）。

このように、海外勤務に伴うメンタルヘルスの問題は、海外勤務を命じる会社にとって決して無視できない問題となっています。

2　出向元としてなすべき対応

では、海外に赴任した社員がメンタルヘルスの不調を訴えた場合、会社としてはどのような対応をすべきでしょうか。

このような訴えがあった場合、出向元としては、まず、一刻も早く専門医の診察を受けさせて病状を確認するとともに、適切な治療を受けさせることが必要となります。

もっとも、赴任先の国・地域によっては、十分な医療サービスを受けられないことがあります。そのような場合は、本人を一時帰国させて、日本での診療を受けさせる等の対応も検討しなければなりません。

この点、出向者が出向先での仕事に困難が生じたとして相談してきた場合に、出向元は、出向先での業務の遂行に伴う疲労や心理的負荷等が過度に蓄積して社員の心身の健康を損なうことがないように配慮し、出向先の会社に勤務状況を確認したり、出向の取り止めや休暇取得や医師の受診の勧奨等の措置をとるべき注意義務を負うとした裁判例（A鉄道（B工業C工場）事件・広島地判平成16.3.9労判875号50頁。ただし、結論としては会社の安全配慮義務違反を否定）があり、参考になります。

以上のような対応の前提として、あらかじめ赴任先との連絡体制を確立しておくことはもちろん、随時、現地の適切な医療機関を紹介できるような体制も整えておく必要があります。

また、国内と全く違う生活習慣、言語、気候、衛生環境、ビジネス慣習等のもとでの勤務であるということを念頭に置いて、赴任先における就労状況を定期的に確認する等、こまやかな配慮が望まれるところです。

なお、会社は、6か月以上海外で勤務した労働者を帰国させて日本国内での業務（一時的な就労は除く）に就かせるときは、所定の項目について医師による健康診断を行わなければなりません（労働安全衛生法66条1項、労働安全衛

生規則45条の2第2項)。

　この健康診断の項目にメンタルヘルスに関するものは含まれていませんが、平成26年の労働安全衛生法の改正法においていわゆるストレスチェック制度が導入されたことから[17]、今後、海外からの帰任者に対してもこれに準じた取扱いをすることを検討する必要があります。　　　　　　　　　（内田靖人）

17　厚生労働省のホームページhttp://www.mhlw.go.jp/stf/seisakunitsuite/bunya/koyou_roudou/roudoukijun/anzen/an-eihou/index.htmlを参照（なお、本稿執筆時点では、改正法にかかる省令や指針等は出されていません）。

4-6

当社は、インドネシア所在の子会社A社に出向中の社員を帰任させる予定です。当社で年次有給休暇を付与する際に、A社での勤務年数を通算すべきですか。A社での残存休暇はどうすべきですか。

1　年次有給休暇における継続勤務要件

　労基法39条1項および2項において、雇入れの日から起算して6か月以上継続勤務し、全労働日の8割以上出勤した労働者に対して、所定の日数以上の年次有給休暇を与えなければならないとされています。

　では、この継続勤務の要件の算定にあたって、海外出向中の勤務年数を通算すべきでしょうか。

　この点、出向とは、出向元の社員の地位を保持したまま、出向先の社員ないし役員となって出向先の業務に従事させる人事異動をいいますが、出向元との労働契約が継続している以上、観念的には、勤務が継続していることになります。[18]

　行政通達においても、「継続勤務とは、労働契約の存続期間、すなわち在籍期間をいう。継続勤務か否かについては、勤務の実態に即し実質的に判断すべきものであり、次に掲げるような場合を含むこと。この場合、実質的に労働関係が継続している限り勤務年数を通算する」としたうえで、継続勤務と認められるものとして、「在籍型の出向をした場合」があげられています（昭和63.3.14基発150号）。

　したがって、海外出向中の勤務年数も、年次有給休暇の継続勤務要件の算定にあたって通算すべきことになります。

2　残存する年次有給休暇の取扱い

(1)　年次有給休暇の繰越

　付与された年次有給休暇は繰り越すことができると解するのが、行政の考

18　菅野・前掲書518頁

え方であり（昭和22. 12. 15基発501号）、一般的です。社員は昨年付与された未消化の残存年次有給休暇を今年取得することができます。この年休権の消滅時効は2年間（労基法115条）とされています。

(2) 国内出向の場合

社員が出向して帰任した場合はどうでしょうか。仮に、出向先である子会社A社が日本国内にある場合、A社が付与し残存する年次有給休暇を、帰任後の当社で取得させる必要があるでしょうか。

この点、出向先において発生した年次有給休暇が直ちに出向元に引き継がれるわけではありません。しかし、前記のとおり、出向の場合は、出向元との間の労働契約も継続し、継続勤務要件の算定にあたって出向先での勤務年数もカウントされます。これらを踏まえ、一般的な出向受入契約や出向規程では、出向先の残存年次有給休暇は帰任後の出向元に引き継がれるとする例が多いようです。グループ会社間であれば、年次有給休暇の日数や取得の運用も統一されていることが多く、引継ぎに特段の支障はないようです。

(3) 海外出向の場合

それでは、社員が海外出向して帰任した場合はどうでしょうか。

A社のあるインドネシアでは、継続勤務12か月後に最低12日の年次有給休暇を付与すべき旨が法律上規定されています（インドネシア労働法79条2項c号）。もっとも、繰越が認められるのかは定かではありません。

また、A社の就業規則ないしこれに類する規程では、宗教上の理由や生活習慣等に基づき、当社の就業規則とは全く別の年次有給休暇日数の計算方式が定められている可能性があります。このような規程に基づき計算される年次有給休暇日数が、当社の就業規則上の日数よりも多いというケースもありえます。

仮に多い場合でも、上記(2)で述べたところと同じ趣旨から、海外出向先において発生した年次有給休暇の残存分は出向元に引き継ぐという取扱いをすることが、適当であると考えられます。

（内田靖人）

5章
人材を海外へ送り出す
―出張ほか―

5-1

当社の顧客である日本企業の多くがIT技術者を求めています。中国にある当社の関連会社は多くの中国人IT技術者社員を抱えています。同社から日本の顧客企業に技術者を派遣する事業を行うことができますか。

1 労働者派遣法について

(1) 労働者派遣業事業の届出・許可

本問は、中国所在の中国の会社（日本に事業所は無い）が派遣元として、その社員である中国人IT技術者を日本の顧客企業に派遣して、顧客企業の指揮命令下で勤務させる労働者派遣事業に関するものと考えられます。

労働者派遣法では、労働者派遣事業を行おうとする者が、許可を受けること（5条、一般労働者派遣事業）や届出（16条、特定労働者派遣事業）を義務づけています。本問の中国の会社は、派遣業の許可や届出がないものと考えられますが、労働者派遣法は、中国所在の中国の会社が労働者派遣事業[1]を行う場合について規制するものではありません。

しかし、派遣先が日本国内であれば、少なくとも労働者派遣法につき、以下のとおり「無許可・未届業者からの受入れの禁止」の問題があります。

(2) 無許可・未届業者からの受入れの禁止

派遣先は、派遣元事業主以外の労働者派遣事業を行う事業主から、労働者派遣の役務の提供を受けてはならない（労働者派遣法24条の2）こととされています。「派遣元事業主」は同法による許可を受けるか、届出をした事業主である必要があり、日本の顧客企業が、これらを有さない中国の会社から労働者派遣を受け入れることは、同条に反すると考えられます。

同条違反は、指導、勧告・公表の対象となりうるとされます。[2]

---

1 労働者派遣事業は、労働者派遣を業として行う（労働者派遣法2条3項）とされているところ、「業として」は反復継続の意思をもって行うこととといわれています。本問は、反復継続して行われることが予定されていると考えられますので、事業であることを前提としています。

2 なお平成24年の改正（平成27年10月1日施行）による労働契約の申込みみなしにも注意が必要です。

2　入管法（在留資格「技術」等と派遣）について

　IT技術者は、通常「技術」の在留資格で入国・在留することが多いと考えられますが、この資格の活動は、「本邦の公私の機関との契約に基づいて行う理学、工学その他の自然科学の分野に属する技術又は知識を要する業務に従事する活動」（入管法別表第一、二）です[3]。

　そして、「本邦の公私の機関との契約」の「契約」は、外国人と日本の企業等との直接の契約をいい、外国人を雇用する外国所在の外国企業と勤務先の日本企業との契約は含まれないと解されています[4]。外国人が派遣労働者となる場合は、当該外国人と契約する派遣元が派遣法上の届出や許可を得ている必要があるとされます[5]。

　そこで、労働者派遣事業の許可や届出のない外国所在の会社から派遣される外国人は就労に適する在留資格が得られないことが考えられます。

3　本問について

　以上のとおり、本問の事業は、日本において派遣法の許可等を得ていない中国の会社が日本に社員を派遣しようとするもので、派遣法違反の問題があり、入管法との関係でも適切に行い得ない可能性があると考えられます。

（金子浩子）

3　「人文知識・国際業務」の場合も「本邦の公私の機関との契約」が必要とされています。
4　坂中英徳＝齋藤利男著『出入国管理及び難民認定法 逐条解説〔改訂第4版〕』（日本加除出版、2012年）110頁では、技術の在留資格における「契約」について「研究」の資格の説明の106頁を参照しているところ、ここでは「契約」につき「雇用契約のほか、委任契約、委託契約等も含まれるが、本邦において研究を行う業務に従事しようとする外国人と本邦にある特定の機関との間の継続的な契約でなければならない。外国人自身が本邦の機関とは契約を締結せず、本邦の機関と外国の機関との間の契約に基づいて研究を行う業務に従事する活動は、研究の在留資格に該当しない」（注；下線は引用者による）との解説がされています。
5　派遣契約による場合には、「常勤職員として雇用されるものである必要があります（審査要領）」、（派遣先で）「担当する業務内容が在留資格該当性を満たす必要があります。また、派遣元が労働者派遣法に基づく許認可を受けていることが必要です」（山脇康嗣著『詳説 入管法の実務』（新日本法規出版、2010年）207～208頁）。

5-2
当社の中国子会社には日本語が堪能な中国人社員が数多くいます。中国子会社社員を出向受入れして、現在は派遣会社からの派遣社員が行っている業務を引き継がせることはできますか。

1　出向による労働者の受入れ
　前問（Q5-1）のとおり、中国の会社から直接労働者派遣を受けることは困難であるところ、本問では、日本の会社が中国の子会社から出向社員を受け入れることができるかが問題となります。
2　出向と労働者供給
(1)　出向について
　出向（在籍出向）は、「出向元事業主との間に雇用契約関係があるだけではなく、出向元事業主と出向先事業主との間の出向契約により、出向労働者を出向先事業主に雇用させることを約して行われている」[6]（参考：労働者派遣法2条1号）もので、出向元だけでなく出向先との間でも契約関係があるものとされ、多くの場合、出向元に在籍のまま、出向先で相当期間継続的に勤務するものです。
(2)　労働者供給について
　労働者供給契約に基づいて労働者を他人の指揮命令を受けて労働に従事させる労働者供給（職業安定法4条6項）については、種々の弊害があることから、労働者供給事業を行うことは原則として禁止され、また、労働者供給事業を行う者から供給される労働者を自らの指揮命令のもとに労働させることも禁止されています（職業安定法44条）。
　労働者供給には、①供給元と労働者に支配従属関係（雇用関係を除く）があり、供給元と供給先との供給契約に基づいて供給先が労働者に指揮命令のもとに労働に従事する（供給先と労働者の間は雇用関係があるか、または単に指揮命

6　厚生労働省職業安定局「労働者派遣事業関係業務取扱要領」（平成26年4月）10頁

令関係である）場合、②供給元と供給先との労働者供給契約により、供給元と雇用契約がある労働者を、供給先に労働者を雇用させることを約してする場合があります[7]。なお、労働者派遣も、労働者供給の一形態ともいえるところ、職業安定法4条6項において労働者派遣法2条1号に規定する労働者派遣は「労働者供給」から除外されています。

(3) 出向と労働者供給との関係

出向（在籍出向）は、前記2(2)記載の労働者供給事業の形態の②のうちのひとつといえます[8]。

ただし、職業安定法44条が禁止するのは、労働者供給を事業として行うものであるところ、「業として行う」とは、一定の目的をもって同種の行為を反復継続的に遂行することをいうとされ、反復継続の意思の有無が問題となるところ、反復継続の意思の判定は、一般的な社会通念に即して個別のケースごとに行われるものとされています[9]。

そして、在籍出向は「①労働者を離職させるのではなく、関係会社において雇用機会を確保する、②経営指導、技術指導の実施、③職業能力開発の一環として行う、④企業グループ内の人事交流の一環として行う等の目的を有しており」「社会通念上業として行われていると判断し得るものは少ない[10]」とされ、出向が44条に違反する場合は多くはないと考えられてきたようです。

ただし、実態が労働者派遣であるような大量の労働者の「出向」が労働者供給事業であるとして行政から指導された事案が新聞報道された例もあります。

7　厚生労働省職業安定局「労働者供給事業取扱業務要領」（平成26年4月）1～2頁など

8　労働者派遣法2条1号で「当該他人に雇用させることを約してするものを含まない」とされ、出向が労働者派遣から除外されていると考えられます。

9　前掲注7の7～8頁。ここでは「業として行う」の意義として「（イ）『業として行う』とは、一定の目的をもって同種の行為を反復継続的に遂行することをいい、1回限りの行為であったとしても反復継続の意思をもって行えば事業性があるが、形式的に繰り返し行われたとしても、すべて受動的、偶発的行為が継続した結果であって反復継続の意思をもって行われていなければ、事業性は認められない。（ロ）具体的には、一定の目的と計画に基づいて行われるか否かによって判断され、営利を目的とする場合に限らず、また、他の事業と兼業して行われるか否かを問わないものである。（ハ）しかしながら、この判断も一般的な社会通念に則して個別のケースごとに行われるものであり、営利を目的とするか否か、事業としての独立性があるか否かが反復継続の意思の判定にとって重要な要素となる。例えば、①労働者の供給を行う旨宣伝、広告している場合、②事務所を構え労働者供給を行う旨看板を掲げている場合等については、原則として事業性ありと判断されるものであること」とされています。

10　前掲注6の10頁など

(4) 本問の場合

本問の例は、企業グループ内での出向であるものの、従前派遣社員に行わせていた業務を、計画的に、多数の出向者に行わせるもので、前記(3)の①～④のような目的を有するといえるのか疑義があり、職業安定法44条との関係で問題が生じる可能性があります。

すなわち、外国所在の中国子会社には職業安定法の規制が及ばないとしても、少なくとも、出向先である日本の会社は、出向社員が「労働者供給事業を行う者から供給される労働者」であるとして、職業安定法44条違反とされるおそれがあります。

3 その他

なお、出向者であっても、外国人が日本で就労する場合には、入管法上、適切な在留資格を得て、許可された活動を行う必要があります（**Q3-1**参照）。

〔金子浩子〕

5-3
当社の海外子会社は多くの専門職の人材を必要としています。これに応え、当社が日本で複数の有期契約の社員を採用し、当該子会社に出向（在籍出向）させることはできますか。これら社員を当社で勤務させる予定はありません。

1 在籍出向と労働者供給

　前問（Q5-2）のとおり、出向（在籍出向）は、「出向元事業主との間に雇用契約関係があるだけでなく、出向元事業主と出向先事業主との間の出向契約により、出向労働者を出向先事業主に雇用させることを約して行われている[*6]」とされています。このような形態の出向（在籍出向）は、労働者派遣からは除外されているものの（労働者派遣法2条1号）、労働者供給の形態に該当するため、労働者供給事業を禁止する職業安定法44条に反しないか問題となりますが、前問のとおり労働者供給事業とされることは少ないとされています[*11]。

2 本問の出向と労働者供給事業

(1) 本問の出向の特徴

　しかし、通常、出向（在籍出向）は、長期の雇用を前提に出向元で勤務していた社員が、一時的に他社で勤務する場合であることが多いところ、本件では、出向元と出向先との取決め等が先行して出向元が出向先で勤務させるために社員を採用すること、出向元と労働契約を締結した社員には出向元での勤務が予定されていないこと、そして、このような形態での複数の社員の出向が予定されていることに特徴があると考えられます。

(2) 労働者供給事業

　職業安定法44条が禁止する労働者供給事業は、労働者供給を業として行うものですが、「業として行う」の意義については「(イ)『業として行う』とは、一定の目的をもって同種の行為を反復継続的に遂行することをいい、1回限

11　供給先に労働者を雇用させることを約して行われるものについては、労働者派遣に該当しないとされています。

りの行為であったとしても反復継続の意思をもって行えば事業性があるが、形式的に繰り返し行われたとしても、すべて受動的、偶発的行為が継続した結果であって反復継続の意思をもって行われていなければ、事業性は認められない。(ロ)具体的には、一定の目的と計画に基づいて行われるか否かによって判断され、営利を目的とする場合に限らず、また、他の事業と兼業して行われるか否かを問わないものである。(ハ)しかしながら、この判断も一般的な社会通念に即して個別のケースごとに行われるものであり、営利を目的とするか否か、事業としての独立性があるか否かが反復継続の意思の判定にとって重要な要素となる。例えば、①労働者の供給を行う旨宣伝、広告している場合、②事務所を構え労働者供給を行う旨看板を掲げている場合等については、原則として事業性ありと判断されるものであること」とされています。[9]

(3) 本問の場合

本問の場合、(1)で記載したような特徴からすると、関係会社間の出向であっても「業として行う」とされる可能性がないとはいえないと考えられます。この出向によって出向元が利益を得ることが予定されていたり、事業として独立性を有するような要素（前記(2)(ハ)）がある場合には、かかる可能性が高くなるものと考えられます。これに対し、営利性や事業の独立性がなく、また、関係会社が人材を必要とする特定の事情があって、本問の出向が、そのための一回性のもので、事後に同様の行為が予定されていなければ、「業として行う」とはいえない場合もありうるでしょう。いずれにしても、労働者供給事業禁止の趣旨を勘案し、個別具体的な事情から判断されるものと考えられます。[12]

3　判例

判例では、日本で就労する出向労働のみを目的とする外国人と外国会社との間で締結された有期雇用契約について「三者の関係はいわゆる出向契約関係」とし、「仮に出向受け入れ契約が職安法44条、労基法6条に違反するとしても」、出向元と労働者の契約が「直ちに無効になることはできない」[13]（スカイマークほか2社事件・東京地判平成24.11.14労判1066号5頁）とされたものがあります。職業安定法44条の違反の有無については言明されていませんが、

12　出向元が利益を得ると労基法6条の問題も生じえます。

職業安定法44条に反する可能性があることが示されていると考えられます。

（金子浩子）

---

13 この事件では、外国人が派遣元との雇用契約の無効と日本の会社である派遣先との労働契約を主張しました。

5-4

当社は、インド子会社設立に向け、管理職でない社員に海外出張を命じ、現地有力者への働きかけをさせています。出張中は労働時間の管理はせず、残業代の支払もありません。日本法上問題となりますか。

1 日本における法律の適用

　日本国内であれば、当社が労基法を遵守し社員の労働時間を管理したうえで、日本の労基法に基づいて社員に対し残業代を支払う必要があるのは、当然です。特段明示はしなくとも、会社も社員も雇用契約関係には日本の法律を適用することを暗黙の前提としていると思われます（通則法7条、8条）。そして、日本の労基法は、雇用契約関係を直接に規律する効力（労基法13条）を有するほか、行政的取締法規として、その違反に対しては刑罰の制裁を科すこともあります（労基法117条以下）。

　それでは、海外出張中においても、日本の契約法や労働法が適用されるのでしょうか。それとも、例えば、インドの労働時間規制を受けるのでしょうか。なお、海外出向の場合は、Q4-4を参照ください。

2 海外出張中の法律の適用

(1) 契約関係と公法関係における2つのアプローチ

　まず、雇用契約関係については、いわゆる「準拠法選択」のアプローチがとられます。すなわち、会社と社員とが、その雇用契約関係にどこの国の法律が適用されるかを選択することになります。

　他方、日本の労基法の公法的、かつ、強行的な規律の適用範囲については、いわゆる「地域的適用範囲の画定」のアプローチがとられています。すなわち、労基法自体が、渉外的要素のある雇用契約関係について、他国の国家主権を尊重しながらも、その適用範囲を決めていくことになります。

　これらの2つのアプローチについては、詳しくはQ1-1を参照ください。

(2) 本問における日本法の適用

本問においては、社員が常態として勤務しているのはあくまで東京の当社です。労務の提供が一時的にインドでなされていますが、それは、日本における雇用契約関係の延長として、その履行がたまたま海外でされているにすぎないと評価することができるでしょう。したがって、インドにおける労務の提供についても、日本国内における雇用契約関係の延長にすぎないことから、引き続き、日本法が準拠法として選択されていると解することになるでしょう。

また、労基法の強行的な規律についても、日本およびインドにおける労務の提供を全体として、その適用対象としなければ、適正な規律をすることが難しいといえます。そうだとすると、本問の海外出張については、日本の労基法の強行的な規律が適用されることになります。

(3) インド法の適用

なお、インドの労働保護制度が重複して適用されるかどうかが問題となりえます。この点は、インドの労働保護制度に関する行政機関が、他国からの海外出張の形態での勤務について、どこまで公法的な規制を及ぼす必要があると考えるかによります。その必要性があるかどうかは、インドの各労働保護制度の立法趣旨などにもよるので、一般的な回答は難しいものがあります。しかし、おそらくは、一般的な駐在員事務所がする程度の活動（例えば、本国との連絡、技術的な助言）や、ごく短期間の活動であれば、賃金に関する事項、例えば、割増賃金（インドでは「通常の賃金の2倍…以上の賃金を支払わなければならない」とされています）[14]などについて規制を及ぼすことは想定し難いと思われます。

したがって、労働時間管理についても、時間外労働に伴う賃金支払についても、日本の契約法を適用し、かつ、労働法に関する規制に従い取り扱えばよいと考えられます。

3 出張時の労働時間の扱い

以上より、原則として、海外出張についても、国内出張と同様の扱いがされることになります。以下では、出張一般の労働時間管理と時間外手当支払

---

14 厚生労働省「2011～2012年海外情勢報告」（平成25年3月）35頁

について検討します。

(1) **社外勤務（事業場外労働）のみなし労働時間制**

　出張の際は社外（事業場外）で勤務することから、社外での勤務は「労働時間を算定し難いこと」があります。そこで、労基法は、「労働者が労働時間の全部又は一部について事業場外で業務に従事した場合において、労働時間を算定し難いときは、所定労働時間労働したものとみなす」（同法38条の2第1項本文）としています。外交セールスマンや取材記者のように常態として社外労働をしている場合のほか、出張などのように一時的に社外労働をすることになるときも、この規定が適用され、所定労働時間を労働したものとみなすとされています[15]。

　ここでいう「所定労働時間」とは、法定労働時間（8時間）（労基法32条2項）ではありません。例えば、就業規則上の所定労働時間が「7時間30分」であれば、「7時間30分」働いたものとみなされます。ただし、通常所定労働時間を超えて労働することが必要な業務については、その業務の遂行に通常必要とされる時間労働したものとみなされます（労基法38条の2第1項ただし書）。

　この規定が適用されるために、就業規則などに社外労働に関する定めをすることは、法律上の要件とはされていません。しかし、就業規則などに、出張など「みなし労働時間制」が適用される事例を定め、かつ、社員にみなし労働時間制が適用されることが周知されていないと、「みなし労働時間制」が適用されるのかどうかが不明確になります。実際、就業規則に「みなし労働時間制」について規定を設けている会社は少なくないでしょう。

(2) **社外勤務にみなし労働時間制が適用されない場合**

　ただし、社外で勤務するときでも、使用者の具体的指揮が及んでおり、労働時間の管理が可能なときは、みなし労働時間制の適用はないとされています。例えば、①現場監督が時間管理をしているとき、②携帯電話などにより、随時、指示がされているとき、③社外での業務の開始・終了時刻、業務内容などについて、あらかじめ具体的指示があるときなどは、みなし労働時間制の適用はないとされています（昭和63.1.1基発1号）。例えば、最高裁判決に

15　菅野和夫著『労働法〔第10版〕』（弘文堂、2012年）378頁

おいても、海外旅行の添乗員として勤務する派遣社員については、日程が詳細に定められていることなどから、「労働時間を算定し難いとき」に当たらず、みなし労働時間制の適用はないとされた事例があります（阪急トラベルサポート事件・最判平成26.1.24判タ1400号101頁。詳しくは、Q5-6の2(3)を参照）。

(3) 海外出張の特殊性

　海外出張にもみなし労働時間制が適用されますが、海外出張では、時差があること、出張期間が長期にわたること、現地における予想しえない事態に左右されがちであることなどから、出張中の社員の時間管理をすることが国内出張よりも難しく、出張業務の処理には、より広い裁量が認められていることが多いといえます。したがって、「労働時間を算定し難いとき」に当たり、みなし労働時間制の適用を受けることが多いかもしれません。

　もっとも、出張先に現地子会社があって、その管理職の指揮命令下、現地子会社において勤務しているというような事情があれば、出張中の社員の労働時間の算定は可能であることから、みなし労働時間制の適用はないといえるでしょう（上記(2)の①の例）。そのようなときは、その社員が当社の所定労働時間を超えて勤務したときは、時間外手当が必要になります。そして、日本の法定労働時間を超えれば、割増賃金の支払義務が生じえます。

(4) 本問の場合

　しかし、本問の社員は、まさに現地子会社の設立のために活動しており、現地には勤務場所となるような拠点などはまだありません。この社員は、宿泊先のホテルなどを拠点として、現地有力者への働きかけに従事しているようです。そのような働きかけは、先方の都合に左右されますし、時差（3時間30分）もあることなどを考えると、あらかじめ当社において勤務の日時を決めて活動させること（上記(2)の③の例）は容易ではないように思われます。このような事情のもとにおいては、当社は、労働時間の管理はしていないといえるでしょう。そうだとすると、みなし労働時間制が適用され、この社員は、当社における所定労働時間を勤務したことになります。それが「7時間30分」であれば、実際の労働時間を算定し難いことから、「7時間30分」の勤務をしたものとみなされます。

4　出張時の休日の扱い

　みなし労働時間制が適用される社員についても、それ以外の規制、例えば、休日についての規制は、通常どおり適用されます。したがって、1週間に1日の法定休日を与えなければなりません（労基法35条1項）。また、休日に労働させたときは、時間外手当と割増賃金を支払う必要があります（労基法37条）。

　週休二日制を採用しているときは、労基法上の法定休日のみならず、土曜日および日曜日には休日をとるように指示すべきことになります。

　それでは、この社員が、仮に地元の有力者から休日に宴会に招待されたときの扱いはどう考えるべきでしょうか。これが休日労働かどうかは、諸般の事情を総合して考慮することになります。おそらく、当社からの特別の指示によるものでない限りは、通常は、休日に私的な招待を受けたものとみられるでしょう。

（川田　篤）

5-5

当社は、社員を業務の必要から海外の学会に出張させることがあります。どのように労働時間を管理すべきですか。日曜日に海外へ移動させる場合、日曜日に休日を与えたものとして扱ってよいのでしょうか。

1 海外の学会への参加と「労働時間」

(1) 「労働時間」の意義

「労働時間」とは、使用者である会社の指揮命令下に置かれて勤務している時間をいいます（三菱重工長崎造船所事件・最判平成12.3.9民集54巻3号801頁）。そして、会社の「指揮命令下」において勤務した「労働時間」については、雇用契約に基づいて賃金の支払義務が会社に発生します。

他方、会社の「支配下」という用語が労災との関係で用いられることがあります。会社の「指揮命令下」という用語と一見似ていますが、会社の「支配下」は、社員の負傷が「業務上」であることを推定させる「業務遂行性」が認められるかどうかを判断するための概念です。これは「指揮命令下」よりも広い概念であり、使用者の指示により一定の時間的または場所的な制約を受けていれば足ります。具体的には、「労働時間」のみならず、社内における休憩時間や、出張中の移動時間などを含みます（詳しくは、Q5-7の3(1)を参照）。

(2) 学会参加の特殊性

ここで、本問におけるように、海外出張中であり、しかも、学会への出張中は、会社の「支配下」にはあるとしても、どの範囲において、会社の「指揮命令下」にある「労働時間」として賃金支払義務が生ずるかは、必ずしも明確ではありません。

国内外を問わず、学会などにおいて、予定表はあるとしても、予定表どおりに進行するとは限りません。学会発表を聞き始めて、期待していたものと異なるときは、中座することもあります。関心のある発表の間に待ち時間が

あることも珍しくはありません。シンポジウムなどでは、コーヒーブレイクなどもあります。会場で知り合いに出会い、会場外で情報交換をすることもあるでしょう。このような中座、待ち時間、ブレイクなどのたびに、労働時間が中断し、再度開始するというのも煩雑であるように思われます。このとき、あえて労働時間の管理をするとすれば、学会の開始時刻と終了時刻とを労働時間の始業時刻、終業時刻とみて、中座、待ち時間、ブレイクを休憩時間とみることもできるでしょう。しかし、このようにして計算した労働時間が実態を適正に反映したものとは、いいがたいようにも思われます。

そうであれば、本問における学会参加のための海外出張中については、社外（事業場外）で業務に従事した場合において、「労働時間を算定し難いとき」に当たるものとして、いわゆる「みなし労働時間制」（労基法38条の2）を適用し、所定労働時間を勤務したものとみなすほうが実態に適合しているように思われます（詳しくは、Q5-4の3(1)を参照）。

いずれにせよ、国内出張を含めて、就業規則などに出張中の労働時間の取扱いを明確に規定しておくことが望ましいといえます。

2 海外出張の移動日と休日

本問におけるように海外出張であれば、出張先への移動が法定休日（労基法35条1項）に行われるようなことは珍しくないように思われます。このとき、その日について休日を与えたものとして扱うことができるのでしょうか。また、出張中の期間が土日を挟むようなこともあるでしょうが、このとき、出張中の宿泊先などで休日を与えれば、休日を与えたことになるのでしょうか。

(1) 「出張中の休日」についての行政解釈

この点について、行政解釈は、「出張中の休日はその日に旅行する等の場合であっても、…別段の指示がある場合の外は休日労働として取扱わなくても差支えない」としています（昭和23.3.17基発461号、昭和33.2.13基発90号）。すなわち、出張中の休日も、休日中の移動日も、その間に使用者の特別の指揮命令を受けて勤務したようなことがない限り、休日に労働しているものとして扱う必要はないとしています。

なお、出張中の事案ではありませんが、医師が休日中に要請があれば出勤

することができるように自宅などに待機していた宅直当番について、病院の指揮命令下にないとして、休日に労働したものには当たらないとした近時の裁判例があります（奈良県立奈良病院事件・奈良地判平成25.9.24（平成20年（行ウ）第15号）、判例集未登載）。この裁判例の事案においては、実際に病院からの要請を受けて出勤すればともかく、そうでなければ、病院の指揮命令下にはないものとして、休日に労働したものには当たらないものと思われます。

そうだとすると、休日に出張先に向かう日も、出張先での休日も、会社からの具体的な指揮命令を受けた事項に従事したというような事情のない限りは、いずれも労基法上の休日を与えたことになります。また、休日における移動時間も労働時間ではないことになります。

本問における海外出張の設例においても、この点の扱いは異なるものではありません。海外出張先に移動する日が休日であるときも、海外出張中の現地での休日も、原則として、労基法上の休日になります。その休日における移動時間も労働時間には当たりません。

(2) 出張中の休日の実務上の取扱い

しかし、出張の過程を全体としてみれば、出張先への移動も、出張先での宿泊も、会社の指示によりなされています。また、社員も時間的または場所的な制約は受けます。このような制約を受けることで、勤務こそしてはいませんが、事実上、社員に一定の不利益が及んでいるともいえます。

そのようなこともあり、平成17年の産労総合研究所の調査によれば、法定休日の移動日について、休日労働として取り扱うか、休日を振り替えるなどしている会社も5割ほどあり、日当を支払う会社も8割ほどあります[16]。また、出張先の法定休日について、日当を支払う会社も6割ほどあります[17]。このようにして、休日の移動や出張先での休日による社員の事実上の不利益を填補していることも少なくないと思われます。

（川田　篤）

16　産労総合研究所編『'06国内・海外　出張・赴任・滞在便覧』（経営書院、2006年）123頁の表12-1、表12-2
17　産労総合研究所・前掲書124頁の表13

5-6

当社は旅行会社であり、海外旅行の添乗員の不足時、派遣会社から添乗員の派遣を受けています。1、2週間の勤務ですが、その間の添乗員の労働時間や休日の管理について教えてください。

1 労働者派遣をめぐる法律関係

(1) 派遣元と派遣社員との雇用関係

　派遣社員と直接の雇用関係にあるのは、派遣元の会社です。そうすると、例えば、賃金の支払（労基法24条）は、当然、派遣元がすることになります。派遣先における時間外労働または休日労働についての時間外手当や割増賃金（労基法37条）もまた、派遣元から支払われることになります。

(2) 派遣先の対応

　しかし、派遣社員の実際の勤務は、派遣先の指揮命令下においてなされます。そのようなことから、労働者派遣法は、派遣社員の労働時間、休日などの管理については、派遣先の会社に義務を課しています。すなわち、労働時間（労基法32条以下）、休憩（同法34条）、休日（同法35条）、時間外・休日労働（同法36条1項）などの規定については、派遣先の会社を、派遣社員を使用する事業とみなして、適用されます（労働者派遣法44条2項）。

　本問においても、派遣先としての当社は、派遣社員である添乗員の労働時間を管理し、法定労働時間（労基法32条1項、2項）を超えて勤務させるためには、三六協定を届け出なければなりません。休憩時間（同法34条1項）も与えなければなりません。旅行が、例えば、1週間を超えるときは、原則として、少なくとも1日の休日を与えなければなりません（同法35条1項）。

　ただし、時間外労働または休日労働がなされたとき、それに伴う時間外手当・割増賃金などの支払義務については、派遣元が負います（上記(1)参照）。

2 労働者派遣とみなし労働時間制との関係

　海外旅行の添乗員の労働時間は、事業場外の労働ですから、「労働時間を

算定し難い」ものとして（Q5-4の3の(3)を参照）、みなし労働時間制の適用があるかどうかが問題となります。

(1) 派遣社員を使用する事業のみなし規定

労働者派遣法は、みなし労働時間制（労基法38条の２）との関係では、派遣先を派遣社員を使用する事業とはみなしてはいません（労働者派遣法44条２項に列挙されていません）。そうすると、原則どおり、派遣元と派遣社員との関係においてのみ、みなし労働時間制が適用されることになります。したがって、みなし労働時間制が適用されるとき、勤務したとみなされる所定労働時間は、派遣元と派遣社員との間において定められた所定労働時間となり、派遣先の社員の所定労働時間ではありません。

(2) みなし労働時間制適用の当否

しかし、みなし労働時間制が適用されるかどうかは、社外労働について「労働時間を算定し難い」といえるかどうかによります。この要件に当たるかどうかは、派遣先における派遣社員の勤務実態に依存します。社外労働のために派遣しているからといって、直ちに「労働時間を算定し難いこと」に当たるわけではありません。派遣先における派遣社員の労働時間の管理が可能であれば、「労働時間を算定し難い」とはいえないことになります。

(3) 旅行添乗員の勤務と労働時間

ここで、旅行添乗員の勤務の実態一般についていえば、旅行の日程は、厳密に予定が組まれているようです。例えば、宿泊先や行先の出発時刻、到着時刻、所要時間なども、あらかじめ決められているようです。そして、添乗員は、旅行会社に対し、実際の出発時刻、到着時刻も記録し、日報などにより詳細な報告をしているようです。このようなことを考慮して、海外旅行の派遣添乗員に関し、「労働時間を算定し難い」とはいえないとした阪急トラベルサポート事件の最高裁判決（最判平成26.1.24判タ1400号101頁）があります。

なお、阪急トラベルサポート事件としては、ほかにも、相前後して、国内旅行専用の派遣添乗員や国内・海外旅行兼用の派遣添乗員について、東京地裁および高裁において争われた事件がそれぞれ１件あります。しかし、いずれの派遣添乗員の勤務についても、東京高裁は「労働時間を算定し難い」とはいえないと判示しています（最高裁においても、上述の判決と同じ日に上告棄

却および不受理の決定がされ、これらの東京高裁の判断も確定しています）。

(4) 本問の場合

本問においても、派遣先の当社が厳密な予定を組み、かつ、実際の時刻についても、派遣社員から詳細な報告がなされるものと想定されます。そうだとすると、派遣元においても、労働時間の管理が可能であるといえ、「労働時間を算定し難い」ときに当たるとはいえないことになります。したがって、本問の海外旅行の添乗員としての派遣について、みなし労働時間制の適用はないといえます。

3 海外旅行添乗と「海外派遣」との関係

ところで、労働者派遣法上には「海外派遣」という概念があり、派遣社員の保護のために特別の規制がされています。本問のように、派遣社員が実際に勤務する場所が海外であれば、労働者派遣法上の海外派遣に当たるかどうかも問題になります。

(1) 労働者派遣法上の海外派遣に対する規制

派遣社員が勤務する場所が海外であるときに、それが労働者派遣法上の「海外派遣」に当たるかどうかが問題となるのは、労働者派遣法上の「海外派遣」については、派遣社員の保護のために特別の規制がされているからです。

すなわち、「海外派遣」を予定する派遣元は、派遣業の許可（労働者派遣法5条1項）に当たり、同法7条1項4号の「事業を的確に遂行するに足りる能力」に係る特別の許可の要件が課せられます。具体的には、①責任者が派遣先国の言語（現地の言語以外でも、例えば、英語が通じれば、英語でもよいとされています）と労働事情に精通し、かつ、②ガイダンスの実施、連絡体制および適正な就業体制の整備をすることなどの要件が課せられます[18]。

また、派遣元は、実際に海外派遣をする際には、あらかじめ届出をする義務があります（労働者派遣法23条4項、同法施行規則18条）。

(2) 労災保険法上の海外派遣

ここで注意を要するのは、労災保険法にも「海外派遣」という同じ用語がありながら、別の概念として使われていることです。労災保険法上の海外派

---

18 厚生労働省職業安定局・前掲注6「取扱要領」第4、1(5)「許可基準」中「6 海外派遣を予定する場合の許可の要件」

遣は、労災保険の適用に関し、海外出張と対比される概念です。海外出張に当たると判断されれば、特別な手続なしに労災事故について労災給付がなされるのに対し、海外派遣に当たるとされれば、特別加入しない限りは、労災給付が受けられません（Q4-1、Q5-7参照）。

(3) 労働者派遣法上の海外派遣の意義

話を元に戻しますが、上記のような特別の規制を受ける労働者派遣法上の海外派遣とはどのような態様のものをいうのでしょうか。

法律上、海外派遣とは、「派遣労働者をこの法律の施行地外の地域に所在する事業所その他の施設において就業させるための労働者派遣」をいうとされています（労働者派遣法23条4項）。すなわち、「派遣労働者」（派遣社員）が、海外の「事業所」において「就業」をすることをいいます。

この法律上の定義によれば、①海外の事業所その他の施設で就業しなければ、海外派遣に当たりません。事業所とは、現地の駐在員事務所、支店、子会社などをいい、形態や名称を問いません。

また、②一定の期間、海外の事業所その他の施設で勤務することが予定されています。その期間の目安は1か月とされています[19]。

(4) 本問の場合

それでは、本問において、派遣元が派遣社員を海外旅行の添乗員として当社に派遣することは、労働者派遣法上の海外派遣に当たるのでしょうか。

まず、本問の添乗員は、①派遣先である当社の海外支店など特定の事業所において勤務するわけではありません。また、②その海外における勤務期間も、1、2週間にすぎず、1か月の目安を大きく下回ります。

したがって、本問の派遣は、労働者派遣法上の海外派遣には当たらないといえます。

（川田　篤）

---

[19] 厚生労働省職業安定局・前掲注6「取扱要領」第6、3(3)ニ

5-7

当社がカンボジア子会社の工場設営のため3か月の予定で出張させた技術者が、2か月後の休日、ホテルで強盗に刺され死亡しました。労災は適用されますか。遺族が損害賠償を求めていますが、当社に責任はありますか。

1 労災保険の適用

(1) 海外出張者と海外派遣者(海外赴任者)

海外で勤務する社員が労災保険の適用を受けることができるのは、①「海外出張者」と認められるときか、または、②「海外派遣者」(海外赴任者)に当たるが、労災保険に「特別加入」(労災保険法36条)しているときになります。①の海外出張者に当たると認められれば、特別加入の手続を経ることなく、労災保険が適用されるとされています(昭和52.3.30労働省発労徴21号・基発192号一〇(九))。

(2) 海外出張者と海外派遣者との区別

海外出張者と海外派遣者との区別ですが、①海外における勤務が「国内の事業場の使用者」である会社の指揮に従うものが「海外出張者」であり、②「海外の事業場の使用者」の指揮に従うものが「海外派遣者」とされています。これらのいずれに該当するかは、勤務の実態を総合的に勘案して判定するとされています(昭和52.3.30労働省発労徴21号・基発192号一〇(九))。

そして、海外出張に当たる業務内容としては、例えば、①商談、②技術・仕様などの打合せ、③市場調査・会議・視察・見学、④アフターサービス、⑤現地での突発的なトラブル対処、⑥技術習得などがあげられています。

他方、海外派遣に当たる業務内容としては、例えば、①海外関連会社(現地法人、合弁会社、提携先企業など)への出向、②海外支店、営業所などへの転勤、③海外で行う据付工事・建設工事(有期事業)への従事(統括責任者、工事監督者、一般作業員などとして)があげられています。[20]

---

20 厚生労働省「労災保険 特別加入制度のしおり〈海外派遣者用〉」(平成25年11月)6頁

このように、海外出張者と海外派遣者との区別については、海外における勤務期間の長短ではなく、海外の事業場への所属（出向、転勤、有期事業）が重視されます。

(3) 本問の技術者と海外出張

本問において、当社は技術者を出張の扱いでカンボジアの子会社に派遣していますが、労災保険が、それを海外出張と見るか海外派遣と見るかは、会社の取扱いとは別個に判断されます。カンボジアは、業務ビザは入国から30日まで滞在可能であり、延長も1年未満までは可能なようです[21]。本問の技術者は、滞在期間は3か月であり、2回の業務ビザの延長をしており、海外出張としては比較的長期の滞在といえます。さらに、勤務内容からみれば、海外で行う建設工事に従事していますので、厚生労働省「労災保険 特別加入制度のしおり〈海外派遣者用〉」が例示する「有期事業」（建設工事など、労働保険徴収法7条2号にいう「事業の期間が予定される事業」をいいます）に当たりえます。これらの事情からは、本問の技術者は、一見、現地での有期事業に従事しているようにもみえます。

しかし、労災保険は所属を重視し、勤務期間が重視されないことは、上述したとおりです。また、出張の扱いをしているわけですから、雇用形態としては、当社に引き続き雇用され、現地子会社に出向させているのではなさそうです。

すなわち、本問の技術者は、わが国に所在する当社に所属していますので、「国内の事業場の使用者」である当社の指揮に従い勤務しているものといえます。現地子会社の指揮に事実上従い勤務することがあるとしても、その事実上の指揮に従うこと自体、法律上は「国内の事業場の使用者」である当社の指揮に従うものといえます。したがって、本問の技術者は、海外出張者と認められる可能性が高いといえます。そうだとすると、特別加入の手続を経ることなく、労災保険法の適用を受けることができます。

(4) アフターケア

なお、本問の技術者が、工場の設営を無事に終えて帰国し、1年ほどした後、生産ラインのアフターケアのために3日の予定でカンボジアの生産工場

---

21 在日カンボジア大使館のウェブサイトより

を訪れたとします。このようなときは、滞在期間も短く、勤務内容もアフターサービスであり、かつ、「国内の事業場の使用者」である当社からの指揮命令に従い、カンボジア子会社での作業に従事したものといえます。このときは、技術者は海外出張者に当たることについて、問題はないといえます。

2 海外旅行保険と労災の保険給付

(1) 海外旅行保険の利用と利点

本問のような場合に、会社が技術者を海外旅行保険に加入させることも広くなされています。例えば、平成17年の産労総合研究所の調査によれば、8割から9割ほどの会社において、海外出張者を海外旅行保険に加入させています。[22]

その利点としては、例えば、保険会社が提携する現地の病院であれば、現金の準備などがなくとも、その治療を受けたりすることができることにあると思われます（Q4-1参照）。

(2) 労災保険との重複適用

万一、海外で社員が死亡したとき、海外旅行保険による保険金支払は遺族への定額の死亡一時金の支払が中心になります。

ここで、労災保険も適用されれば、遺族補償年金の支給などを、海外旅行保険による定額の死亡一時金とは別個に受けることができます。

したがって、海外の事業場に所属して勤務する海外派遣者に当たるとみられるときは、海外旅行保険に加入させるだけではなく、労災保険にも特別加入（労災保険法36条）をさせておくほうが、社員への補償の観点からは適切であるといえます。

3 海外出張先のホテル内での死亡事故と労災の適用

本問の技術者が海外出張者として労災保険法の適用を受けることができたとしても、死亡事故は、海外出張先のホテル内、しかも休日中の事故です。このような場合にも、この技術者の死亡事故について、労災保険の適用を受けることができるのでしょうか。

(1) 業務遂行性

社員の負傷・死亡事故については、業務上のものであること、すなわち、

---

22 産労総合研究所・前掲注16の114頁の表1

業務起因性があると認められるためには、業務遂行性があることが必要であるとされています。そして、業務遂行性があると認められるためには、社員が会社の支配下にあること、すなわち、たとえ労務の提供はしていなくとも、会社の指示により、社員が時間的または場所的な制約を受けているような事情があることが必要になります。それでは、本問のように海外出張中は、会社の支配下にあるといえるのでしょうか。

(2) **出張中と会社の支配下**

この点については、海外出張に限らず、一般に社員が出張先に出発した時点から、帰社（または帰宅）した時点までは、会社から居所および行き先が指示されていることから、原則として、会社の「支配下」にあるものとされています。すなわち、労災保険の運用においても、出張中は、比較的広く会社の支配下にあること、すなわち、業務遂行性が認められています[23]。

(3) **出張中の事故と業務起因性**

このように業務遂行性が認められれば、反証のない限り、業務起因性が認められます[24]。なお、業務上の疾病についても、行政解釈によれば、出張先で風土病に罹患したようなときは、出張中であることも踏まえて、業務起因性が認められています（昭和29.8.18基収2691号）。

裁判例においても、国内出張先で宿泊した旅館で同僚と飲酒した後、就寝前に階段から転落し、死亡した事故について、業務起因性を認めたものがあります（大分労働基準監督署長（大分放送）事件・福岡高判平成5.4.28判タ832号110頁）。

他方、ダムのタービン等の現地試験調整のため5か月余りを予定した国内出張先での納入業者の送別会後、宿舎入口から150メートル余り離れた川に転落し、溺死したという事案については、業務起因性は否定されています（立川労働基準監督署長（東芝エンジニアリング）事件・東京地判平成11.8.9労判767号22頁）。この事案において、裁判所は、一般論としては、「出張中の場合には、特別の事情のない限り出張過程全般について使用者の支配下にあるも

---

23 労務行政研究所編『労災保険 業務災害及び通勤災害認定の理論と実際（上）〔改訂第4版〕』（労務行政、2014年）268～272頁
24 労務行政研究所・前掲書109頁

のとして業務遂行性が認められる」としています。しかし、当該事案自体については、「業務とは関連のない、自己の意思に基づく私的行為により、自ら招来した事故によるものであって、業務起因性は否定される」と判示しました。

(4) **海外出張と業務起因性**

そうすると、出張中の宿泊先において事故が生じたときは、それが、休日などの自由時間におけるものでも、業務とは全く関係のない私的行為によるものでない限りは、業務起因性が認められえると思われます。

特に出張先が海外であるときは、海外に滞在することの危険自体により事故が生じえると思われます。したがって、社員が意図的に危険な場所を訪れたような事情がない限りは、業務起因性が認められると思われます。例えば、裁判例においても、ワカメの加工販売会社の社員が、中国出張中、大連市のホテルで強盗により殺害された事案について、ホテルで強盗の被害に遭う事案が複数発生していたことも踏まえて「業務に内在する危険性が現実化したもの」であり、「業務起因性を否定すべき特段の事情はな」いと判示されています（鳴門労働基準監督署長事件・東京地判平成14.1.25判タ1111号146頁）。また、最近の事案ですが、放送局の下請会社の社員が中国取材に同行中、取材に欠かせない地元の有力者との宴会で飲酒泥酔した後、ホテルの自室で睡眠中に嘔吐し、窒息死した事案があります。この事案では、中国の宴会における「乾杯」（一気飲み）の慣習に従わざるをえなかった結果であるとされ、業務起因性が認められています（国・渋谷労働基準監督署長（ホットスタッフ）事件・東京地判平成26.3.19労経速2210号3頁）。

(5) **本問の技術者の死亡事故**

本問の技術者は、休日中とはいえ、出張中の宿泊先のホテルに侵入した強盗に刺されて死亡しています。この技術者が、休日に外出して危険な地域に入り込んで強盗に襲われたわけではありません。そうだとすると、この技術者の強盗による死亡事故については、なお、会社の支配下にあるものとして業務遂行性が認められ、業務上のものとして労災の保険給付を受けられるものと思われます。

4 使用者である会社の安全配慮義務

(1) 労災保険と労基法・民法上の責任

　労災の保険給付がされれば、使用者である会社は、労基法上の災害補償の責めを免れます（同法84条1項）。同様に労災の保険給付がされれば、会社は、その限度において、民法による損害賠償の責めを免れます（同条2項）。

　しかし、労災保険の適用がないとき、または労災の保険給付を上回る損害が発生しているときは、会社には、民法上の安全配慮義務違反に基づく損害賠償責任（民法415条）を負うことがあります。

　会社としては、社員の海外出張における危険を回避するための行動規範を明確にするとともに、実際に現地に海外出張するにあたり、現地子会社などから情報を収集し、安全な宿泊先を指定し、危険な地域の情報を与えるなどして、社員の安全を配慮すべき義務を尽くすべきでしょう。

(2) 本問における会社の安全配慮義務

　本問において、例えば、労災の保険給付を上回る損害が発生していれば、遺族は当社に対し、安全配慮義務違反に基づいて、民法上の損害賠償責任を問うことになります。

　また、本問の技術者が、仮に海外派遣者に該当したとして、それにもかかわらず、労災に特別加入（労災保険法36条）していないときは、カンボジアでの死亡事故について、遺族は労災の保険給付を受けることはできません。そのようなときも、遺族は、当社に対し、安全配慮義務違反に基づいて、労災に特別加入していれば保険給付を受けられたはずの部分についても民法上の損害賠償責任を問うことになるでしょう。

　なお、裁判例においては、国内の事案ながら、コンビニエンスストアの店長が他店訪問中に強盗により殺害された事案において、現金を扱いながら、施錠もされていない夜間の店舗において、そのような事故の予見可能性が認められるとして、会社の安全配慮義務違反を肯定し、損害賠償を命じた事案があります（生活創庫事件・東京高判平成18.5.10判タ1213号178頁）。なお、この事案においては、労災保険法上の遺族補償年金の支給決定がされています。そのため、その前払一時金に相当する金額を控除した残額に限り、損害賠償が命じられています（労災保険法64条1項1号）。

（川田　篤）

5-8

当社は、ベトナム子会社設立のため、半年間、法務の担当部長に毎月2回ほど約1週間の出張をさせていたところ、部長は脳出血によりホテルで倒れ死亡しました。労災は適用されますか。自宅で死亡したときはどうなりますか。

1 業務上の意義

(1) 相当因果関係

労災の保険給付は、「労働者の業務上の負傷、疾病、障害又は死亡」に関するものです（労災保険法7条1項）。この保険給付は、労基法上の災害補償の事由（労基法75条以下）が生じたとき、すなわち「業務上」の負傷、疾病、障害または死亡が生じたときに支給されます（労災保険法12条の8第2項）。

業務上の負傷等といえるためには、業務と負傷等との間の相当因果関係が必要とされています。国家公務員災害補償法の「公務上」の意義についてですが、「公務」と「負傷等」との間の「相当因果関係」が必要であることを判示した事例があります（最判昭和51.11.12判時837号34頁）。労災保険法の「業務上」の意義についても、これと同じ考え方が採用されています。このような業務と負傷、疾病、障害または死亡との間に相当因果関係があることを、「業務起因性」と呼ぶことがあります。

(2) 内在する危険の現実化

問題は、相当因果関係の具体的内容です。地方公務員災害補償法の「公務上」の負傷等の意義についてですが、「公務に内在する危険が現実化したことによる」ものをいうとした事例があります（地方公務員災害補償基金東京都支部長（町田高校）事件・最判平成8.1.23判時1557号58頁）。労災保険法の「業務上」の負傷等の意義についても、この考え方に従っています。

しかし、個別の事案において「公務に内在する危険が現実化した」といえるかどうかの判断はそれほど容易なものではありません。

2　脳・心臓疾患の労災認定

(1)　業務上の疾病

　平成22年の労基法施行規則改正により、労基法上の「業務上の疾病」(労基法75条)のひとつとして明示的に列挙されたのが、いわゆる脳・心臓疾患です(労基法施行規則35条・別表1の2第八号)。すなわち、「長期間にわたる長時間の業務その他血管病変等を著しく増悪させる業務による脳出血、くも膜下出血、脳梗塞、高血圧性脳症、心筋梗塞、狭心症、心停止(心臓性突然死を含む。)若しくは解離性大動脈瘤又はこれらの疾病に付随する疾病」は、業務上の疾病であるとされました。

(2)　業務遂行性は不要

　労災保険の運用としては、脳・心臓疾患のような業務上の疾病については、業務上の負傷とは異なり、疾病が顕在化する時点が、業務の遂行中であるとは限りません。そのようなことから、疾病については、業務起因性が肯定されるために、疾病が発症した時点における業務遂行性が認められることは、必要とはされていません。

(3)　因果関係の証明

　しかし、脳・心臓疾患の発症の原因となる血管などの病変は、長期間にわたり、日常生活の中で少しずつ形成されていくことから、業務起因性は必ずしも明らかではありません。その発症の機序についても医学的に未解明な部分があります。そのため、脳・心臓疾患による死亡が業務上のものかどうかの認定が、しばしば問題となります。

(4)　脳・心臓疾患の認定基準

　そこで、脳・心臓疾患を含めて、業務上の疾病の各類型について、厚生労働省労働基準局長により、行政事務の促進と認定に係る斉一性を確保するために、認定基準が示されています。脳・心臓疾患に係るものが、「脳血管疾患及び虚血性心疾患等(負傷に起因するものを除く。)の認定基準」です(平成13.12.12基発1063号)。

　この脳・心臓疾患についての認定基準の「基本的な考え方」によれば、脳・心臓疾患が日常生活の中で少しずつ進行し、自然経過として発症しただけで

25　労務行政研究所・前掲注23の432頁以下

は業務上と認定することはできません。「業務による明らかな過重負荷が加わることによって、血管病変等がその自然経過を超えて著しく増悪し、脳・心臓疾患が発症した」ときに初めて、「業務が相対的に有力な原因であると判断し、業務に起因する」ものとされます。

より具体的には、①発症直前から前日までの間に「異常な出来事」に遭遇したか、②発症に近接した時期（約1週間内）に「特に過重な業務」に就労したか、③発症前の長期間（約6か月内）にわたり、「著しい疲労の蓄積をもたらす特に過重な業務」に就労したかのいずれかに当たるときは、脳・心臓疾患による死亡などを業務上のものとして取り扱うとしています。

なお、認定基準は、行政的運用のためのものです。裁判所を必ずしも拘束するものではありません。しかし、裁判例においても、認定基準があげる負荷要因などの考慮要素を十分に踏まえながら、不支給決定処分の認定の適否を改めて審査しているといえます。

(5) **脳・心臓疾患と海外出張**

認定基準においては、「出張の多い業務」かどうかを「業務の過重性」の評価において検討するものとしています。具体的な観点としては、①出張中の業務内容、②出張（特に時差のある海外出張）の頻度、③交通手段、④移動時間および移動時間中の状況、⑤宿泊の有無、宿泊施設の状況、⑥出張中における睡眠を含む休憩・休息の状況、⑦出張による疲労の回復状況をあげています。

裁判例においては、例えば、41歳の技術者が、技能認定、品質向上活動などのために、平成12年末から1年足らずの間に、9回にわたり、1回当たり約2週間から3週間、合計183日間の海外出張をした後にわずかな日を置いて命じられた国内出張先のホテルで、くも膜下出血により死亡したという事案があります。その技術者の行き先も、中国、フィリピン、アメリカ、チリ、インドネシアと5か国にわたりました。遺族が不支給決定処分の取消訴訟を提起したところ、第一審（松本労働基準監督署長（セイコーエプソン）事件・長野地判平成19.3.30判時2021号134頁）は、請求を棄却しました。しかし、その控訴審（東京高判平成20.5.22判時2021号116頁）は、原判決を破棄し、請求を認容しました。控訴審は、技術者自身の複数の危険因子を考慮しても、健康診

断の結果などから、自然の経過により、いつ発症してもおかしくないほど悪化していたとは認められないとしました。そのうえで、時間外労働は多くないとしても、たび重なる海外出張により疲労を蓄積させ、海外出張からほとんど日を置かずになされた国内出張により「過重な精神的、身体的な負荷を与え、…基礎的疾患をその自然の経過を超えて増悪」させた結果、くも膜下出血により死亡したと認定し、業務上のものであると結論づけています。

　また、30年近い勤務経験のある客室乗務員が平成8年5月に滞在先の香港でくも膜下出血を発症したという事案についても、業務上のものと認められました。この事案においては、裁判所は、チーフパーサーの精神的負担の重さ、時差、機内環境、勤務の長さ、長距離便の勤務の多さ、発症1か月前の比較的多い乗務日数などの事実を認定しました。そのうえで、認定基準があげる負荷要因について検討しています。そして、この乗務員のくも膜下出血の危険因子なども考慮しながら、発症6か月前の業務により、「疲労を蓄積する程度の過重な負荷を伴う」ものであるとし、それにより「脳動脈瘤をその自然の経過を超えて増悪させ、本件疾病の発症に至った」ものであり、業務との間に相当因果関係があると結論づけています（成田労働基準監督署長（日本航空）事件・千葉地判平成17.9.27判タ1240号241頁、東京高判平成18.11.22判タ1240号228頁）。

　なお、現在の認定基準よりも前の事案ですが、昭和58年2月の寒冷期の韓国に出張中の夕食の際、脳出血により倒れ、死亡した当時63歳の取締役開発部長について、業務起因性を認めた事案があります（名古屋南労働基準監督署長（矢作電設）事件・名古屋地判平成6.8.26労民集45巻3=4号247頁、名古屋高判平成8.11.26労民集47巻5=6号627頁）。すなわち、日頃から1年の半分近い期間は出張するなどして疲労が蓄積していたうえ、販路拡大の重大な責務を負いながらの初めての韓国出張という過重負荷が「高血圧を急激に増大させ、もって自然的経過を超えて、基礎疾患たる脳血管病変を悪化させた結果、本件脳出血を発症させたもの」であると認定されています。

　また、海外出張の事案ではなく、海外赴任の事案ですが、昭和62年からアメリカの子会社の工場に勤務し、8年後の平成7年の会議中、くも膜下出血で倒れ、死亡した40歳代の社員について、業務との間に相当因果関係を認め

た事案もあります（中央労基署長（興国鋼線索）事件・大阪地判平成19.6.6労判952号64頁）。すなわち、当該社員は、現地子会社の副社長として責任のある立場にありながら、工場の生産が向上しない困難な状況に置かれていたことなどから、「本件疾病の基礎疾患である脳動脈瘤をその自然経過を超えて著しく増悪させ、発症に至らせるほどの過重負荷になるものであった」と認定しています。

(6) 本問のベトナム出張とホテル内での死亡

本問においては、ベトナムと日本では、時差は2時間とそれほどではありません。また、日本からベトナムまで、飛行機での移動時間は6時間ほどで、それほど長くはありません。

しかし、業務内容は現地子会社の設立という責任の重い業務である点、多数回にわたり比較的長期間の海外出張をしている点などは、「著しい疲労の蓄積をもたらす特に過重な業務」に就労したとの認定を肯定する要素となるものと思われます。

(7) 本問のベトナム出張と自宅での死亡

自宅で死亡したときは、業務遂行性はありません。しかし、上述したとおり、業務上の疾病の認定においては、疾病が発症した時点における業務遂行性は重要ではなく、もっぱら業務起因性が問題とされます。そして、自宅での死亡の原因が「著しい疲労の蓄積をもたらす特に過重な業務」に就労したことにあるかどうかにより業務上のものかどうかが判断されます。

そして、たび重なる海外出張が「著しい疲労の蓄積をもたらす特に過重な業務」であり、そのために「自然の経過を超えて増悪させ、発症した」ときは、たまたま発症し、死亡した場所が自宅であるとしても、その発症が業務上のものであると認定されます。この点は、日本での労働時間、現地での労働時間の長さなどを含めて、諸般の事情を総合的に考慮して、判断することになります。

（川田　篤）

5-9

当社は、アジアの現地子会社の幹部候補となる優秀な社員をアメリカの経営大学院へ留学させることを計画しています。留学後に退職されないよう、何か予防策はありますか。せめて退職時に留学費だけでも回収できませんか。

1 退職の自由

　会社が社員を解雇することは、客観的に合理的な理由があり、社会通念上相当と認められる必要があり（労働契約法16条）、会社が自由になしえることではありません。

　他方、期間の定めのない労働契約のもとにあるとされる正社員が会社を退職することは、（2週間の予告期間を置けば）自由になしえるものとされています（民法627条1項）。また、期間の定めのある労働契約については、社員の身分的拘束を防ぐ観点から、戦後の労基法制定時から平成15年改正まで「1年」（現在は3年）に制限されていました（平成15年改正前労基法14条1項）。そのほか、経済的に社員の退職を不当に制約することがないように、賠償予定の禁止（労基法16条）、前借金相殺の禁止（労基法17条）が定められています。これらの規定により、いわば社員の職業選択の自由（憲法22条）が、会社との関係においては「退職の自由」として保障されているといえるかもしれません。

　このように「退職の自由」が保障されている社員に、将来にわたり、会社において継続して活躍してもらうために、もっとも有効な方法は、会社自身の魅力を維持し、かつ、発展させることです。

　例えば、その社員の貢献に見合うだけの処遇が適正にされることは重要でしょう。また、処遇はともかく、やりがいのある仕事を創出することはできるかもしれません。さらに、人間関係が極めて良好であり、居心地がよく、仕事ぶりが周囲からも正当に評価されるような雰囲気を醸成することも考えられます。

　このようにして、社員の会社への帰属意識を高めることにより、社員は、

自然に勤続することになるでしょう。

2　留学費用の返還約束

(1)　退職の自由―賠償予定の禁止

　会社が社員にとり魅力のある職場となるように努力を尽くしたとしても、多様な事情や動機により退職していく社員がいること自体は、避けがたいかもしれません。

　例えば、会社の費用を投じて海外留学をさせた後、他社から多少よい待遇の申し出を受けただけで、すぐに転職してしまう社員もいるかもしれません。そのようなときは、海外留学に投じた費用の返還を求めることも、必ずしも不当とはいえないでしょう。

　ただし、社員から海外留学の費用の返還を求めるときも、その「退職の自由」を不当に拘束するものと評価されるようなことは避けなければなりません。

　このとき、特に問題となるのは、賠償予定の禁止（労基法16条）です。すなわち、「使用者は、労働契約の不履行について違約金を定め、又は損害賠償額を予定する契約をしてはならない」とされています。

　会社が社員を留学させるにあたり、例えば、「帰国後5年以内に退職したときは、その全額を返還しなければならない」というような契約をしたとすれば、事案により「賠償予定」に当たるとみられるおそれがあります。

(2)　返還約束の態様と賠償予定の禁止

　海外留学には、通常の社内研修または社内教育と比べて、社員の自由意思に基づいており、また、社員個人の能力を高めるという面が強くあります。とはいえ、本来、会社の費用として負担がされるべきであるような研修費用まで、早期退職をした社員に返還義務を課し、その退職の自由を不当に制約するようなことのないように、その費用の返還約束について、賠償予定の禁止に違反しないか、慎重に見極める必要があります。

　そして、留学費用の返還約束の態様も、多様なものが考えられます。例えば、①留学希望者の決め方（公募か業務命令か）、②留学費用の負担の割合（全額か一部か）、③留学費用の出費の仕方（経費か貸与か）、④帰国後に返還の全部または一部を免除するまでの勤務期間、⑤退職の理由による区別（自己都

合か会社都合か）、⑥返還が任意的なものか義務的なものかなどの点において、その組合せはさまざまです。

これらの各要素を検討し、業務としての面がより強いのか、会社にも有益であるとしても、社員自身の自己啓発としての面が強いのかを検討しながら、その法的性質（雇用契約とは別個の貸与に当たるか）を認定しつつ、返還が必要とされる期間や、返還の金額が帰国後の勤務期間により逓減するとされているかなどにより、退職の自由を不当に制約するものかどうかを判断することになります。

(3) 賠償予定の禁止に違反しないとした裁判例

裁判例においては、「帰国後、一定期間を経ず特別な理由なく○社を退職することとなった場合、…一切の費用を返却すること」との誓約書による約束（ただし、「一定期間」の長さの定めはありません）は、賠償予定の禁止には当たらないとした事案があります（長谷工コーポレーション事件・東京地判平成9.5.26判時1611号147頁）。この事案においては、留学希望者が公募され、社員の自由意思で応募していること、留学先の選択も本人の自由であることなどの事実を踏まえ、労働契約とは別になされた、帰国後一定期間の勤務後の返還免除特約が付された留学費用の貸与であるとして、賠償予定の禁止には当たらないとされました。

また、留学地域は会社が指定したが、留学先の選択は本人がしたこと、留学について本人の強い希望および意向が表明されていたこと（健康状態に問題があるとの健康診断の結果にもかかわらず、留学したいとの強い気持ちから断念しなかったこと）、留学中は報告義務程度であることなどから、「帰任後5年以内に自己の都合によって退職したとき」は、「留学費用の全部を即時弁済しなければならない」との派遣要綱と誓約書に基づく返還約束を、留学費用の貸与としての実質を有するとして、賠償予定の禁止には当たらないとした事案があります（野村證券事件・東京地判平成14.4.16労判827号40頁）。

さらに、留学先の選択が自由であること、留学中は報告義務程度であること、長期休暇制度を利用して留学していることなどから、「留学終了後、五年以内に、万一自己都合により退職する場合は、留学費用（…）を全額返還いたします」との誓約書による返還約束を、留学費用の貸与であるとして、

賠償予定の禁止には当たらないとした事案があります（明治生命保険事件・東京地判平成16.1.26労判872号46頁）。

(4) **賠償予定の禁止に違反するとした裁判例**

他方、裁判例においても、「留学終了後五年以内に自己都合により退職し…たとき」は、「留学に要した費用を全額返還させる」とした留学規程を、賠償予定の禁止に違反するとした事案もあります（新日本証券事件・東京地判平成10.9.25判時1664号145頁）。この裁判例においては、留学とはいえ業務命令としてなされ、専攻する学科は会社により定められ、留学費用の精算方法などが定められ、給与の支払がされていることなどから、職場外研修のひとつであり、「業務性」が認められるとし、賠償予定の禁止に触れるとしました。

また、アメリカへの海外企業研修について、「研修員が…研修終了後五年以内に退職する場合、…費用の全額または一部を返済させることがある」とした海外企業研修員派遣規則について、賠償予定の禁止に違反するとした事案もあります（富士重工事件・東京地判平成10.3.17判夕986号221頁）。この事案は、厳密には留学ではなく、アメリカの関連会社において勤務しているものであり、業務命令に基づいて研修を受けているとみられるものでした。そのため、「業務性」が強く認められることから、賠償予定の禁止に触れるとされたものと思われます。

なお、これらの事案では、社内の規則にのみ返還の義務が記載されており、別途、誓約書などが提出されたことはないようです。そのような事情も、海外留学または海外研修の費用の貸与であるとは認めがたいものとされた理由のひとつであるようにも思われます。

(5) **退職の自由を不当に制約しない返還約束とは**

これまでの裁判例などを踏まえると、①留学への応募が自由意思により、②留学先の選択が社員の自由に委ねられ、③会社に返還を約束するような合意が別途なされ、④会社内の経理上も貸与扱いとされ、⑤帰国後の返還免除期間も5年程度までであり、⑥帰国後の勤務期間に比例して返還すべき金額が逓減し、⑦疾病などにより退職したときは、返還を免除するなどの配慮がされているようなものであれば、その法的性質は留学費用の貸与にすぎないものとして、賠償予定の禁止に触れるような退職の自由の不当な制約には当

たらないものと認められる可能性が高いように思われます。

　なお、国家公務員の海外留学については、「国家公務員の留学費用の償還に関する法律」が定められています。同法には、償還義務について詳細な定めがされており、留学後5年に達するまでの期間内に退職したときは、帰国後、在職した期間1月ごとに60分の1ずつ逓減させた割合の金額を支払わなければならないと規定されています（同法3条1項2号）。公務員としての責務や、国庫の負担により留学していることなどから、公務員が、民間会社の社員よりも、退職の自由の制約をより強く受けることはやむをえない面があると思われます。しかし、それでも、同法において5年の在職期間の間に返還金額が逓減されていることは、会社の返還約束においても考慮すべきものと思われます。

（川田　篤）

6章
グループ人事を国際化する

6-1

当社には、国内外に複数のグループ会社があるところ、さらに人事シェアードサービス子会社を設立し、グループ会社の給与計算や社会保険関連の事務を担当させる計画です。国内・海外に設立した場合、法的制約はあるでしょうか。

1　シェアードサービス

　シェアードサービスとは、複数の会社内に存在する人事、経理、情報システム等、間接部門に関する業務を一つの組織に集約することによって、業務の効率化および経費削減をはかる手法とされています。グループ会社間において、シェアードサービス子会社がスタッフ機能を提供することは、今日においては特に珍しいことではないようです。

2　社労士法の規制

　しかし、そのスタッフ機能が人事業務である場合、社労士法27条により、社会保険労務士（以下、社労士）でなければ行えないものがありますから、注意が必要です。

(1)　禁止業務

　社労士法27条により禁止されるのは、同法2条1項で規定する社労士業務に属する事務のうち、次のものとされています。

① 労働社会保険諸法令に基づいて行政機関等に提出する申請書、届出書、報告書その他の書類の作成（社労士法2条1項1号）

② 上記①の申請書等の提出手続の代行（社労士法2条1項1号の2）

③ 労働社会保険諸法令に基づく申請、届出、報告、審査請求、異議申し立て、再審査請求その他の事項またはそれに係る行政機関の調査もしくは処分に関し、当該行政機関等に対してする事務代理（社労士法2条1項1号の3）

④ 「個別労働関係紛争の解決の促進に関する法律」6条1項の紛争調整委員会におけるあっせん代理（社労士法2条1項1号の4）

⑤　労働社会保険諸法令に基づく帳簿書類の作成（社労士法2条1項2号）

　他方、「事業における労務管理その他労働に関する事項及び労働社会保険諸法令に基づく社会保険に関する事項についての相談または指導」（社労士法2条1項3号）の事務は含まない、とされています[1]。

　本問で計画中の給与計算まではなんとか実施できても、計算結果を使って、帳簿を作成したり（上記⑤）、行政機関等に提出する書類を作成したり（上記①）、提出したり（上記②）することできません。

(2) 罰則

　社労士法32条の2第1項6号は、第27条の規定に違反した者を1年以下の懲役または100万円以下の罰金としています。

(3) 業として

　社労士法27条は、禁止業務を「業として」行う場合を問題視します。「業として」とは「第2条第1項第1号から第2号までの事務処理を『反復継続して行うこと又は反復継続して行う意思を持って行うこと』」とされています（昭56年改正法施行通達）。さらには「本条では、他人の求めに応じて報酬を得て当該事務を業として行うことが問題とされているのであるから、営業として自らの責任において当該事務を反復継続的に遂行する場合を指すものと解される」がより明確です[2]。

ア　反復継続

　本問では、グループ会社社員の給与計算や社会保険関連の事務を反復継続して行おうとしています。

イ　報酬を得て

「報酬を得て」とは、「第2条第1項第1号から第2号までの事務の対価として与えられる反対給付を得るということである。受けた給付が行った事務の対価であるか否かは、その事務と相当因果関係を有する反対給付か否かによって判断するべきであり、会費等と称していても、それが第2条（1項1号から2号まで）の事務を行うことに対して支払われていると一般的に認め

1　厚生労働省労働基準局労働保険徴収課監修、全国社会保険労務士会連合会編『社会保険労務士法詳解』（労働法令協会、2004年）406頁
2　全国社会保険労務士会連合会・前掲書408頁

られるような場合には、本条にいう報酬を得ているものと解される（昭和43年法施行通達）。また、本条にいう報酬は、役務に対する対価であるから、用紙代、印刷費等を補償するための実費弁償は、その範囲にとどまる限り、報酬に該当しないものと解される」とされています。[*2]

3　国内の人事シェアードサービス子会社の場合

以上をまとめると、国内に人事シェアードサービス子会社を設立し、そこが報酬を得て、禁止事務を反復継続し、「業として」行う場合、社労士法27条および32条の2第1項6号に抵触します。

(1) 自社による処理と子会社による処理

自社内の人事部門が、自社の本件事務を処理することについては何ら問題を生じないのに、単に分社化しただけの子会社で、実質的には同一会社が、同じ事務を行うと社労士法違反となることについての疑問もあります。

(2) 参考となる弁護士法の議論

この点、司法制度改革推進本部の第24回法曹制度検討会における弁護士法72条に関する類似の議論が参考になります。[*3] 弁護士法も社労士法と同様、弁護士以外の者による一定の業務を禁じているのです。

同検討会で、中川英彦委員は、①実質的に自社内のサービスと変わりがない、②弁護士法72条は不特定多数のものに対する法的サービスを前提としているが、グループ会社に対するサービスは対象が限定されている、③判例の述べる立法趣旨にも反しない、ことを理由として、「親会社或いは親会社が中心となって形成した法務サービス会社などが、そのグループ会社に対して、自社と同様の法務サービスを提供することは、弁護士法72条に抵触しないと考えられる」と結論づけたうえで「唯一の問題は、グループ企業の範囲をどこまでと考えるか、『連結子会社』とするのが妥当ではないか」との意見を述べています。[*4]

この議論によるなら、本問で日本国内の子会社の行う本件事務についても、社労士法違反にならないとの結論を導くことも可能と思われます。

3　平成15年12月18日実施
4　司法制度改革推進本部第24回法曹制度検討会（平成15年12月18日実施）法務省配布資料「グループ企業間の法律事務の取扱いと弁護士法第72条の関係について」24-2④

4　海外の人事シェアードサービス子会社の場合

　それでは、当社が人事シェアードサービス子会社を海外に設立する場合はどうでしょうか。

　社労士法27条は、社労士または社労士法人以外の者が禁止業務を行うことを禁止し、違反者を罰するといった刑罰法規の性格を有します。刑罰法規は属地主義が原則であるため、禁止事務を行う場所（実行行為地）が海外であれば、社労士法に特に国外犯を処罰する規定が存在しない以上、刑罰に処せられることはないと考えられます。

　禁止業務のうち①および⑤は海外で実施可能です。これらを海外で行う限りにおいては社労士法違反は問題とはなりません。他方、禁止業務のうち②③および④は、日本国内における行動が必要です。海外の人事シェアードサービス子会社には実施困難でしょうから、社労士法違反の問題も原則生じません。しかし、万一、日本国内において提出手続代行等を行った場合には、日本国内で「業として」行ったことになり、社労士法違反の問題が生じます。

5　他の方法の検討

　以上のとおり、人事シェアードサービス子会社の利用には、国内・海外いずれでも、社労士法の制約が大なり小なりあります。これをクリアするためにどのような方法が可能か検討してみます。

(1)　無償での事務処理

　無償であれば、「報酬を得て」には該当しないため、子会社が禁止業務を行うことも可能となります。例えば、子会社が、自社の社会保険関係業務を行う傍ら、グループ他社の社会保険関係業務についても無償で処理するのであれば、理論上は社労士法27条違反にはなりません。

　もっとも、「無償」という場合、どこまでが無償となるのかの問題があります。前記法曹制度検討会の法務省配布資料では、「実質的に無償委任といえる場合であれば、特別に要した実費を受領しても、報酬とは言えないと思われる。この『実費』にはコピー代等が含まれ得るが、子会社の従業員の人件費のように当該事務のために特別に費やされたといえないものは報酬と評価されることが多いと考えられる」としています。本問でも、コピー代等の費用を子会社がグループ他社に請求してもなお「無償」といえますが、子会

社社員の人件費を請求すればもはや「無償」ということは困難と考えられます[5]。子会社といえども営利会社である以上、コピー代等の費用のみでグループ他社の事務を行うことが現実的に可能か、疑問が残ります。

(2) 社労士の採用

子会社に社労士を採用し、または社員に社労士資格を取得させたうえで、当該社労士に事務処理させるなら、社労士法違反の問題は払拭されることになります。

(3) 民法上の組合結成による方法

厚生労働省職業安定局労働者募集業務取扱要領は、「企業グループに属する複数の企業等が民法上の組合を作り、当該組合を通じて労働者を募集する場合には、組合は独立した法人格を持たず、当該組合を通じて行った行為に係る法的権利義務は当該組合の構成員に合有的に帰属するものであるので、個々の企業が自ら募集を行うことと評価でき、委託募集には該当しない」[6]とします。この考え方を社労士法問題にも援用して、国内外のグループ会社が民法上の組合を結成したうえで、当該組合の国内または海外事務所を設置し、この事務所が国内外で本問にあるような事務を行うのであれば、社労士法違反の問題は払拭されると思われます。

(中田成徳)

---

5 前掲第24回検討会（平成15年12月18日実施）法務省配布資料。なお、全国社会保険労務士会連合会・前掲書408頁も同旨
6 厚生労働省職業安定局「労働者募集業務取扱要領」Ⅲ-1-ハ

6-2

当社は、60歳以上の定年後社員を海外子会社で再雇用することを検討していますが、高齢者雇用安定法上の義務を果たしたといえますか。また、再雇用後、当該海外子会社が閉鎖となった場合、当社に再雇用の義務はあるでしょうか。

1 高齢者雇用安定法

(1) 高齢者雇用の必要性

わが国における少子高齢化の急速な進展に伴い、将来の労働力人口の減少が見込まれる中で、高い就労意欲を有する高齢者が、その知識や経験を活かして社会で活躍することが重要であり、少なくとも年金支給開始年齢までは、意欲と能力のある限り、働き続けることができる環境の整備が必要であると考えられています。

(2) 平成16年改正

こうして、平成16年6月に高齢者雇用安定法が改正されました。この改正では、高年齢者の安定的な雇用確保のため、高年齢者雇用確保措置を講ずることを事業主に義務づけたほか、高年齢者の再就職促進をはかる措置が定められました。

同法9条1項は、高年齢者雇用確保措置として、①定年の引上げ、②継続雇用制度（現に雇用中の高年齢者が希望するときは、定年後も引き続き雇用する制度をいいます。ただし、継続雇用制度の対象となる高年齢者を限定する制度導入は可能でした）の導入、③定年の定めの廃止、の措置を規定していました。

(3) 平成24年改正

少子高齢化のさらなる進展、若者、女性、高齢者、障害者など働くことができる者すべての就労促進をはかるとともに社会を支える全員参加型社会の実現が求められている中で、高年齢者の就労促進がより一層求められることになり、平成24年改正では、①平成16年改正では認められていた継続雇用制度の対象者を限定できる制度の廃止、②継続雇用制度の対象者を雇用する企

業の範囲の拡大、③継続雇用義務違反の企業に対する公表、④高年齢者雇用確保措置の実施および運用に関する指針の策定等の改正が行われました。本問の定年後社員の子会社での採用は、②の継続雇用制度の対象者を雇用する企業の範囲の拡大に関する問題です。

2 継続雇用制度の対象者を雇用する企業の範囲の拡大

平成24年の改正を経た同法9条2項は、多くの会社が採用しているであろう継続雇用制度について、当該高年齢者と事業主との雇用関係のみならず、特殊関係事業主との間の雇用関係でも、継続雇用制度に該当するとしました。事業主は、自ら高年齢者を継続雇用しなくても、子法人等や関連法人等が高年齢者を新たに雇用する制度があれば、高齢者雇用安定法の継続雇用をしていることとして、継続雇用制度の対象者を限定できる制度を廃止（上記1(3)の①）したこととのバランスをとったものです。

(1) 特殊関係事業主

特殊関係事業主とは、当該事業主の経営を実質的に支配することが可能となる関係にある事業主その他の当該事業主と特殊の関係のある事業主として厚生労働省令で定める事業主をいいます。これを受けて、高齢者雇用安定法施行規則4条の3は、「①当該事業主の子法人等、②当該事業主を子法人等とする親法人等、③当該事業主を子法人等とする親法人等の子法人等（当該事業主及び前2号に掲げる者を除く）、④当該事業主の関連法人等、⑤当該事業主を子法人等とする親法人等の関連法人等（前号に掲げる者を除く）」と規定しています。

(2) 特殊関係事業主が雇用する制度

事業主が備えるべきは、当該事業主の雇用する高年齢者であってその定年後に雇用されることを希望する者を、その定年後に当該特殊関係事業主が引き続いて雇用することを約する契約を締結し、当該契約に基づき当該高年齢者の雇用を確保する制度です。

3 海外子会社について

特殊関係事業主に海外子会社は含まれるのでしょうか。

(1) 子会社等の定義

「子法人等」とは「親法人等によりその意思決定機関を支配されている他の

法人等をいう」（高齢者雇用安定法施行規則4条の3第3項）とされています。「関連法人等」とは、財務および営業または事業の方針の観点から重要な影響を与えることができるかの観点から規定されています（同法施行規則4条の3第4項）。海外子会社や海外関連法人は除外されてはいません。

(2) 遠隔地にある会社

また、厚生労働省も高齢者雇用安定法に対するQ＆Aにおいて、「継続雇用先をグループ会社にする場合、グループ会社の範囲であれば、例えば海外子会社など、遠隔地にある会社であっても、差し支えないでしょうか」の質問に対し、「グループ会社（特殊関係事業主）は、A5－1に示した範囲であれば、それがたとえ遠隔地にある会社であったとしても、そのことだけで高年齢者雇用確保措置義務違反になることはありません。グループ会社も含めた継続雇用制度で継続雇用する場合に、事業主が提示する継続雇用先については、自社で継続雇用する場合の労働条件と同様に、労働者の希望に合致した労働条件までは求められていませんが、法の趣旨を踏まえた合理的な裁量の範囲内のものであることが必要と考えられます[7]」と回答しています。

(3) 合理的な裁量の範囲内

それゆえ、海外子会社であっても「法の趣旨を踏まえた合理的な裁量の範囲内」ならば継続雇用先として差し支えないはずであり、それらを含む継続雇用制度を備えれば、高齢者雇用安定法上の義務を果たしたことになると考えられます。

(4) 合理的な裁量の範囲内と評価できない場合

もっとも、高齢者雇用安定法が「高年齢者が少なくとも年金受給開始年齢までは意欲と能力に応じて働き続けられる環境の整備を目的[8]」としていることからすると、単に形式的に継続雇用先を用意しても、実質的には高年齢者が働き続けることが困難であるような場合には、合理的な裁量の範囲外と評価されることがあるかもしれません。例えば、国内に支店・営業所や子会社等が何か所も存在するのに、海外勤務経験もない高年齢者に海外子会社ばか

---

7 厚生労働省「高年齢者雇用安定法Q＆A（高年齢者雇用確保措置関係）」のQ5-7、A5-7
8 厚生労働省「高年齢者雇用安定法の改正〜『継続雇用制度』の対象者を労使協定で限定できる仕組みの廃止〜」

りを継続雇用先として指定するような場合には、「合理的な裁量の範囲内」と評価することはできないと思われます。

「合理的な裁量の範囲内」がいかなるものか、明確な通達等が存在しない現状では、例えば、配転命令が権利濫用となる場合に関する最高裁の基準（①業務上の必要性がない場合、②他の不当な動機目的をもってなされた場合、③通常甘受すべき不利益の程度を著しく超える場合。東亜ペイント事件・最判昭和61.7.14労判477号6頁）が参考になるのではないかと思われます。

それゆえ、定年後社員が、継続雇用を断念することを企図して、継続雇用先を海外子会社ばかりとしたような場合には、当社は、法律上の義務を果たしていないとされる可能性があるように思われます。

4 海外子会社の閉鎖の場合

高年齢者を継続雇用した海外子会社が、その後、何らかの事情で閉鎖となった場合は、当社に再雇用の義務が生じるのでしょうか。事業主と特殊関係事業主との契約上の義務の内容、さらには特殊関係事業主が閉鎖された場合の取扱いは、法律にも上記Q＆Aにも明確な回答は記載されていません。

高年齢者を雇用するのは特殊関係事業主です。事業主は、自らと特殊関係事業主との間の契約上の履行義務を通じて、特殊関係事業主が高年齢者を雇用するよう要請できるにすぎません。また、適法な継続雇用制度さえ設けていれば、高年齢者と特殊関係事業主との間で継続雇用における労働条件の合意ができず、結果として高年齢者が継続雇用できなかった場合でも、事業主および特殊関係事業主は高齢者雇用安定法違反にはなりません。[9]高齢者雇用安定法における事業主の義務は、継続雇用制度の導入義務であり、個々の高年齢者の雇用義務ではないとされているのです。

以上からすると、高年齢者が海外子会社に継続雇用された以上、その後、たまたま発生した子会社の閉鎖という事情は、高年齢者が子会社との間の雇用契約を締結する際に潜在的に存在していたリスクが、顕在化しただけであり、子会社の閉鎖により雇用が終了しても、当社にはこれによって特段の義務を生じないものと考えられます。

（中田成徳）

---

9 前掲・注7Q＆AのQ5-4、A5-4

6-3

1年の有期契約を2度更新し、期間満了したAに国内のグループ総務子会社が求人中と当社が伝えるとAは応募し、1年の有期契約を2度更新後、子会社が期間満了1か月前に終了通知をすると、Aは当社に労働契約法18条の申込みをしました。有効ですか。

1 有期雇用契約期間の通算

(1) 立法趣旨

平成24年に改正された労働契約法18条の立法趣旨は、有期契約の濫用的利用の抑制と労働者の雇用の安定をはかることにあります。有期契約による雇用が一定の期間を超えた場合には、それを無期契約に転換させることによって、雇用を安定させようという労働政策の表われです。

(2) 法文

労働契約法18条1項は「同一の使用者との間で締結された2以上の有期労働契約（契約期間の始期の到来前のものを除く。以下この条において同じ。）の契約期間を通算した期間（次項において「通算契約期間」という。）が5年を超える労働者が、当該使用者に対し、現に締結している有期労働契約の契約期間が満了する日までの間に、当該満了する日の翌日から労務が提供される期間の定めのない労働契約の締結の申込みをしたときは、使用者は当該申込みを承諾したものとみなす。この場合において、当該申込みに係る期間の定めのない労働契約の内容である労働条件は、現に締結している有期労働契約の内容である労働条件（契約期間を除く。）と同一の労働条件（当該労働条件（契約期間を除く。）について別段の定めがある部分を除く。）とする。」と規定しています。本章では、すべての事案に、この改正法が適用されるものとして考えます。

Aは、当社勤務と子会社勤務とを通算すれば5年を超えているから、労働契約法18条1項により、当社との有期労働契約は期間の定めのない労働契約に転換されるとするようです。しかし、当社と子会社は、労働契約法18条1項のいう「同一の使用者」ではありません。また、当社と子会社では賃金体

系が異なり、Aの月収は異なります。通算などありうるのでしょうか。

2 「同一の使用者」とは

(1) 法人単位

「同一の使用者」について、厚生労働省の通達は「労働契約を締結する法律上の主体が同一であることをいうものであり、したがって、事業場単位ではなく、労働契約締結の法律上の主体が法人であれば法人単位で、個人事業主であれば当該個人事業主単位で判断されるものです」[10]としています。

また、学説でも、「『使用者』とは、労働契約法上、労働契約の当事者である雇用主を指し（同法2条2項）、事業場が異なる場合も含まれる。したがって、同一事業主のA支店で有期契約を締結して就労したのち、B支店で有期契約を締結した場合も、上記要件はみたされる」[11]とされています。

このように法人単位でとらえられるのですから、親会社と子会社の関係であっても、法人格が別個、労働契約締結の法律上の主体も別個なら、当然「同一の使用者」ではありません。

本問では、当社も総務子会社も、独立した法人であり、それぞれがAと労働契約を締結していますから、両社は「同一の使用者」には該当せず、雇用期間の通算はなく、Aの労働契約は契約期間満了により終了することになります。

(2) 法の潜脱は許されないこと

ただし、以下の点には注意が必要です。上記通達は引き続き、「使用者が、就業実態が変わらないにもかかわらず、法第18条第1項に基づき有期契約労働者が無期労働契約への転換を申し込むことができる権利（以下、「無期転換申込権」といいます。）の発生を免れる意図をもって、派遣形態や請負形態を偽装して、労働契約の当事者を形式的に他の使用者に切り替えた場合は、法を潜脱するものとして、同項の通算契約期間上の計算上「同一の使用者」との労働契約が継続していると解されるものです」[10]と述べています。

(3) 通達に対する批判

この「権利の発生を免れる意図」という主観的要素につき、まず、使用者

---

10 厚生労働省「労働契約法の施行について」（平成24.8.10基発0810第2号）第5、4(2)イ
11 荒木尚志＝菅野和夫＝山川隆一著『詳説 労働契約法〔第2版〕』（弘文堂、2014年）181頁

側から以下のような批判があります。

「施行通達の見解は、法文にはない『権利の発生を免れる意図』という要素を持ち出して、使用者の権利を狭めるものであり、疑問がある。また、こうした主観的なメルクマールを持ち出されることにより、疑心暗鬼に陥り、本来、認められるべき権利が妨げられるようなことがあってはならない[12]」

「この通達の問題点は、18条自体には『同一の使用者』としか書かれていないにもかかわらず、行政の通達で同一の使用者の範囲を拡大させている点にあります。18条の『同一の使用者』とは、権利能力を有する法人あるいは個人事業主ですが、これを別の法人まで拡大できるかどうかは法人格否認の法理等による法的な解釈問題であり、本来裁判所が個別具体的な事案に即して判断すべき事柄です。それにもかかわらず、行政が通達で確定的な解釈を述べ、しかも判例に沿った通達とはいえない点に大きな問題があります[13]」

他方、労働者側からも、

「『免れる意図』という主観的要素を直接認める事情は通常存しないので、具体的な事情からこれを推認するしかない。しかし、この立証責任を専ら労働者側に課されては、実際に『免れる意図』が認定されることが極めて困難となり、法の趣旨が実現されないことになるのであり、公平の観点から、立証責任が一方的に労働者側に課されることがないように訴訟指揮がなされねばならない[14]」

との指摘がされています。

(4) 主観的要素の認定

以上、主観的要素の不明確性については、使用者・労働者側から批判があるところですが、比較的明確な場合もあるでしょう。

例えば、当社における無期転換申込権の発生が近くなった時期に、当社で労働契約を更新せず、子会社との間で形式的に労働契約を締結したうえで、当社に長期出張させ、実態としては何ら変わらず従来の当社業務を継続して

---

[12] 藤原孝洋著「無期転換ルール（第18条）導入に伴う使用者側の留意点」（自由と正義65号（2014年）31頁）
[13] 座談会「労働契約法改正－施行通達を斬る」中山慈夫発言（経営法曹175号（2012年）9～10頁）
[14] 嶋崎量著「無期転換ルール（第18条）－労働者側の弁護士の立場から」（自由と正義65号（2014年）21～22頁）

担当させるといった場合には、権利の発生を免れる意図が認定される可能性が高いと思われます。実態が何ら変わらないのに、形式面だけを変えることによって労働契約法18条を免れる結果となっており、これらを総合的に見れば、主観的要素が認定されることになるでしょう。

しかし、当社で有期契約を終了し、子会社で有期契約を開始とひと口にいっても、事情や形態はさまざまでしょうし、従事する業務に変化もあるでしょう。どのような場合に主観的要素が認定されるのかは、今後の裁判例等の集積による明確化を待つよりほかありません。

仮に、本問において主観的要素が認定され、当社と子会社が同一の使用者とされれば、両社での契約期間は通算されます。

3　通算に適する契約内容の同一性

「同一の使用者」であるとされた場合でも、「2以上の有期労働契約」の内容がかなり違って、通算に適さない場合はないのでしょうか。

この点、学説は、「各有期労働契約の内容が異なっていた場合はどうか。『更新』という概念は、少なくとも一定程度の同一性を持った契約が改めて締結された場合を指すものともいえ、また、そのような意味での契約の継続性が存在する場合に本条による無期転換が求められると考えられるが、他方で、本条の文言上、契約内容が全く同一であることを求める必然性はないので、本条の適用は妨げられないものと考える。たとえば、パートタイマーにつき複数回の契約のたびに勤務時間や時給額が変動する場合であっても、本条は適用されよう」としています[15]。

本問の場合、当社と子会社とが使用する有期労働契約の雛形は、グループ内で統一されている可能性が高く、一定程度の同一性を有していると考えられます。賃金体系の違いからくる月収の違いも、上記からすれば、通算の妨げとはならないように思います。

4　無期転換申込権の申込先

通算された場合に、社員が無期転換申込権を行使できる先は、当社であるのかそれとも子会社であるのか、問題となります。労働契約法上は同一の使用者と認定されても、法人格は別個です。よしんば、社員が両社に申込みを

15　荒木＝菅野＝山川・前掲書183頁

したとしても、無期労働契約はどちらか一方に帰属させる必要があります。

この点、労働契約法は両社を同一視するわけですから、社員はその選択によりどちらにでも申込みできるとする見方もあるかもしれません。また、契約期間がより長い使用者が責任をとるべきだ、と考えることもできるでしょう。あるいは、何らかの事情で主たる所属先が認定できるような場合もあるかもしれません。

しかし、法文は、社員が「当該使用者に対し、現に締結している有期労働契約の契約期間が満了する日までの間に」申し込むことを想定していますから、申込先は現在の使用者と考えるのが自然です。つまり、本問では、Aが無期転換を申し込める先は、現在の使用者である子会社であって、当社ではないのであり、当社に承諾みなしは発生しないと解されます。

5　出向の場合の通算

期間通算に関するトラブルを防止するために付言すれば、Aを当社から総務サービス子会社に出向させて子会社業務に従事させること、そうでなくとも出向であるとの誤解をAに与えるようなことは、厳に避けるべきです。

出向とは、甲企業がその社員に対し、甲企業の社員の地位（労働契約関係）を保持したまま、乙企業の社員となって乙企業の業務に従事させる人事異動とされます[16]。乙企業で働いていても、甲企業との労働契約関係は存続し、二重の契約関係が発生します。

本問では、Aが子会社と有期労働契約を締結していても、当社からの出向であれば、当社との有期労働契約関係も残っており、これが更新されていると、とらえられてしまうでしょう。そうなれば、当社というまさに「同一の使用者」のもとで、更新によって2以上の有期労働契約が通算5年を超える事態が発生します。このような事態の発生は避けるべきですし、また、発生していると社員に誤解を抱かせるような言動も避けるべきです。

6　有期労働契約の更新

上記は労働契約法18条によって有期労働契約が無期転換されるかの議論ですが、同法19条によって有期労働契約が更新されるかの議論も忘れることはできません。

16　菅野和夫著『労働法〔第10版〕』（弘文堂、2012年）518頁

(1) **雇止め法理の法制化**

19条は、判例により確立した雇止め法理を法制化・明文化したものであるとされています。判例は、有期労働契約が、反復継続されて、実質的には無期契約と異ならない状態になっている場合、もしくは雇用継続に対する合理的期待を有するに至っている場合、または反復継続がなくとも社員が合理的期待を有している場合に着目していました。そのような場合、雇止め法理は、会社のする不更新（雇止め）に解雇権濫用法理を類推適用することにより、社員の合理的期待を法的に保護してきました。

(2) **法定更新**

19条は、そのような場合に、社員から労働契約の更新・締結の申込みがあれば、会社がこれを承諾したものとみなし、同一条件で有期労働契約が更新されることとして、法定更新を定めたのです。有期契約が18条により無期転換されない場合でも、雇用継続への合理的期待が認められて、19条によって更新されるという事態はありえます。

(3) **グループ内での反復継続**

雇用継続への合理的期待の存否は、更新の回数、合計期間、業務の臨時・恒常性、期待をもたせる会社側の言動等を総合考慮して判断されます。そして、企業グループ内を社員が転々とするような場合に、現在の会社における合理的期待を基礎づける一要素として、以前のグループ会社における有期契約の期間や更新回数が勘案され、合理的な期待の存在が肯定されることがありうることには、注意が必要です。

以前のグループ会社での業務経験を踏まえて、現在の会社が採用していることを考慮要素のひとつとして、現在の会社との間の更新に対する合理的期待を推認した裁判例があります（エヌ・ティ・ティ・コムチェオ事件・大阪地判平成23.9.29労判1038号27頁）。

(4) **本問の場合**

本問でも、主観的要素が認定されずに、子会社に18条による無期転換の効果は発生しない場合であっても、Aから子会社に更新申込みがなされれば、19条による承諾みなしの効果が発生する可能性は残るように思われます。

（中田成徳）

6-4

当社は1年契約を2度更新したアメリカ人Aの帰国希望で労働契約を期間満了で終了させ、求人中のアメリカ現地子会社が雇用しました。2年経過し現地子会社が成績不良で解雇を検討し始めると、Aは当社に労働契約法18条の申込みをしました。有効ですか。

　本問は、当社がアメリカ人Aを1年契約で雇用、2度更新し、3度目更新申入れの際、Aが家族に事情がありアメリカへ帰国したいと言うので労働契約を期間満了で終了させ、ちょうど求人中の当社のアメリカ現地子会社が雇用し、それから2年経過後、解雇が容易なアメリカの現地子会社は、成績が低いとしてAの解雇を検討開始したところ、Aが当社に労働契約法18条の申込みをしてきた、というものです。

1　出向ではないこと

　当社がAを出向させたのであれば、Aはアメリカ現地子会社で勤務していても、当社にも在籍し、当社との労働契約関係は存在し続けます。当社における従来の有期労働契約が更新を繰り返していると認定されてもおかしくありません。すると、Aは、日本での勤務3年間に加え、アメリカ出向中の2年間も、当社と有期労働契約を更新し続け、通算5年を超えるわけですから、労働契約法18条の適用を免れないでしょう。

　以下では、このような出向ではなく、当社はAとの契約関係を終了させ、アメリカ現地子会社はAを出向受入れではなく、外部からの採用として随意雇用契約（employment at will）の原則で雇用したものであり、Aにもこの旨は明確であったものとします。

2　有期労働契約期間の通算

　平成24年改正の労働契約法18条1項で、一定の有期労働契約に、無期転換申込権、承諾みなしが定められたこと、グループ内で複数の会社が関与するときにも同様の法的効果が発生しうることは、Q6-3を参照ください。本問では、Aの当社勤務にアメリカ現地子会社勤務を通算すれば5年を超えますが、

Q6-3との違いは、子会社の所在地が国内か、アメリカかです。

(1) **労働契約法の適用**

アメリカ現地子会社がAと結んだ随意雇用関係は、アメリカ法に基づくものであるはずで、日本法の適用はありません。Aはアメリカ現地子会社に労働契約法18条の申込みはできないというほかなさそうです。

ただ、家族の事情が好転すれば、当社に戻ることが予定されていた場合は、別に考える必要があるかもしれません。海外出向の場合に、海外赴任の前後を通じて、日本の解雇ルール等日本法が適用されることがままあります。当事者の黙示の合意による準拠法選択があったとみられたり、赴任前後の労務提供地である日本が再密接関係地とされたりするのです（Q1-1参照）。

本問は出向ではありませんが、いずれは本来の所属会社である当社に戻ることが予定された転籍であれば、出向と同様に、海外赴任の前後を通じて日本法適用が妥当と解されるでしょう。このような場合には、アメリカ現地子会社において随意雇用で勤務中も、労働契約法18条の適用を受け、国内子会社における有期労働契約と同様に（Q6-3）、通算の対象となりうるかもしれません。

(2) **「同一の使用者」について**

通算の対象となったとして、当社とアメリカ現地子会社とは別法人であり、原則としては同一の使用者ではないこと、しかし例外的に権利の発生を免れる意図が認定されれば、同一の使用者と認定されて、契約期間が通算される可能性があることは、Q6-3の事案と変わりません。

(3) **権利の発生を免れる意図**

そこで、まず、権利の発生を免れる意図について考えてみます。

本問では、当社での有期契約の終了も、アメリカ現地子会社での雇用開始も、アメリカに帰国したいというAの個人的な事情で生じたものです。しかも、労働法制度が全く異なるアメリカで随意雇用され、当社でしていた業務とは全く異なる業務を行うわけですから、権利の発生を免れる意図が認定される可能性は低いと考えられます。原則どおり、当社とアメリカ現地子会社は別々の使用者であり、通算はされません。

(4) 通算に適する契約内容の同一性

また、当社での有期労働契約と、アメリカ現地子会社での随意雇用関係とは、あまりに異質であり、通算に際し有期労働契約が全く同一である必要はないとしても（Q6-3）、通算には適しません。この点からも通算はなされないと解することができます。

以上のことから、本問でAは、当社に対してもアメリカ現地子会社に対しても、無期転換申込権はなく、いずれにも承諾みなしの効果は発生しないと考えられます。

3 有期労働契約の更新

(1) 労働契約法の適用

では、Aが労働契約法19条に基づく有期労働契約の更新申込みをする余地はあるでしょうか。Aが現在雇用されているのはアメリカ現地子会社ですが、当社への帰任予定があれば、上記労働契約法18条と同様に、アメリカ現地子会社における勤務中も日本法である労働契約法19条の適用が妥当とされそうです。

(2) 合理的な期待

この点、当社と密接な関係をもつアメリカ現地子会社で勤務し、さらに遡れば当社で勤務していたという経緯は、Aの当社ないしそのグループ内での雇用継続に対する合理的期待を基礎づける一要素となるかもしれません。しかし、アメリカ現地子会社においては解雇が容易な随意雇用契約であること、当社とは業務も大きく異なること等により、合理的期待発生の障害となる要素も多々あり、法的な保護に値する合理的な期待は認定されないと考えてよいと思料します。

もっとも、本問を離れて、現地子会社が英米法系の国以外にあり、そこで締結した労働契約が有期契約で、従事する業務も当社でかつて行っていたものと同じ等の事情が重なって、合理的な期待が認定されるような場合がないとは言い切れません。労働契約法は日本の雇用を安定化させるための政策立法であり、行政が今後政策の推進をどの程度強力に推し進めるかわかりません。また、裁判所もその必要性を認めると労働者を救済するための認定を躊躇しません。これらの点はまだ未知数ですが、会社の人材活用の多国籍化、行政の動向、裁判所の対応等を注視する必要があるといえるでしょう。

（市川佐知子）

6-5

アメリカ本社が随意雇用で3年雇用後、低成績で解雇したAを、子会社である当社が解雇と同時に招聘して1年の有期労働契約を2度更新し、3度目の更新はしないつもりが、Aが当社に労働契約法18条の申込みをしてきました。有効ですか。

　本問は、アメリカ本社が随意雇用（employment at will）で3年雇用後、低成績で解雇したアメリカ人について、子会社である当社が、あるポストに適任であると考え、解雇と同時にAを招聘して1年の有期労働契約を2度更新した、というものです。

1　expatriateではないこと

　まず、Aは、一定期間現地子会社に赴任していずれアメリカ本社に戻る、いわゆるエキスパット（expatriate）ではないものとします。

　アメリカ本社はAが低成績であるため随意雇用契約を終了しました。アメリカ本社にとっては低成績であっても、当社にはアメリカ人であること、アメリカ本社の業務を知っていることがなお魅力的であったため、Aをエキスパットとしてではなく、外部からの求職者として日本で現地採用し、有期労働契約を締結しました。Aにもこの旨は明確であったものとします。

　この関係で、当社が招聘するときの在留資格も、企業内転勤（Q3-1参照）ではないはずです。

2　有期雇用契約期間の通算

　平成24年に改正された労働契約法18条1項で、一定の有期労働契約に、無期転換申込権、承諾みなしが定められたこと、グループ内で複数の会社が関与するときにも同様の法的効果が発生しうることは、Q6-3を参照ください。本問では、Aのアメリカ本社勤務と当社勤務を通算すれば5年を超え、Q6-4と同種の問題が生じています。違いは、Q6-4の場合は日本からアメリカへ勤務の場が移ったのに対し、本問ではアメリカから日本へ移っている点です。

(1) **労働契約法の適用**

Q6-4では、帰任の予定がない限りは、Aがアメリカの会社と締結した随意雇用関係には、日本の労働契約法の適用はありませんでした。それでは、本問では、Aが当社と締結した有期労働契約には、何法が適用されるでしょうか。

準拠法選択のアプローチによれば（Q1-1）、労働契約は、まずは当事者間で合意した準拠法に準拠します。しかし、社員が再密接関係地法のうち強行規定の適用を会社に求めれば、会社はその適用を免れることはできません。労務提供地が日本であれば、日本法が再密接関係地法として推定されます。

本問で、当社とAとが、アメリカ本社所在地、例えばニューヨーク州法を有期労働契約の準拠法として選択したと仮定してみましょう。それでも、Aが労務提供地である日本の、労働契約法のうち強行規定である18条の適用を当社に求めれば、当社はこれを排除することはできません。当社とAとが、日本法を準拠法とする有期労働契約を締結していれば、もちろん労働契約法18条の適用があります。

そうなると、通算の問題が持ち上がり、日本における有期労働契約が発生する以前の、アメリカにおける随意雇用も、遡及的に通算対象とする必要が生じてきます。

(2) **「同一の使用者」について**

通算の対象とはなっても、アメリカ本社と当社とは別法人であり、原則としては同一の使用者ではないこと、しかし例外的に権利の発生を免れる意図が認定されれば、同一の使用者と認定されて、契約期間が通算される可能性があることは、Q6-3の場合と同じです。

(3) **権利の発生を免れる意図**

しかし、本問では、アメリカ本社に権利の発生を免れる意図などありません。アメリカ本社にとってAは解雇対象だったのであり、しかも解雇は容易でした。Aを引き続き雇用することにつき、希望も必要もなく、引き続き雇用することで発生する無期転換申込権を免れたいという意図もありませんでした。原則どおり、アメリカ本社と当社とは別々の使用者であり、通算はされません。

(4) 通算に適する契約内容の同一性

また、アメリカ本社での随意雇用と当社での有期労働契約とは、あまりに異質であり、通算に際し有期労働契約が全く同一である必要はないとしても（Q6-3）、通算には適しません。この点からも通算はなされないと解されます。

以上のことから、本問ではAに無期転換申込権はなく、当社に承諾みなしもないと考えられます。

3　有期労働契約の更新

Aが労働契約法19条に基づく有期労働契約の更新申込みをする余地はあるでしょうか。Aが、現在の使用者である当社に、労働契約法19条に基づく有期労働契約の更新の申込みをしてきた場合、当社と密接な関係をもつアメリカ本社で勤務し、その経験を買われて当社で勤務することとなったことが、当社での雇用が継続するだろうという合理的期待を基礎づける一要素となるかもしれません。しかし、アメリカ本社においては解雇が容易な随意雇用であったこと、当社とは業務も大きく異なっていたこと等により、合理的期待発生の障害となる要素も多々あるのであり、法的保護に値する合理的な期待は認定されないと考えてよいでしょう。

もっとも、本問を離れれば、合理的な期待が認定される場合もありうることは、Q6-4を参照ください。

（市川佐知子）

6-6

当社は、アメリカ人Aと高額年俸で1年の有期労働契約を締結し、更新しつつ5年のプロジェクトに参加させる予定ですが、労働契約法18条による無期転換を危惧しています。Aからの、無期転換申込権を事前放棄する提案を受け入れてよいですか。

　本問は、プロジェクトが長引き、労働契約法18条により無期転換すれば、高額年俸を定年まで支払うことになると心配し、Aの採用自体を逡巡しているところに、Aから、無期転換申込権を事前に放棄する提案がなされたというものです。

1　無期転換申込権の放棄は公序良俗違反であるとの議論

(1)　通達

　厚生労働省の通達は「無期転換申込権が発生する有期労働契約の締結以前に、無期転換申込権を行使しないことを更新の条件とする等有期契約労働者にあらかじめ無期転換申込権を放棄させることを認めることは、雇止めによって雇用を失うことを恐れる労働者に対して、使用者が無期転換申込権の放棄を強要する状況を招きかねず、法第18条の趣旨を没却するものであり、こうした有期契約労働者の意思表示は、公序良俗に反し、無効と解されるものであること[17]」とします。

(2)　学説

　これに対し、学説では、無期転換申込権の事前放棄につき、原則は無効としつつも例外的に有効となる場合があることを認める見解が、有力に主張されています。例えば、「使用者と労働者の合意により予め放棄させることができるかどうかが問題となる。この点については、労働契約法には明文の定めが置かれていないが、更新がなされるかどうか不安定な状況のもとで労働者が交渉上特に不利な立場に立つことへの対応としての意味をもつ同法18条の趣旨からして、事前の放棄の合意は、原則として、公序違反と評価され無

17　厚生労働省・前掲注10の第5、4(2)オ

効となる(民法90条)と考えられる。ただし、民法90条の公序違反の法律行為は無効という規定は個々の事実関係に応じた判断を伴うものであることからすれば、労働契約法18条の趣旨を損ねないとみられる特段の合理的な事情があるために公序違反とは評価されない場合もあるように思われる。たとえば、高額の報酬で任期を限って雇用される企業内弁護士やそれと同等の高度専門職につき、5年を超える更新をする場合でも無期転換申込をしないことを事前に合意しておく場合などが、これに該当する可能性があろう」[18]との見解が参考になります。[19]

　もっとも、この見解も自由意思の認定は慎重になされるべきであるとしています。すなわち、「このように事前放棄が公序違反しないと評価されうる場合であっても、それが労働者の自由意思に基づくものであることの認定に慎重を要することは、事後放棄に関して述べるとおりである。企業内弁護士や高度専門職の事例でも、報酬の額や任務の性格などが考慮されることとなろう」としているのです。

　この見解によるならば、本問で高額年俸を受け取るAが、当社との間で無期転換申込権放棄の事前合意をした場合、この合意が公序良俗違反とならずに有効と認められる可能性は十分あるように思われます。

2　労働契約法改正の趣旨

　上記のことを労働契約法改正の趣旨という別観点から分析してみます。

(1)　条文の文言

　労働契約法18条1項が対象とする労働者は、通算5年を超える有期労働契約を締結した者すべてです。例えば年収300万円の単純労働に従事する典型的な非正規雇用労働者も、年収3000万円超の専門業務に従事する者も、有期契約労働者として等しく同条項の対象とされます。

(2)　改正の目的

　しかし、労働契約法改正の目的からして、これが妥当かという疑問があります。厚生労働省の労働契約法改正に関するリーフレットでは、「有期労働契約は、パート労働、派遣労働をはじめ、いわゆる正社員以外の労働形態に

18　荒木=菅野=山川・前掲書190頁
19　同旨、菅野・前掲書225頁

多く見られる労働契約の形式です。有期労働契約で働く人は全国で約1,200万人と推計されます。有期労働契約で働く人の約3割が、通算5年を超えて有期労働契約を反復更新している実態にあり、その下で生じる雇止めの不安の解消が課題となっています。また、有期労働契約であることを理由として不合理な労働条件が定められることのないようにしていく必要もあります。労働契約法の改正は、こうした問題に対処し、働く人が安心して働き続けることができる社会を実現するためのものです」[20]と述べています。平成24年の労働契約法改正は、いわゆる非正規労働者としての有期社員の保護を目的とするものなのです。

ここで想定される有期社員の概念は明確化されていませんが、本問のAのような高額年棒の社員は想定されていないことは明らかと思われます。

法改正の目的からしても、本問のAには、無期転換申込権の事前放棄が認められる可能性が十分あるように思われます。

3 専門的知識等を有する有期雇用労働者等に関する特別措置法案

なお、平成26年通常国会には、「一定の期間内に完了する業務に従事する高収入かつ高度な専門的知識、技術または経験を有する有期契約労働者については、企業内の期間限定プロジェクトが完了するまでの期間は無期転換申込権が発生しないこと（上限は10年）」とする、無期転換ルールについての特例法案[21]が上程され継続審議となりましたが、次の臨時国会で成立し、平成27年4月1日からの施行が予定されています。

（中田成徳）

20　厚生労働省「労働契約法改正のポイント」2012年11月
21　専門的知識等を有する有期雇用労働者等に関する特別措置法案

コラム

人事のアウトソーシング

IMS Japan取締役バイスプレジデント本社スタッフ部門担当
城野和也

　人事業務が大量になると、中国などのオフショアに人事関連のシェアードサービスセンターを設立して、グループ全体の人事業務を効率化したいという要求が出てきます。このような局面に立った場合、どのような点に注意すべきか、私の経験からお話ししましょう。

　よく言われることですが、中国の場合には、以下の3つのリスクがあります。

① カントリーリスクとしては、進出先の地方法規、会社法、税制・移転価格税制、労働・社会保障制度、会計制度、為替、インフラ（電力、通信、交通）問題などのリスク

② セキュリティリスクとしては、抗日活動を含む治安、感染症、知財を含む情報漏洩（ネット書き込み、持ち出し、販売）などのリスク

③ オペレーションリスクとしては、品質管理、人材確保（特にリーダーや管理職）、賃金上昇、労務問題、従業員の意識（個人主義、面子、権利意識など）、人材流出などのリスク

　ここで、特に注意していただきたいのが、オペレーションリスクのうちでも、日本企業の人事管理・人事制度が中国人に受け入れられるかという部分です。アメリカなどの人事制度や人事管理は、中国人にも比較的円滑に受け入れられます。これは、transparency/fairness/commitmentという視点から、ルールが明確であり、多様性が尊重され、仕事と業績による処遇が徹底されている点にあります。一方で終身雇用を前提として作り上げられた日本の人事管理や人事制度は、そのような終身雇用の概念のない中国では、理解が難しく、特に処遇やキャリアに関しては不透明と受け取られ、退職の増大や労使関係の悪化につながり、本業への影響も無視できない事態となる場合もあります。このオペレーションリスクを減らすために、日本の人事管理や人事制度をそのまま導入するのではなく、中国の文化や労働慣行に即したものに調整し、継続的に改善していくことをトップ自ら本気で行う努力が不可欠です。

　次にオフショア化を成功させるためには、プロジェクト責任者の強力なリーダーシップ、対象業務の見極め、業務の標準化、KPI（key performance indicator）の設定と適正管理、業務効率化、品質向上および顧客（日本本社を指します）満

足度の改善への継続的な取組みなどが成功要因となります。また、その大前提として、中国シェアードサービス子会社と日本本社との良好なパートナーシップが必要です。遠隔地間でやりとりするのですから、委託側・受託側双方に創意工夫と協力が求められるのです。KPIは、サービス提供にかかわる業務品質基準で、「客観的」「測定可能」「管理可能」なものから項目を抽出し、計数管理による業務品質の可視化を行い、継続的な業務改善につなげていきます。KPIの例としては、処理時間、許容時間、エラー率、修正発生率、納期遵守率などがあり、目標値と許容値を設定し、それぞれの実績値や対前月比を見ながらモニタリングを行います。同時に目標値に届かないKPIは、要因を分析して原因の特定や改善策の立案・実施をはかり、品質改善を行い、目標値を達成するようにします。これら一連のサイクルを推進・定着させるためには、中国人社員に品質教育や改善活動を行うだけでなく、業績評価に連動させたり、表彰の仕組みを整備していくことも大変重要です。また、すべてのKPIをまとめて合意書という形にしたのが、SLA（service level agreement）ですが、オフショアにおける業務品質を担保するためには、可能な限り、締結されることをお勧めします。

　さらに実務的な点ですが、グループ会社の業務を集中処理するため、ワークロードの最適化と担当者個々人の多能工化が求められます。つまり、給与や社会保険業務は各社ともほぼ作業日程が重複するわけですが、そのピークに合わせて人材を社員で確保するのではなく、ピーク時の作業を派遣社員や契約社員などのフレキシブルワーカーで対応ができるように、綿密な生産管理と処理プロセスの標準化、機械化などによる生産性の向上が必要になります。他方で、安価な人手に頼る方法での受託は、すぐに品質や納期の問題が発生してきますので、海外からの大量の業務を処理する手順やそれを処理する最適なソフトウェアを構築し、担当者個々人にそれを駆使する技術、スキル、ノウハウを早期に備えさせる必要があります。

　以上を考慮すると、まず国内でそのような仕組みを構築し、試行のうえ、その経験を活かしてオフショアにもっていくことが順当です。もしすでにシェアードサービス子会社が国内にある場合には、難易度の低い仕事から少しずつ中国へ移管して試行錯誤を繰り返し、経験・ノウハウを蓄積して、段階的に難易度の高い業務を移管するようにしていけば、リスクは相当程度減少すると思います。

　最後に、現在これらの業務を担当している国内にいる社員の出口問題です。オフショアに業務を移管し、安定稼働に入った段階で社員の業務変更や再配置などの余剰人員対策が必要となります。この時点で慌てないように計画段階からどの

ような対処を行うか本人の希望、能力、経験、業績などを総合的に勘案して打つ手を幾つか用意します。また、改革の必要性や危機感を出口問題の対象となる社員が十分に納得するようきめ細かいコミュニケーションが不可欠です。余剰人員対策として一般的には、部門内の退職者の不補充、派遣や業務委託を行っている業務を余剰社員に担当させる、より高度な付加価値の高い業務のアサイン、採用の抑制などですが、早期退職プログラムなど、社外での就業機会も対策に組み入れることが必要な状況もあります。弁護士を交えて法律に沿った形で円滑な対応ができるように準備することが不可欠です。対応いかんでは、現場の社員が抵抗勢力になる可能性もあり、円滑にプロジェクトが進まないリスクもあります。さらに、他部門で将来的に同様の事態が起こりえる可能性がある社員も注視していますので会社が不適切な対応をとった場合には、その後にも大きな影響を与えることになります。

7章
人事を全世界的に統一する

7-1

当社は、事業の海外展開を意図しています。人事政策や人事業務等をどのように変化・進化させるべきですか。グローバル企業におけるそれらの取組みには、どのような特色・特徴がみられるのでしょうか。

1 グローバル経営への進化

　日本企業に限らず、企業が成長を実現していくためには、事業（研究開発、製造、および販売）の展開を一つの国にとどめずにできる限り多くの国・地域に拡大させることをめざします。より優秀な人材を獲得して研究開発の質を高め、より費用の低い地域で生産を行い、より大きな市場で販売を増やすことで、競争力を高め成長を維持加速することを経営の目標とします。

　そして、企業は成長に応じて経営のあり方を変化させていきます。事業をスタートさせた国で成長し、その製品やサービスを自国以外の国・地域に輸出するようになることで、いわゆるグローバル化の第1段階である「国際的企業」となります。

　次に、製品やサービスの輸出から、輸出先市場のニーズに応じた最適な販売・マーケティング等の実現といった現地化を進めるため、主要な国・地域に現地法人（海外子会社）を設立していきます。第2段階としての「多国籍企業」経営へ進化するのです。

図表7-1　グローバル経営進化

国際的企業
International

多国籍企業
Multinational

グローバル統合企業
Globally Integrated

20世紀　→　21世紀

ところが、このような経営形態は、各国(地域)での経営手法、業務プロセスや処理基準等々がバラバラとなりかねず、物的・人的資源や業務遂行において不統一や重複等の弊害が生ずるようになります。本社が海外子会社を効率的に統治・コントロールできない状態となるなどです。そこで、本社と海外子会社からなる企業集団全体を、あたかも一つの企業体のようにとらえ直し、経営手法、ブランド、業務プロセス、さらには人材要件等を統一化あるいは標準化し、業務そのものを有機的に集約・統合していきます。これが、第3段階としての「世界的に統合化された企業」経営であり、世界的に共通の経営理念や方向性あるいは行動基準を明確化して、人材のグローバル化を実現させることによって、合理的でスピード感のある、統一性のとれたグローバル経営をめざす取組みです。

2　世界的に統合化された企業におけるガバナンスとは

　現在の経営環境の特徴である、情報や市場のグローバル化、経営スピードの加速化等に対応しうるためには、海外における現地子会社等が自己完結的に個別最適をはかり、バラバラに経営していくのでは、十分ではありません。これに対しては、地域統括会社に経営や戦略の決定と遂行を任せれば必要十分ではないか、との意見もありうるでしょう。現に「世界的に統合化された企業」においても、地域統括会社による管理は行われています。ただし、地域統括会社レベルで経営を完結させてしまうのではなく、あくまでグローバル規模での全体最適を最終目標とし、地域統括会社の役割もその観点から定義しています。例えば、「地域」に拠った統括といった性格づけから「市場の特性」(成熟市場か成長市場か等)に応じた統括へと変化させて、地球規模に統合化・最適化された経営に寄与させる、という経営手法をとっているのです。

　さらに、「世界的に統合化された企業」においては、このような地域(または市場)統括会社による管理自体も重複・無駄であるとして廃止する方向へと進化しています。本社と海外子会社・関係会社をシームレスな一つの集合体として、本社から直接の指示を浸透させ、一つのフレームワークで経営が行われることをめざす状態になりつつあります。地球上の一つのプラットフォームにおいて、一つの企業体として経営する形態であり、投資や業務標

準の決定、業務の集約化なども、そういった観点からなされていくのです。

これに対し、多くの日本企業においては、地域統括会社による自己完結的な経営管理を分散させているといった傾向がみられます。地域統括会社に対してさらに一歩踏み込んだグローバルな観点からの統治・経営を回避している（あるいはその達成に壁を感じている）ようにもみえます。

この差は、非常に大きいものといえます。グローバル規模での、統一化されスピード感のある経営判断、戦略の浸透と実現、業務効率の向上等々の面において、競争力の格差拡大の原因となりかねません。

3　世界的に統合化された経営における人事政策や人事業務のあり方

前述のとおり、世界的に統合化された経営とは、グローバルレベルで統一され、かつ、全体最適を実現する経営をいいますが、いわゆる人事政策や業務においては、どのような方向性や特徴がみられるのでしょうか。

まず、人事政策や業務を、コア、すなわち付加価値の高いものと、ノンコアとして付加価値の低いものに分化し、コア業務には人材や戦略上の投資を高め、ノンコア業務は標準化と集約化（さらにはアウトソーシング）を推進して効率性を追求していく、といった切り分けが明確です。付加価値の高いコア業務とは、人事戦略（リーダー育成、グローバル人事、ダイバーシティ等）や人材開発（人材要件、人事評価、人事施策等）といったいわゆる戦略的な政策および業務であり、付加価値が相対的に低いノンコア業務としては、人事管理（入社・退職事務、人事情報管理、勤怠管理、従業員問合わせ等）や給与・福利厚生（賃金・賞与計算および支払、社保業務、福利厚生運用等）のいわゆる事務手続的業務があります。前者に人材と資金等を投入して組織および人材を活性化して競争力を高め、後者については、手続や運用基準等を極限までグローバル規模で統一化（標準化）し、かつ、重複を解消（集約化）することによって、効率化を追求するのです。

そして、付加価値の高い戦略的人事政策・業務と付加価値の低い事務手続的業務との間には、有機的な関係が存在します。すなわち、人事戦略や人材開発の方針や戦略等がグローバルレベルで決定されれば（決定されて初めて）、それに適合する事務手続的業務の内容も標準化でき、集約化できることになります。

（名取勝也）

7-2

当社はアメリカ、ヨーロッパ、アジア等に、販売または製造のための子会社を置いていますが、人事業務の手続（プロセス）等に相違がみられます。グローバル経営の観点から、人事業務のあり方をどのようにしていくべきですか。

1　手続的人事業務の標準化

　Q7-1において述べたように、世界的に統合化された企業における人事業務のうち、事務手続的業務は相対的に付加価値が低い業務として位置づけられ、可能な限り標準化が進められます。その業務領域においては、個別にさまざまな業務遂行・業務処理を行うメリットよりは、標準化され省力化される（一部は人事スタッフではなく申請社員自らが処理できるように自動化される）ことにより効率性を実現するメリットのほうが大きいとの経営判断に基づきます。

　そして、このような手続的人事業務の標準化は、既存の異なる複数の業務の最大公約数を求めるのではなく、各プロセスにとって最適・最良と考えられる、あるべき姿（to be）をデザインすることが必要です。現状の複数の手続を分析し、世界的に統合化された企業としてどのようなプロセスとするのが最適なのかを追求するのです。それにより既存の業務に合わせたプロセスとするのではなく、あるべきプロセスに業務を適合させていくことにより、効率的で誤謬の少ない業務となっていくのです。

　図表7-2は、標準化のステップの一例です。

図表7-2　プロセス標準化ステップ

出典：IBM Corporation, 2012

このような、比較的付加価値の低い手続的な人事業務を標準化する際のポイントは、社員によるセルフサービス化をいかに推進できるか、ということです。社内ウェブシステム化が促進しうる現在において、業務の流れ（ワークフロー）を明確化し、かつ、それをできる限りウェブ上で進めることを可能にすることによって、情報のインプットや申請、内容確認、承認・不承認、差戻し、完了といったプロセスが最初から最後まで可能な限り自動化されることが鍵となります。言い換えれば、手続全体の属人化の余地をできるだけ少なくすることで、どの企業体や組織においても同じプロセスが進められ、不整合や不統一を少なくできるとともに、人事部門の負担を低減（より付加価値の高い業務にリソースを投入）できるのです。

2　手続的業務の集約化

　上記のように標準化された手続的業務は、必ずしも個々の企業体において処理される必要性は低くなります。共通化された業務プロセスとなっていますから、可能な限り集約化して少ない拠点で処理されることが可能となり、そうすることのメリットが生じます。そのメリットとは、コストの高い地域での人的費用や空間費用をかけずに、それらが低い地域に業務を移管させることによる効率化です。また、時差を利用して、ある地域にとっては夜間中でも別の地域では昼間の時間帯に業務処理をすることも可能となりうるでしょう。

　例えば、日本子会社の人事・営業支援・経理等の業務を、日本語が堪能なスタッフがいて、かつ人的・場所的コストが低い地域である中国やフィリピン等に、あるいは英語圏での子会社のそれら業務をインド等に移管したりすること等は、世界的に統合化された企業においてはすでに実施されているばかりでなく、こういった標準化と集約化によるトランスフォーメーション（業務変革）を実現していくソリューションを、他社に提供するサービスを事業として行っています。

　図表7-3は、このような業務集約化のイメージです。

3　手続的業務の標準化と集約化により実現するトランスフォーメーション

　このように、付加価値の低い手続的業務においては、柔軟性や創造性よりは、本来もっとも効率的で効果的な手続のあるべき姿をデザインし、それを

図表7-3　業務集約化（IBM Corporationの例）

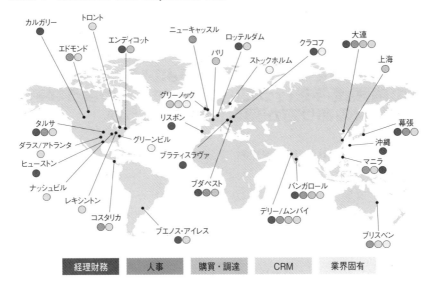

プロセスとして明確化し、かつ、企業集団全体に適用させるといった標準化により、費用低減のみに限られない、いわゆる業務の変革、すなわちトランスフォーメーションを実現しうる契機となります。

　この発想は、あるべきプロセスやシステムに業務を適合させていく、ということであり、それにより業務の効率性や統一性が推進されることになります。

　日本の企業は、ともすると現場優先あるいは個々人の裁量や工夫等を尊重してきたと思われますが、手続的業務に関しては、どの会社の誰が処理しても同じ流れ（ワークフロー）となり、結果（アウトプット）も同じとなることのほうが効率的であり、不整合を回避できます。

　さらに、標準化された業務を集約化することで、世界的に統合化された企業としての経営を加速させ、グローバルレベルでの競争力を向上させることが可能となり、その意味でもトランスフォーメーションが実現されていくのです。

（名取勝也）

7-3

グローバル経営の観点から、現地子会社の経営や労務管理等において、当社から経営者や人事・労務の責任者を派遣したほうがよいのか、ローカルへの権限授与を行っていくべきか、どのような考え方や運営のあり方が望ましいでしょうか。

1　グローバル企業における取組み

　Q7-1およびQ7-2において述べたように、グローバル規模で統合化された（統合化しようとしている）企業においては、子会社を含む企業集団が一つの企業体としての経営を志向しています。それは、戦略や業務の標準化（さらには集約化）と意思決定や経営情報の浸透化を意味します。それらを組織的に支えるのが指揮命令系統（いわゆるreporting line）とマネジメントシステムの明確化、およびそれらの厳格な運用です。

　グローバル企業の特徴のひとつとして、トップダウン的な経営があります。上司（manager）の任務は意思決定であり、それを部下に従わせる手段がreporting lineです。上司は誰に指揮命令権を有し、部下は誰の指揮命令に従うのかが明確にされた組織運営がはかられます。それにより、経営の意思決定（戦略）が統制を保ちながら組織内、さらには企業グループ全体に伝達され浸透されます。

　また、上司が適切な経営上の決定を行えるためには、事業や市場の状況、部下やチームの考え方や提案等を、漏れなくかつ正確に、しかもタイムリーに把握することが必要となります。そのための状況把握と情報収集のためのプロセスや仕組みをマネジメントシステムといい、グローバル企業におけるmanagerの役割は、効率的で効果的なマネジメントシステムを構築し、運用することであるといえます。

　このようなreporting lineを構築し、マネジメントシステムを機能させて、事業におけるヒト、カネ、モノの局面、すなわち人事、財務、事業・営業に関して、統一的な観点から経営をするためには、そのような経営ができる人

材を配置することが必要となります。企業のグローバル経営方針を体現できる人材です。

中でも企業グループの経営の状況を客観的かつ具体的に把握するためには、カネすなわち財務経理を掌握することが必要であり有効です。グローバル企業が各子会社の財務部門のトップ（CFO）に、幹部社員としての人材を本社から送り込むのはそのためでしょう。

さらに、経営のグローバル化に対応できる人材の開発や発掘を実現する必要が高まっている現在においては、人事部門に関しても同様の動きとなりつつあります。

2　本社人材のメリットとデメリット

上記のように本社から派遣（法的には後述のように出向）される人材（いわゆるエキスパット）による経営や管理は、グローバル経営の戦略や方向性の確保および結果の実現に寄与する即戦力となりえます。また、本社経営の中枢にとっては、それらエキスパットとは共通言語（主に英語）でのコミュニケーションが容易であるため、子会社の状況把握に困難を伴わず、子会社にとっても課題や要望等を本社に効果的に伝達してもらえるといったメリットがあります。さらには、将来本社または子会社の経営幹部となりうる人材に異文化を経験させたり、経営再建や成長の加速化を託したりすることで、実践的に育成する（あるいは選抜する）ことを可能とします。

反面で、グローバルに統合化された経営が究極にまで実現される過程においては、子会社の経営陣や社員たちとエキスパットたちとの言語、文化・風習、価値観・考え方、ものごとの進め方等々の多くの面において、衝突、意見の相違、意思疎通の欠落、誤解等々が生じたり、さらには顧客や取引先との間においても同様の問題が生ずることがあります。本社主導とローカルの自律や独自性尊重とのバランスの問題です。

エキスパットに求められることは、派遣された国・地域における仕組み、文化、慣習、市場の状況等のさまざまな要素を分析し、グローバル企業が提供する新しい価値やソリューション、推進するビジネスの進め方等が、どのようにしたらローカルの社員に正しく理解され、その結果彼らがその国・地域の顧客や市場に効果的に提供・浸透させることができるようになるのかを

考えて、有効なアクションをとることでありましょう。

3　エキスパットから現地人材へ

　一般的に、エキスパットの法的位置づけは、親子会社間（または子会社間）の国際的な出向です（ただし、エキスパットが期間経過後に出向元に戻る際、出向前のポジションまたは新たなポジションを確保されているとは限らないのが現状のようです）。

　いわゆる出向の要件である出向先への経営・技術指導はエキスパットの役割でもあります。一定期間内に、出向先現地経営者や幹部社員に、グローバルに統合化された経営の考え方や方法などを教え込み、そのための能力開発を支援（いわゆるスキルトランスファー）することがエキスパットの使命です。

　このように、グローバル経営に寄与できる人材をローカルにおいて発掘・育成することをエキスパットの役割と明確に定めて職務を遂行させることにより、ローカルの経営を現地の経営者に引き継ぎながら、グローバルに統合化された経営へと進化する妨げとならないことが可能となります。

　他の方法としては、ローカルの経営者およびその候補を本社に一定期間駐在させ、グローバル経営に関する本社の考え方や経営の手法を理解させて各国に戻すといったことも考えられるでしょう。

4　本社対子会社からグローバル人材配置へ

　上記は、各現地子会社の経営を本社主導とするかローカルの自主性を認めるかといった視点での考察ですが、それは検討すべき（あるいは克服すべき）課題のひとつにすぎないともいえます。

　グローバルに統合化された経営が進化すればするほど、人材のグローバル化が促進され、例えばアメリカに本社がある企業がドイツ人に日本子会社の社長として経営をさせたり、日本人にアジア太平洋地域の統括会社のトップとして経営にあたらせる、といったことは十分にありうることとなります。

　その意味で本社対ローカルといった構図ではなく、国籍や民族にとらわれない人材配置、グローバルレベルでの適材適所がはかられていくべきと考えられます。そして、これを実現し推進させるためには、グローバル共通の人材要件を明確化し、客観的で公平な人事評価を行って人材を発掘し、能力開発のための教育を提供していくことが重要となるのです。　　　（名取勝也）

7-4

当社は、現地の会社の買収統合により海外での事業展開を進めていますが、グローバル経営の観点から、人事政策（人材要件、業績評価、昇進等）やコンプライアンス等は、どのような方針、内容とすべきですか。その場合の注意点等は？

1　グローバル人材要件

　現地の会社を買収統合し、子会社化して、海外での事業展開や生産等を行う場合、各海外子会社の歴史も異なり、100％子会社もあれば現地企業との合弁形態の会社もあるため、人材の質にばらつきがあり、社員の価値観や判断・行動の基準もさまざまです。

　Q7-1、Q7-2において述べたとおり、世界的に統合化された（およびそれをめざす）企業においては、人事業務を付加価値の高い戦略的業務とそれが低い手続的業務とに区分し、前者に経営資源を投入し、後者については標準化と集約化を進めて効率化を追求しています。

　付加価値の高い戦略的人事業務の中でも最重要なものが、いわゆる人材管理（talent management）とされており、優秀な人材をどう見出し、どう配置展開させるか、さらにそれをグローバルに実現するためにはどのように基準を明確化・客観化していくかといったことを内容とします。

　このようなグローバルレベルでの人材の発掘と戦略的な配置展開の基準となるものが、グローバル人材要件ですが、グローバル企業の中には、以下の2つをその要素としているところがあります。

　一つは、各職種における能力（capability）を、成長・習熟等の観点からレベル（等級）に応じて規定することです。

　もう一つは、成果につながる行動特性（competency）、すなわち会社を特別な存在にするもの（その会社としてのあるべき姿や行動において何がどのように特別であり、そこに属する者としてどうあるべきか、といったこと）を明確にすることです。職種にかかわりなく（全職種に共通して）求められる特性を明確化し、

かつ、レベルに応じて規定します。

グローバル人材要件を構成する上記2つの要素の特徴は、能力の高さ（成長の度合い）と適合性といった点に重点が置かれていることですが、これは言い換えれば年齢や社歴等の年功にかかわらないことを意味します。

この人材要件を世界中の子会社社員に適用して、全員がcapabilityとcompetencyのどのレベルにあるのかを明確化することにより、人材評価や配置がグローバルレベルで行われることを可能にします。

2　グローバル行動指針

前述のように、世界的に統合化された企業は、経営戦略、意思決定と情報伝達、会計処理基準、さまざまな業務プロセス、および人事戦略（人材要件、配置など）等々において、グローバルレベルで一つの企業体として経営することを志向します。企業グループはもちろん、そこに所属するすべての者が、経営に関して同じ価値観や考え方を共有することをめざすものです。

このように経営のあらゆる局面においてグローバルに一つの企業体として判断し行動していく以上は、本社のみならずグループのすべての企業ならびにそれらに在籍する役員・社員の全員が同じ判断と行動をとれるような仕組みを構築することが必要となり、そのためのツールがグローバル行動指針です。言い換えれば、企業の理念（ミッション）、価値観（バリュー）、方向性（ビジョン）を明確に定めて、そこで働く人たちには、民族、文化、宗教、風習、さらには社会制度等の差異を超えて、同じ判断と行動をとるよう求めることを可能とするために、グローバルに共通の、統一化された行動基準を明確にして、その遵守を求めるのです。

グローバル行動指針は、最高水準（highest standard）を採用することが多いものです。国や地域によって法令や企業倫理等に違いがある場合には、求められるもっとも厳しい（高い）基準に従う、といった方針・考え方です。ある国や地域の法令等で許されていることが他の国・地域で禁じられている場合、個別にそれぞれの法令に合わせるという考え方もありえますが、それではグローバルに統合化された一つの企業としての判断や行動とはなりえないことに加え、個々人の判断においても誤解や不明確さが生じかねません。グローバルに人材を配置展開する場合にはなおさらです。さらにいえば、もっ

とも厳しい法令上の要求よりもさらに厳しい（高い）基準を設定して、もっとも高い倫理的な判断・行動を求めることもありえます。法令上は許されていてもなお許容しない、といったことであり、例えばFCPA（アメリカの海外腐敗行為防止法；Foreign Corrupt Practice Act）において許容されている、手続の円滑化をはかるための海外公務員への少額の金品の提供（いわゆるファシリテーションペイメント）さえも許容しない、とすることなどが、その一例です（Q8-5参照）。

　グローバル行動指針の運用に関して問題となるのは、文化、風習、宗教上のルールとの対立です。例えば、性別や民族等を理由とした差別をしないといった行動基準は、男性優位の文化や教義の国・地域においても厳格に適用されるべきか、といった問題です。その企業の理念や価値観等が一切の不合理な性差別を否定するというものであれば、そこに働く人が誰であってもその原則には従ってもらう、それができない（それと相容れない宗教や文化を優先する）者はその企業にいてもらわなくてよい（いるべきではない）、といった姿勢を維持することになるのでしょう（現にそのような方針を堅持するグローバル企業は存在します）。

　グローバル行動指針は、具体的で詳細であることが多いようです。その企業で仕事をする際に生じうるさまざまな局面や関係（対会社、同僚間、上司と部下、競合会社、国・政府・社会、取引先等々）のそれぞれにおいて求められる判断と行動の指針をわかりやすく明示することで初めて、すべての役員・社員たちが正しい判断と行動を行うことが可能になります。また、同一の内容を各国の言語に翻訳し、より多くの人たちの正しい理解を支援することが必要となります。

　さらに、顧客、納入業者、下請等の、いわゆるサプライチェーンにある企業や個人に対しても、グローバル行動指針の全部または関連する部分を適用し、それらの者に遵守を同意してもらうことを行っているグローバル企業もあります。あるいは、例えば官公庁や医療従事者を顧客とする取引に関しては、特別な重要法令（FCPA、UK Bribery Act、Sunshine Act、独禁法等）遵守に対応するために、より具体的で適合的な行動指針を定めることもあります。

3　グローバルコンプライアンス

　グローバル企業におけるコンプライアンスとは、そこに属する全世界の役員・社員たちがグローバル行動指針を理解し遵守することを可能とし、かつ、同指針に反する行動を探知して除去することによって、企業の継続的な存在と成長を実現していく取組みと仕組みをいいます。

　グローバル行動指針の内容は市場の状況や規制環境の変化等に対応する必要があり、そのアップデートは重要な作業となります。近時においては企業内ウェブサイトに最新の行動指針を掲示し、年に一度全役員・社員にその遵守を求めるプロセスがとられることが多くなっています。さらに、行動指針や重要法令等の理解を高めるための教育プログラムをつくり、ウェブを通じ、または教室スタイルで提供したり、理解度を確認するためのテスト等を実施することも行われています。

　また、コンプライアンスリスク（法令や企業倫理違反）は地域・国により差異があるため、それぞれに担当のコンプライアンスオフィサーが適切な予防もしくは排除措置を講じたうえで、その情報はグローバルレベルでコンプライアンス部門内に共有されます。さらに、深刻な法令または企業倫理違反の疑いが生じた場合には、その内容により社内監査部門やその他の管理部門（財務・人事等）と共同で、社内調査（internal investigation）を実施、指揮、あるいは補助します。その結果判明した原因を分析・分類して、プロセス改善やシステム改革等の提言を行います。違反者の処分などに関与することもあります。

　コンプライアンス部門の最高責任者であるチーフ・コンプライアンス・オフィサー（CCO）は、このように集積されたリスク情報や対応実績等を、経営層や社内外の監督機関等に定期的に報告します。CCOは、グローバルコンプライアンスが役員・社員等によるグローバル行動指針の遵守を継続させるための機能であることから、国や地域によって極力差異を認めない運用をしていくことが求められます。そして、このようなあり方を、本社CEOのみならず、各国子会社の責任者にも受容させていくことが必要となってくるのです。

（名取勝也）

コラム

グローバル人事

外資系人事取締役
四方ゆかり

　私は20年以上、グローバルで展開する企業（いわゆる外資系企業）の人事において、日本の責任者という立場にあります。本社の登録のある国から見ると、法的には海外子会社という位置づけになるのでしょう。しかし日本企業が、グローバルでそれぞれの国を管理する発想と、相当異なると思います。

　その一つは、本社が上で、従属する子会社があるという発想は全くありません。単に国を越えるため法人は別にある、つまりその企業の一員という意味では、どの国にいても同じ立ち位置です。

　そして二つめが、真のグローバル企業は、コアとなる価値観やビジョンが共有され、人材のマネジメント、給与の考え方、構成、評価の仕方、コア人材の発掘、選抜型のトレーニングなど共通であることが当たり前です。そこに各国の法律や組合、福利厚生などの慣習（例えば日本では、通勤交通費を支給するのが当たり前）を盛り込みながら、それぞれの国の人事は、その法人を運営していくわけです。

　会社の将来を担う優秀な人材という観点から見ると、日本企業がやっと「わが社では現地子会社の社長は（本社から送った日本人でなく）、ローカルの人材を登用することにしている」というレベルであるのに対し、グローバル企業は、「世界中の社員の中から、グローバルで活躍できる人材が、本社でマネジメントを行う」という考え方です。実際にアメリカの企業であってもアメリカ人ばかりがトップを占めるわけでもなく、さまざまな国籍が混じることになります。

　日本企業が、本国から社員を駐在させるようなことは、グローバルの企業でも同様に起こります。しかしそれは初期の立ち上げであったり、危機が起きたときの解決であったり、目的に沿うかどうかを常に考え、またそのコストに見合うかもウォッチします。

　ローカルの人事としては、駐在員として一時的に滞在する社員を、本社のグローバル駐在の担当者もしくはアウトソースされた会社と協働してサポートします。また外国人で、ローカル採用する場合は、ビザなど法的部分の面倒など、日本国籍の社員よりは手がかかるサービスをします。これは世界各地で起きているはずです。

しかしそうであったとしても、同じ価値観・企業文化およびその会社のビジネスプロセスを熟知した社員が、国を越えて働き、世界の顧客のノウハウを共有していくことは、グローバルでビジネスを行い、成長し続けたい企業にとっては重要な人事戦略です。
　グローバル人材という観点で見たとき、ダイバーシティ（diversity；多様性）を、企業として信じているかどうかと、密接につながっていると思います。つまり多様性がもつビジネスにおける力を信じるかどうか、です。異なる人材の集まりは、短期的には理解し合うために混乱したり時間がかかったりします。それは「阿吽の呼吸」が通じないからです。しかし単一の組織は、新しいことを生み出したりする力が弱かったり、コンプライアンスの問題が露見しにくい隠蔽体質になりがちともいわれています。もし日本企業が本気でグローバルレベルの企業となることを決めているならば、経営陣は日本人のみ、という発想をまず脱却することからのスタートではないかと思います。

8章
海外拠点リスクを管理する

8-1

当社は、ある事業部門の部長をインドネシア現地子会社に代表取締役として送り込むことを計画中です。部長の当社での社員資格はどう取り扱うべきですか。この人事異動に社員本人の同意は必要ですか。

1　社員資格

　日本本社における社員資格の取扱いには、「退職」と「出向休職」の2つの方法があります。

(1)　退職

　まず、社員たる地位を残さずに、日本本社を退職したうえで、現地子会社に赴かせる方法があります。社員を現地に根づかせる予定である、定年間際である等の理由で、日本本社に戻ることが予定されていない場合には、このような方法がとられるかもしれません。社員は日本本社を退職して契約関係を解消し、現地子会社と改めて契約を締結することになります。しかし、早期退職すれば退職金や年金にインパクトが生じますし、また日本本社に戻ってくることが予定されている場合には、復帰後の勤続年数をどう数えるか等の課題も残ります。

(2)　出向休職

　これらを考え、日本本社での社員たる地位を残したまま、出向休職を命じて、現地子会社に赴かせることのほうが多いようです。つまり、社員はいまだ日本本社社員たる地位を保有しています。このとき、現地子会社における当該社員の地位はどのようなものとなるのでしょうか。また、両者の関係はどうなるのでしょうか。

2　出向休職における契約関係

(1)　二重の雇用関係

　日本国内で社員を他社に在籍出向させる場合には、出向元と出向先とで、二重の雇用契約関係が生じます（Q1-5参照）。

(2) 二重の契約関係

これと同様に、本問の場合にも二重の契約関係が発生します。しかし、代表取締役は出向先に雇用されるものではない点に、違いが生じます。会社と代表取締役との関係は委任関係です（会社法330条）。したがって、日本本社における社員としての雇用契約関係と、現地子会社における代表取締役としての委任契約関係が並存することになります。

ただし、現地子会社と代表取締役の関係がどのようなものか、つまり委任なのか、委任であるとして権利義務関係はどのようなものかは、厳密には現地法に当たる必要がありますから、注意してください。現地子会社で代表取締役になるということが、いかなる意味をもつのか、日本本社も社員も、現地法を調査して十分理解する必要があります。

3 役員出向命令

日本本社が社員に現地子会社への出向を命じる権利を有するか、限界はあるか、実務上どのような点に留意すべきかは、Q4-2を参照ください。ここでは、出向を命じることができる場合に、その出向が代表取締役を含む取締役に就任する場合でも同様に考えてよいかを検討します。取締役と社員とは、その責任や義務が大きく異なります。この違いも、実際には現地法に当たる必要がありますが、ここでは日本法で考えてみましょう。

(1) 取締役の責任

取締役は、会社に対し、忠実義務を負うほか、競業や利益相反取引を制限される（会社法356条）等、特殊な義務を負っています。任務を懈怠した場合には、会社に対して損害賠償責任を負うほか（会社法423条）、第三者に対する損害賠償責任も負担します（会社法429条）。

(2) 社員の責任

社員も会社に損害を与えた場合、債務不履行に基づき、または不法行為の成立を待って、損害賠償責任を負います。債務不履行になるのは、社員が雇用契約を結んで就労債務を負った以上、その債務の本旨に従って誠実に履行する義務があり、この義務に違反すれば債務不履行になるためです。しかし、実際の裁判では、信義則（民法1条2項）を理由に、社員の損害賠償責任が認められることはあまり多くありません（つばさ証券事件・東京高判平成14.5.23

労判834号56頁)。社員は、上司の指揮命令のもとに行動することが予定され、社員の行動がもたらす利益は会社に帰属するのであるから、損害もまた会社が負担するべきだ、という報償責任の考え方が基礎にあるとされています。

(3) **責任の違いと役員出向命令の可否**

このように、取締役は社員に比して大変な重責を負うため、就業規則上に出向が明記されていたとしても、出向して取締役になれと会社が命じることはできない、という考え方が出てくるわけです。できる、できない、いずれの考え方もありますが、次項の点を考えると、できないと考えるのが適当です。

4　委任契約の成立

会社と取締役との間の法的関係は委任契約であり、契約成立には双方当事者の合意が必要です。したがって、会社には役員出向命令権があるという考え方をとって、同意なしに出向を命じ、出向元から送り出すことができたとしても、出向先で取締役に就任させるためには、本人が就任に同意する必要があるわけです。この就任同意がなければ、出向命令だけ出しても意味がありません。結局、取締役として出向させるためには、本人の同意が必要と考えるのが適当です。

5　退職の場合

他方で、日本本社を退職させて現地子会社に代表取締役として送り込む方法をとる場合にはもちろん、退職に同意が必要です。社員が会社を定年前に去るのには、解雇理由でもない限りは、自主退職による必要があるためです。

（市川佐知子）

1　就業規則中に取締役として出向が命じられることもあると記載されていればよいのですが、そのような例は稀でしょう。
2　岩出誠著『実務労働法講義(上)〔第3版〕』（民事法研究会、2010年）588頁は、出向命令権の権利濫用該当要素のひとつとして考慮すれば足りる、としています。
3　菅野和夫著『労働法〔第10版〕』（弘文堂、2012年）520頁、中町誠=中山慈夫編、竹之下義弘著『Q&A労働法実務シリーズ4　配転・出向・転籍〔第2版〕』（中央経済社、2006年）119頁

8-2
他社では現地子会社の不祥事が多いようです。前問（Q8-1）のように代表取締役を送り出すとき、当社にはどのような準備が必要ですか。

1 不祥事への対応
(1) 不祥事の多発
　近時、現地子会社においてカルテル、贈賄、不適切経理等の不祥事が発生し、報道される例が多発しています。カルテルや贈賄は、アメリカの競争関連法域外適用や海外腐敗行為防止法適用によって監視の目が厳しくなっています。これまで問題視されなかったプラクティスも、ただ見過ごされていただけで、今後は摘発されるかもしれません。不適切会計も、監査の厳格化や企業情報開示の要請がどんどん高まる中で、発覚が増えています。

(2) 不祥事の日本本社への影響
　現地子会社は日本本社とは別法人ですが、そこで起きた不祥事は、日本本社のそれとして株価やレピュテーションに大きな影響をもたらします。さらに近時は、子会社の不祥事に関し、日本本社役員の責任を問う株主代表訴訟が起き、役員責任が認められる事例[4]（福岡魚市場事件・福岡高判平成24.4.13金商1399号24頁）も出てきており、日本本社役員の関心・意識も高くなっています。

(3) 人事面での対策
　不祥事を予防するために講じるべき対策はさまざまありますが、ここでは対策に携わるプレーヤーや人事面から考えてみます。
　まずは、送り出す中心人物である代表取締役に、自らの大きな権限とそれ

4　福岡魚市場事件では、子会社非常勤取締役を兼務する親会社代表取締役等に対し、子会社の不祥事を認識しうる状況にあったのに適切な対応をせず放置した点に、親会社取締役としての任務懈怠が認められました。

に相応する重責とを十分理解してもらう必要があります。また、不祥事が起きにくい体制・環境づくりも必要です。以下、それぞれの方策を検討してみましょう。

2　赴任前研修の必要性

代表取締役を赴任させる前に、赴任前研修が欠かせません。

(1)　社員研修

会社には、さまざまな社員研修が用意されているはずです。新しく管理職になった社員向けに、管理職研修もあると思います。しかし、それらの多くが、自社におけるビジネスプロセスを学ぶためのものとなっているのではないでしょうか。どのように業務を遂行するべきか、さらにどのようにすればより効率的に業務遂行できるか、といったものです。

(2)　役員の権限と責任

しかし、社員と取締役とでは、業務も責任も異なります。取締役は、会社に対する忠実義務（会社法355条）を負いつつ、上司からの指揮命令ではなく、自らの判断で業務を執行することになります。上記の「どのように」は、取締役本人が決めることになります。

他方で、取締役は、業務執行の結果の責任をとらねばならず、義務違反があれば会社に対して、株主に対して、さらには第三者に対して、損害賠償責任を負わねばなりません。

(3)　役員研修

社員から役員へ、このような責任の変化はファンダメンタルなものであり、意識改革が必要です。このため、社員研修とは異なる特別な研修が必要となります。

日本本社からの指示・管理や現地子会社からの報告を徹底させて、日本本社の一部門のように管理することが可能であるから、国内の一部門に配転する場合とことさら別に扱う必要はない、と考えられるかもしれません。しかし、物理的に遠距離となり、環境も全く異なる外国では、管理が行き届かないこともあり、すべての事態に日本本社が対応するのは困難です。現地子会社の取締役として、株主である日本本社への忠実義務を果たすという、基本を押さえてもらったうえで、取締役としての職務執行に任せる必要があるの

です。ここで、会社と彼（彼女）の関係が、雇用主と被用者という関係から、株主と取締役という関係に変化していることがポイントです。

(4) 少数株主の保護

取締役の責任を考える際に、特別な注意が必要になるのが、現地子会社に少数株主がいる場合です。日本本社の100％子会社であれば、唯一の株主である日本本社の利益を追求すれば、取締役としての責任を全うできて話は単純です。しかし大株主である日本本社の利益を優先して、少数株主の利益を阻害することになれば、現地子会社の取締役として義務違反が生じかねません（もっとも、詳しくは現地法に当たる必要があります）。日本本社は、取締役がこのような難しい局面に立たされる可能性についても、研修を通じて気づいてもらう必要があります。

3 不祥事が起きにくい体制・環境づくり

(1) 監視・監督体制

代表取締役等の中心人物だけに頼るのもよくありません。その業務執行を監視・監督する体制を整える必要があります。送り出す前から代表取締役が不祥事を起こすと疑ってかかれというわけではありません。組織には必ずチェックアンドバランス機構が必要であり、これを整えて初めてビジネスができると考えるべきです。

現地子会社の運営について、日本からの出向者に頼るか、現地化を進めるか、考え方はさまざまです（Q7-3参照）。しかし、経理担当者は代表取締役と同様に日本から送り込む例が多いかもしれません。企業経営には経理や会計といった数字に強い専門家が必要不可欠であり、現地子会社から日本本社に対する報告は、数字が最重要です。経理担当者は代表取締役を数字面で補佐するのと同時に、代表取締役が、あるいは現地子会社が、適正に活動しているかどうかを身近に監視することができます。

現地においてだけではなく、日本本社から直接統制する機構も必要です。本社の内部監査部門は現地子会社も監査対象として、グループ内監査を実施するのが適当でしょう。また、本社の監査役には、子会社に対する調査の権限と責任があり（会社法381条3項）、子会社は正当な理由のない限り、この調査を拒否できません（同条4項）。ただ、子会社が外国法に基づき設立された

法人の場合、日本の会社法は適用されず、この法律上の調査協力義務はありませんから、グループ内ルールで本社監査役の調査に応じる義務を明示しておく等の対応が必要です。

(2) **報酬体系**

　また、不祥事は起こすインセンティブがあるからこそ起きます。インセンティブとは、不正行為者が私腹を肥やすことに限られません。カルテルや贈賄をしても、それだけで行為者が金銭を取得できるわけではありません。不適切会計も横領が絡むことはむしろ稀です。私利ではなく、会社が自分に期待するノルマ・業績を達成することがインセンティブとなってしまうのです。成果給や業績連動報酬は、業績アップのインセンティブにもなりますが、行き過ぎれば不祥事のそれにもなりますから、注意が必要です。会社の報酬制度が不祥事を誘引するようなものとなっていないか、検討し定期的に見直す必要があります。

　　　　　　　　　　　　　　　　　　　　　　　　（市川佐知子）

8-3

当社は、ある事業部門の部長を出向させ、タイの現地子会社に取締役として送り込んでいます。この者が現地で巨額の横領をしていたことが判明しました。どのように調査・処分すべきですか。

1 事件の調査

(1) 調査の必要性

不正行為が発覚した場合、とにかく必要なのは、事実の把握と証拠の収集です。噂や告白は事実とは限りませんし、後述する種々の手続・処分には、証拠が必要です。そのための調査は、日本国内で行う場合でも容易ではありませんが、現地子会社では、次のとおり、さらに困難です。

(2) 調査への協力の取付け方

証拠は大きくは、書類と関係者の証言に分かれます。ITネットワークの発達した今日では書類はほとんどが電子データであり、保管さえ適切になされていれば、技術的な収集はそれほど難しくありません。データが消去されていても復元が可能な場合もあります。これに対して、関係者の証言は協力がなければ得られません。このようなとき、日本人は会社に恭順の姿勢を示そうと協力することが多いのですが、海外の外国人に同様の姿勢は期待できません。非違行為を行った当人もその関係者も、自分への責任追及を恐れ、調査に非協力的な態度をとるケースがよくあるのです。このような場合には、協力と引換えに責任追及をしないと約束する、いってみればアメリカの司法取引のような手法も検討する必要があります。

(3) 調査報告書の言語

調査の後に取りまとめる調査報告書は、どこで何のために必要になるかを見据え、どの言語で書くか、調査前に決めておくべきですが、一般的には英語で作成しておくのが便利でしょう。後述する2つの契約関係に照らせば、報告書は現地での解任のためと、日本での懲戒処分のために使用されます。

日本語で作成しては前者に使えませんし、現地語で作成しては後者に使えません。日本語訳も現地語訳も作成しやすいよう、英語で作成しておくのがよさそうです。

(4) 第三者委員会による調査

また、調査は、社内チームで行うのが適当な場合のほか、社外の第三者で構成する調査チームが適切な場合もあります。事件が重大で、社内チームでは調査の公正性に疑いを差し挟まれそうな場合は、第三者委員会による調査が適切です。今日では、投資家への情報として重要な財務数字に関係する事件、利用者の生命や健康に影響のある事件（例えば食品や薬剤の偽装・データ改竄）の場合、第三者委員会による調査が必須になっているといえそうです。

2 取締役としての責任追及

調査の結果、不正行為が確定すると、次は行為者の責任追及・処分です。まずは、出向先である現地子会社での取締役としての責任を、日本法を参考に考えてみます。

(1) 解任

取締役は、社員ではないので出向先の就業規則の適用はなく、懲戒処分はできません。現地子会社の取締役として適任でないと考えるなら、解任する必要があります。しかし、どのような不正行為があれば、取締役を解任できるのでしょうか。出向先における就業規則は参考になるでしょうか。社員がしたならば懲戒解雇になるような不正行為があれば、常に解任できるでしょうか。

(2) 正当な理由

会社は、理由はなくても、いつでも取締役の解任ができます。しかし、正当な理由がないと、会社は取締役に生じた損害を賠償しなければなりません（会社法339条2項）。

横領のような犯罪行為によって会社の財産を領得すれば、解任の正当理由となります。しかし、社員に向けた就業規則に書いてある懲戒解雇事由の全部が、取締役に当てはまる（正当理由になる）とは、一概にはいえません。具体的な懲戒解雇事由、個別事案に即し、都度吟味する必要があります。この点を明らかにするために、取締役向けの就業規則を定めて制裁の種別や事

由を記載する会社もあるようです。

(3) 取締役の解任に必要な手続

しかし、取締役会は取締役への制裁として解雇はできません。取締役を解任できるのは株主総会だけだからです。このため、取締役向け就業規則を定める場合でも、制裁の種別として解任と記載しても、あまり意味がありません。

株主総会が解任を決議するには、定足数や議決権数を満たす必要があります（会社法341条）。解任決議に必要な議決件数は過半数ですが、定款で変更が可能とされており、実際３分の２としている会社も多いです。もっとも、これらは日本法による場合ですから、厳密には、現地法や現地子会社の定款に当たる必要があります。

(4) 現地資本との関係

現地子会社が日本本社の100％子会社であれば、３分の２の議決権を集めるのも簡単です。しかし、現地子会社が現地資本とのジョイントベンチャーにより成り立っていて、現地資本が３分の１超の株式を保有し、取締役の解任に反対すると、解任決議ができません。現地資本を利するために不正行為が行われていたような場合には、そのような事態が起こりえます。

日本法では、このような事態に、取締役解任の訴えを提起することができます（会社法854条）が、現地子会社で同様のことが可能かは、現地法次第です。日本本社ができる対策として、株主間契約において取締役解任事由を約しておく等が考えられます。

3　出向中の社員の懲戒処分

出向先の取締役として解任すると、次は、出向元である日本本社に帰任させ、その社員としての懲戒処分を検討する段階に移っていきます。

(1) 出向者に適用される就業規則

取締役の場合をひとまず離れると、出向中の社員は、現に労務を提供する出向先における就業規則の適用を受け、労働時間をはじめとする働き方や、服務規律をはじめとする執務態度の基準が設定されます。これらのことは、出向元における出向規程や、出向元・先間の出向受入契約に明示され、出向者、出向元、出向先とも了解しているはずです。

(2) 出向先の懲戒と出向元の懲戒

これにより、出向者が、出向先で出向先の就業規則中の懲戒処分に該当する不正行為を行えば、出向先による懲戒処分がなされます。ただし、懲戒処分のうち懲戒解雇については、懲戒解雇だけはできない、いや懲戒解雇もできる、両方の考え方があります（Q1-5参照）。前者の理由は、出向元と出向者との間の雇用契約は、両者間のものであり、第三者である出向先にそれを解消する権限はない、とされるところにあります。前者の考え方をとれば、懲戒解雇に限っては、出向者を本籍である出向元に帰任させたうえでなされます。他方、後者の考え方をとれば、帰任させずとも出向先において懲戒解雇することが可能です。出向先で懲戒解雇まで可能にするのであればなおのこと、出向元に帰任させてから懲戒解雇する手続をとるにしても、出向規程や出向受入契約において、その旨を明示する必要があります。懲戒解雇というもっとも厳しい処分がどのような手続でなされるかは、出向社員にはっきり知らせておくべきだからです。

以下では、実務上多い、出向元に帰任させて懲戒解雇する場合を考察します。

(3) 出向元の懲戒の根拠

出向者は出向元の企業秩序は乱していないのに、なぜ懲戒解雇できるのか、疑問視されることがあります。

ア　間接的影響

裁判例では、出向先での行為により出向元の業務運営を妨げるおそれに着目して、出向元の懲戒処分を認めるものがあります（国労高崎地本事件・最判平成11. 6. 11労判762号16頁）。また、出向先での行為により出向元の企業秩序が間接的に乱される点に着目して、出向元就業規則の適用を肯定したものがあります（日本交通事業社事件・東京地判平成11. 12. 17労判778号28頁）。

イ　出向元・先の緊密な関係

このほか、次のような事情を考慮して、出向元の懲戒処分を認める裁判例もあります。①出向元と先とが緊密な関係にあること（松下電器産業事件・大阪地判平成2. 5. 28労判565号64頁）、②出向者が（独自の就業規則のない）出向先で出向元の就業規則の適用を受けると了知していたこと（勧業不動産販売・

勧業不動産事件・東京地判平成4.12.25労判650号87頁）等です。

　翻ってグループ会社同士の場合、緊密な関係（①）の事情はあります。また、出向元と先とで就業規則が同じなら、どちらにしても、出向者は了知していた（②）といえます。出向元による懲戒処分もできそうです。

ウ　グループの統一的な企業秩序

　これをさらに進めて、グループ内では企業秩序も統一されており、ある会社で起きた非違行為はグループ全体の企業秩序を乱し、それに対する処分は、社員の本籍がある出向元が一元的に行う、という体制の構築もできます。この場合は、グループ会社の就業規則等はできる限り同期させ、統一的な企業秩序を創ることが大切です（Q8-7参照）。

（市川佐知子）

8-4

当社は、経理部長を出向させ、現地子会社に取締役経理部長として送り込みました。当該経理部長在任中に現地人経理スタッフが犯した、巨額の横領行為が発覚しました。当社はこの者の監督不行届きの責任を問えますか。

1 使用人兼務取締役

(1) 使用人兼務取締役とは

取締役経理部長は、現地子会社の取締役であり、かつ経理部長という社員です。現地子会社との間に、取締役として委任契約、社員として雇用契約と2つの契約関係を有しています。このような者は使用人兼務取締役と呼ばれます。

もっとも、これは日本での議論であり、厳密には現地法に当たる必要があるのですが、以下日本法に則して考えてみます。

(2) 業務執行取締役

これと似て非なるものとして、業務執行取締役がいます。取締役経理部長ではなく、経理担当取締役というタイトルなら、こちらを指していると考えられます。業務執行取締役は、取締役会の決議により（会社法363条1項2号）、または代表取締役から委任されて（会社法2条15号参照）、会社の業務を執行する者です。経理担当取締役なら、経理という会社業務を執行しますが、社員ではありません。

(3) 使用人兼務取締役と業務執行取締役との違い

これら二者が行う業務の内容は同じであり、違いは、社員としての地位があるかないかにすぎません。[5] 二者いずれも取締役であり、かつ内部職制上、現地人経理スタッフを指揮命令する系統の上位者です。二者が等しく負う取締役としての責任、上位者としての責任は、どう考えるべきでしょうか。

---

5 地位の有無は、役員報酬の定め方や税務上の取扱いに違いを発生させますが、ここでは触れません。

2　上位者の監督義務

(1)　上司の監督義務

上司には部下の業務執行を監督し、部下が非違行為を行わないようにする責任があります。この懈怠があると会社からの損害賠償請求がありえます。会社によっては就業規則の懲戒事由として部下の非違行為をあげることもあります。しかし損害賠償請求するにせよ、懲戒処分するにせよ、部下が非違行為を行えばそれだけで上司も連座というわけにはいきません。上司に責任を問えるのは、上司に落ち度、つまり注意義務違反がある場合です。

(2)　監督上の注意義務違反

上司が部下の非違行為を知って（故意）、加担・放置していた場合は論外ですが、部下の非違行為を知らなかった場合があります。知らなかったとしても、知らなかったことに注意義務違反があれば（過失）、上司は責任を免れません。

(3)　非違行為に向けられるべき注意

直属の上司のように、部下と仕事上の関係が緊密であれば、非違行為に気づく機会は多く、知りうべきであったのに注意を怠ったとされる可能性が高まります。これに対し、部下との関係がより希薄で、その仕事ぶりに触れる機会が少ない場合、取締役はそのような場合の典型ですが、注意義務違反が認められる可能性は一般的には低いといえます。

3　取締役の内部統制システム構築義務

(1)　取締役会による内部統制システム決定

他方で、取締役には内部統制システムにかかる責任があります。

内部統制システムとは、会社業務の適正を確保するために必要な体制（会社法362条4項6号）であり、ここでは、経理担当者が誘惑に負け横領するリスクが現実化しないよう、クロスチェック等する体制と考えればよいでしょう。

大会社の取締役会は、このような体制の整備について決定するよう義務づけられていますが（同条5項）、大会社でなくても、取締役の善管注意義務の一内容として、体制の構築までが義務づけられていると考えるのが一般的です。

(2) 取締役の内部統制システム構築義務

取締役会で決定した大綱に従って、このシステムを具体的に構築・運用する義務は、会社業務を担当する代表取締役や取締役にあります[6]。

(3) システムの水準

このとき、どの程度のシステムを具体的に構築すべきかは、担当するビジネスの規模、特性等に応じて異なるリスクレベルによります（大和銀行ニューヨーク支店事件・大阪地判平成12. 9. 20判時1721号3頁）。経理部の陣容、経理部が扱う金額の大きさ、資金管理の方法等により、ダブルチェックかトリプルかが決まるイメージです。

そして、相応のシステムを構築すれば、取締役は、システムが働いてリスクの現実化を予防してくれるのに任せればよいのであり、特段の事情がない限り、社員の仕事を疑ってかかる必要はありません。

(4) リスク把握上の注意義務

したがって、業務執行取締役がシステム構築義務を全うするためには、担当業務のリスクレベルを把握して、それに見合ったチェック体制が設計されるよう指示する必要があります。リスクを見落としまたは過小評価して、甘い体制を放置すれば、注意義務違反を免れません。

この注意は、部下の具体的な非違行為に向けられる上位者としての監督責任の場合に比べ、一般的に社員が犯しやすい、より抽象的な非違行為に向けられたものである点が異なっています[7]。

このため、具体的な非違行為までは知らず、知らなくても仕方がなかったとして監督責任を免れたとしても、抽象的な非違行為の危険への気づきはあって然るべきであったとして内部統制システム構築義務違反は免れない、という事態もありうると考えます。

4 日本本社の構築したシステム

ところで内部統制システムは、今や本社一社だけでなく、子会社を含むグループ全体で構築されるべきと考えられるようになってきました。この一環

---

6 落合誠一編『会社法コンメンタール8』（商事法務、2009年）227頁
7 しかし、事件が起きたということは、何らかのリスクは存在したということであり、その存在を知らなかったはずはないというような、結果責任を問う抽象性ではなく、ある環境の中で起きやすい非違行為、というある程度の具体性は必要と考えます。

としてなされる日本本社の管理・指示は上述の取締役の内部統制システムの構築・運用義務違反の議論に、どう要素が絡んでくるでしょうか。

　現地子会社業務が孕むリスクも含めて、日本本社が把握・評価して内部統制システムが構築されている場合、現地子会社取締役は、日本本社が指示するとおりに、このシステムを運用すればよく、現地特有の事情があって特段の対処が必要であったような状況を除き、取締役の責任を問うのは難しいでしょう。

（市川佐知子）

8-5

当社には、インドネシアの現地子会社に代表取締役として出向中の社員がいます。この社員が現地でやむをえず贈賄していたことが発覚しました。当社はどう対応すべきでしょうか。

1 贈賄行為のリスク

(1) 贈賄行為の重大性

企業が全世界のどこでビジネスするにしても、コンプライアンスを重視しなくてよい地域はありません。そして贈賄行為が犯罪であり、許されない行為であることもまた、疑義を差し挟む余地はありません。贈収賄に代表される、権力者の不正と社会の不公平への不満が、世界各地で体制を揺るがす原動力になっていることからも明らかです。

(2) 現地の社会的環境

他方で、世界の一部ではなお、賄賂が物事を進めるうえで潤滑油の働きをしたり、避けられない影の税金となっているのも現実です。例えば、インドネシアは、Transparency International[8]の発表する腐敗認識指数ランキングで114位（2013年）に位置し、その多さから、汚職はインドネシアの文化だと評されることもあるほどです[9]。

(3) 現地子会社の悩み

会社にとって少額の金銭を出せば、容易に業務上の便益が得られる環境下で、自社だけがばか正直にコンプライアンスを掲げて贈賄しないと、生産活動は遅延し、他社に先を越され、競争力が低下するように見えます。現地子会社の役員・社員は、日本本社の求めるコンプライアンスと現実への対応とに引き裂かれ、悩みを深めています。そして、贈賄行為発覚時、会社への貢

---

[8] 汚職・腐敗の防止を促す社会システムの構築をめざすNGOであり、毎年腐敗認識指数ランキングを発表しています。
[9] 身玉山宗三郎著「『汚職はインドネシアの文化だ』という仮説に関する事例研究：ガユス事件」（六甲台論集. 国際協力研究編15巻（2014年）1頁）参照

献を理由に、本人からの反論や社内からの同情論が持ち上がるのです。

(4) 日本本社の悩み

他方で、日本本社にとって最悪のシナリオは、現地子会社による政府高官への多額の賄賂提供が捜査・立件され、レピュテーションが大きく毀損されることです。だからこそ、贈賄行為の禁止を社員に何度も研修し誓約させているのに、案の定同じことがなぜ繰り返されるのか。どうすれば、現地子会社と日本本社双方の悩みを解決できるのでしょうか。

2 法律の適用

ここで、贈賄行為にどのような法律が適用されるか、概観してみます。

(1) 刑法

もちろん、現地刑法にも贈収賄罪の規定はあるはずです。しかし、前記したような社会環境では取締りは稀でしょう。他方で、日本の収賄罪（刑法197条）は、日本の公務員（刑法7条）への賄賂供与を構成要件とし、現地公務員へのそれは要件に該当せず、供与側も贈賄罪（刑法198条）になりません。

(2) 不正競争防止法

しかし、外国の公務員への贈賄行為は、国際商取引の公正な競争を害する別の犯罪を構成します。外国公務員贈賄罪は、「国際商取引における外国公務員に対する贈賄の防止に関する条約」（Convention on Combating Bribery of Foreign Public Officials in International Business Transactions）に、日本が署名し受諾したのを受けて、1998年に創設されました（不正競争防止法18条）。しかし、起訴事例は現在まで数件にとどまり[10]、これまでは企業活動上の大きなリスクととらえられてきませんでした。

(3) アメリカのFCPA

他方で、アメリカの海外腐敗行為防止法（Foreign Corrupt Practices Act）[11]は、積極的な域外適用の姿勢と罰金の高額さとから、大いなる脅威となっています。どこでビジネスするにしても、FCPA適用の可能性はかなり広く存在し、アメリカ当局から訴追される危険は無視できません。

---

10 経済産業省「外国公務員贈賄防止指針」（2010年9月21日改訂版）26頁参照
11 アメリカ司法省による日本語参考訳http://www.justice.gov/criminal/fraud/fcpa/docs/fcpa-japanese.pdf

(4) facilitation payment

　上記条約の注釈中に興味深い規定があります。公務員にするべき公務をさせるために支払う少額の金銭（small facilitation payment）は、違反にはなりません（注釈1条1項9号）。このような腐敗は、犯罪として取り締まっても効果がなく、行政円滑化の支援でしか解決できないから、と理屈づけられています。

　この考え方に類似して、FCPAは日常的な政府活動を円滑化するために支払うfacilitation paymentを適用除外とします（FCPA§78dd-1(b)）。この除外は、上記条約とは違って、金額の多寡は問わず、公務員の裁量の一切ないごく狭い業務に対して支払われるものに限定されると考えられています。

3　コンプライアンスの多様性

(1)　例外を認めない姿勢

　ところが、facilitation paymentに日本法では認識されておらず、不正競争防止法にFCPAのような適用除外規定はありません。これは日本国民が期待する、行政の公平性、公務員の清廉性に由来するのかもしれません[12]。世界最高水準の日本ルールを国外でも貫き通すのが最善であることは間違いありません。全世界で一切の例外なく贈賄は認めない、と社内ルールを設定しても、もちろんよいですし、尊敬すべき態度です。Q7-4では、求められるもっとも厳しい基準に合わせる最高水準、さらにはもっとも厳しい法令上の要求よりさらに上をいく水準をとる会社の考えが紹介されています。Q10-6で取り上げるOECD多国籍企業行動指針も、贈賄の防止を掲げています。

(2)　例外を認める姿勢

　他方、日本は公平・清廉ですばらしい国ですが、そこを飛び出してビジネスするとなったら、これまでとは違う考え方も必要になるかもしれません。日本人のグローバリゼーションは、他の地域の感覚に順応し、柔軟に対応するべき時期に差し掛かっていると見ることもできます。コンプライアンスな

12　小野昌延＝山上和則編『不正競争の法律相談』（青林書院、2010年）502頁は、わが国の感覚では違和感があるとします。高巖著「外国公務員贈賄防止に係わる内部統制ガイダンス」（麗澤大学企業倫理研究センター、2014年）は、ファシリテーションペイメントは一層の支払を求められ、結局はコスト高になることについて言及しています（http://www.reitaku-u.ac.jp/ja/wp-content/themes/reitaku-jp/uploads/2009/04/74b99ff5098add4bce3c35f92e3b937b.pdf）。

しにはビジネスはできません。しかし、complyするべきルールは地域によって異なるのです。贈賄禁止の原則に、例外ルールを設定することも選択肢のひとつになってきます。

(3) 例外ルール設定の参考となるもの

ここで参考になるのが、経済産業省の指針です。facilitation paymentだからといって、それだけで処罰を免れることはできません。しかし、手続を適正に進めてもらうだけの目的であって「営業上の不正の利益を得るため」ではないとして免れられる可能性はあります[13]。これを以下で述べるように社内例外ルール化することが解決策のひとつとして考えられます。

4　明確なルール設定・周知の必要性

例外を認める、認めない、いずれにせよ明確なルールが必要です。

(1) ダブルスタンダードの禁止

何より避けるべきは、贈賄禁止を表の成文法、贈賄許容・黙認を裏の不文律とするダブルスタンダードの設定です。日本人は建前と本音の文化に慣れており、成文法ではビジネスができないとわかると、あうんの呼吸で不文律を読み取ろうとします。社員には成文法しかないことを周知徹底する必要があります。

そして、例外を認めないと決めたなら、贈賄しないことによるビジネスへの影響を、日本本社もカントリーリスクとして割り切って受け入れるべきです。

(2) 免責事由の明確化

例外を認めて一定の贈賄行為を許容するなら、どこまで許すのか、範囲と条件を明確にすべきです。前述した経済産業省の指針を参考に[14]、現地で頻発するfacilitation paymentの要求を分類化し、どういう条件が揃ったときに、誰の決裁で、現地公務員にいくらまでの金銭支払を許す、という社内例外ルールを設定するのです。万が一、不正競争防止法による外国公務員贈賄罪で捜査を受けた場合には、このルールを示して、会社の法解釈が正しいことを主張し、社員を擁護することができます。

13　経済産業省・前掲指針14、15頁
14　加えて、摘発の可能性は低いとはいえ、もちろん、現地刑法のできるだけ綿密な法解釈も必要です。

(3) 歯止めの設定

例外ルールには、日本本社が恐れる最悪のシナリオを回避する効果も期待できます。日本本社の例外を認めない姿勢が現実逃避と映れば、現地子会社は不文律で動き始め、次第に感覚が鈍磨し、贈賄額がどんどん高額化する危険があります。この点、社内例外ルールの設定は、現実に対処しつつ、しかし贈賄禁止という原則ルールはなし崩しにせず、リスクを会社として受容できる範囲に管理する効果があります。

5　例外ルール設定に伴うリスク

しかし、上記のような社内例外ルールの設定は、それ自体にリスクが伴うことも忘れることはできません。

(1) 社会環境の変化

まず、社会環境は変化します。賄賂文化が蔓延していた地域でも次第に問題視され、あるべき社会秩序をつくろうという機運が高まるかもしれないのです。上記で一例としたインドネシアでも、近年、汚職撲滅委員会（Komisi Pemberantasan Korupsi）が活躍し、2012年には日本の電線メーカー現地子会社社長が起訴されるに至りました。このようなリスクの変化を適時に反映させるため、一度定めた社内ルールでもこまめに見直す必要があります。

また、経済産業省の指針も変わる可能性がありますから、このチェックも欠かせません。

(2) 日本人の感覚

さらに、一般的な日本人の感覚は潔癖です。社内例外ルールを日本国内にいる日本人がどう見るか、日本本社のレピュテーションをどう維持するか、別の分析が必要でしょう。

6　懲戒処分時の対応

例外を認める姿勢、認めない姿勢、いずれをとっても、ルールからはみ出た贈賄行為が発覚し、懲戒処分が問題となる局面はやってきます。いずれの場合でも、行為者本人は現地の特殊事情を訴え、社内でも同情論が持ち上がるでしょう。

このとき、懲戒処分の有無、軽重等を検討するにあたっては、賄賂金額の多寡、会社のためか私利のためか、積極的に行ったか、やむをえず受動的に

行ったか、会社のレピュテーションがどれほど毀損されたか等の事情を勘案することはできます。そして、同情すべき事案を軽めに処分することも可能です。しかし、裁量の余地はそれほど大きいと考えるべきではありません。

　例外ルールのありなし、いずれの場合でも、会社は明確にルールを設定して周知したのですから、それに違反した社員を宥恕するのは本来不合理です。そして、そのような宥恕を繰り返せば、成文法とは異なる不文律を創設することにつながります。明確なルールの設定、その厳正な執行は、表裏の関係にあり、いずれもがコンプライアンス経営の礎であって、ゆるがせにすることは避けるべきです。

（市川佐知子）

8-6

当社はタイの現地子会社に代表取締役を送り込んでいますが、不祥事防止の観点から任期や後任をどう考えるべきでしょうか。

1 赴任期間

(1) 期間の定め方

現地子会社に出向させる役員・社員の赴任期間をどの程度とするかは、ビジネス上の中長期計画の中で、当該役員等に何を達成させるかによってさまざまに異なると思います。あるビジネスを立ち上げ、軌道に乗せるまで一定の期間が必要な場合には、担当する役員等を頻繁に代えるのは適当でないでしょう。また、そもそもビジネス上の目標達成にどの程度の期間が必要か読み切れず、期間が設定できないような場合もあります。

(2) 出向期間

出向元に戻ることを前提にしながら、期間を定めずに出向させれば、同意してもいないのに転籍出向を余儀なくされた、と社員から出向命令の効力が争われるかもしれません。社員を出向させる場合は、出向期間を定め、ただし業務の必要に応じ出向期間を延長できるようにしておくべきです。

(3) 役員任期

他方で、会社役員には任期があります。一般的な内国法人の取締役では、選任後2年以内に終了する最終事業年度の定時株主総会終結時まで、または定款もしくは株主総会決議で定める任期までです（会社法533条1項）。現地子会社が任期をどのように定めているか確認し、出向期間はこれに揃えるとよいでしょう。出向期間を延長する場合には、役員の再任手続が必要です。

2 後任候補者の用意

(1) 後任候補者用意の必要性

現地子会社に出向させる役員等の任期が、不透明であったとしても、比較

的長くなることが予想されても、いずれは終わりがきます。会社は必ずやってくるこの終わりに備える必要があり、終わりが近づいてから後任者を選んでいるようでは間に合いません。また、役員等が飛行機事故のような不慮の事故で突然いなくなってしまうこともあるのです。このような突然の終わりに備えることは、business continuity plan（BCP：事業継続計画）の観点からも重要なことです。

(2) 候補者プール

会社は備えとして、当該役員等の後任者のプールを用意する必要があります。昨日まで国内ビジネスに専念してきた社員に、明日現地子会社に赴くように出向命令を出しても、実際的ではないでしょう。後任者は国際取引の経験がある、いわゆる国際畑のプールの中から選定されるのが一般的のようです。会社はこのプールを適正規模にするために、人材育成や配置転換の計画を立て、当該役員等の後任者をこのプールの中から選べばよいわけです。

(3) 候補者リスト

よりBCPに配慮する会社では、さらに進んで、社内の重要なポストそれぞれについて後任者リストを用意しています。このリストは、当該重要ポストについて①業務の内容、②必要なスキル・資質を明確にしたうえで、③それらを保有する者が誰かを見極め、候補者プール中の具体的に誰が適任か、順位とともに定められます。第一候補者には、即座に当該役員等の後任者となれる準備の整った者の名前が載っているのが理想です。第二、第三候補者としては、すぐにではないけれど、教育を施し経験を積ませた後に、当該ポストに就かせることができる者の名前が載ることになります。

人材の流動性が高い労働市場では、候補者リストは社内の人材だけでなく、社外から招聘することを念頭に作成されることもあります。また候補者リストの作成に、当該役員等が関与することもあります。後任者として誰がふさわしいか、もっとも的確に判断できるのは、業務や課題を熟知している前任者です。グローバル企業といわれるような会社の重要なポストには、このようにして作成されたリストが必ず用意されています。

3　不祥事の予防

赴任期間や後任者を決めるに際しては、上記以外に、不祥事予防の観点か

らも検討を加える必要があります。

(1) **人材の滞留**

　不祥事が起きる土壌のひとつに、あるポストに特定の者が長く残留し続けることがあるといわれています。情報が特定者に集中して他者との情報格差が広がれば、何も知らない他者が専門家である特定者の問題点を指摘することは難しくなっていきます。そして、特定者の異動後にやっと問題が発覚するわけですが、異動がなければ問題はいつまでも発覚しません。このことは国内人事でも妥当しますが、日本本社と現地子会社とで、現地情報に大きな格差が生じる海外人事では、なおさらです。当該役員等をあまり長期間滞留させることは、不祥事予防の観点からは望ましいことではなく、定期的な人事異動が適切といえます。

(2) **後任者の推薦**

　当該役員等の後任候補者リスト作成に当該役員等を関与させることがある旨、上述しましたが、不祥事予防の観点からは、注意が必要です。異動が問題発見のチャンスなわけですが、後任者が前任者の問題行為を隠蔽するような者であれば、発見は望めません。会社は問題の発見・解決の機会を逃すことになり、同一人物を同じポストに滞留させているのと同じことになります。

　当該役員等から自らの後任者について強い推薦があったような場合は、何らかの問題が潜んでいるかもしれず、注意を怠らないようにするべきです。例えば、会社内に派閥のようなものがあり同派閥に与している、会社入社時にリクルーターとして採用を推した、何度も同じ部署に配属され長期間上司部下の関係にあったような場合、後輩が先輩の問題行為を暴くことは、心情的に困難です。一般的にも情実人事は避けるべきものとされていますが、現地子会社の人事ではより一層当てはまるといえます。　　　　（市川佐知子）

8-7

当社では全社をあげて、海外子会社不祥事を防止するための取組みを検討しています。人事部ができることは何でしょうか。

1　不祥事の防止策と人事部のかかわり

(1)　不祥事の防止策

　不祥事の防止策は、それこそ数えきれないほどあり、しかもそのどれもが決定打とはなりえません。そのため、第一に、社員が不祥事に加担しないよう社員本人に働きかけること、第二に、不祥事を予防・発見するための監視・監督機構を設けること、第三に、不祥事が起きた場合には適正に対処すること、を地道に積み重ねていくしかありません。

(2)　人事部のかかわり

　これらの取組みは、コンプライアンスや内部監査を担当する部署が中心となって計画・実施されることが多いでしょうが、人事部の関与も欠かせません。第一の、本人への働きかけは研修を通して行われ、本人からの誓約をもって締めくくられることが多く、これは人事部の得意分野です。第二についても、監視・監督機構を運営するのは人ですから、実効的な運用に必要な陣容を決め人材を確保・配置するのは人事部でなければできません。第三も、不祥事発覚後は関与者の厳正な処分が必要であり、中途半端な対応をとれば、社内のみならず社外からも強い批判を受け、会社にとっての二次被害を呼ぶ可能性があります。人事部の毅然とした対応が求められます。

　以下では、第一に当たる誓約書と、第三に当たる懲戒処分に関し、よくとりあげられる問題点について整理します。

2　コンプライアンスと誓約書

　会社が社員に提出を求める誓約書としては、①入社時誓約書、②個人情報適正取扱誓約書、③競業避止誓約書等があります。これに加えて、近時コン

プライアンス意識の高まりから、法令を遵守することを約させる会社が増えています。さらに、先進的な取組みを行うグローバル企業では、法令遵守だけではなく、インテグリティ[15]の保持を約させることがあります。Q7-4では、法令上の要求よりもさらに厳しい、もっとも高い倫理的な判断・行動が紹介されていますが、インテグリティはその一例といえます。

　この点、コンプライアンスやインテグリティの誓約書提出を命じることはできるのか、拒絶する社員を懲戒処分することができるのかが問題となります。社員には個人として、良心の自由があります（憲法19条）。このため、例えばタクシー会社において、省エネ小型運賃経営等の会社方針に「賛成の意見をもつべき義務」「反対しない義務」「これらのことを意に反して表明すべき義務」まではない、というのはそのとおりでしょう（大阪相互タクシー事件・大阪地判昭和58.2.10労判403号38頁）。しかし、経営方針とは異なり、コンプライアンスやインテグリティが一義的で合理的客観的である場合には、誓約書の提出命令は可能[16]と考えます。ただ、これを提出しないことのみによる、会社の秩序をいささかも乱していない段階での懲戒処分には、権利濫用の疑いが大きくつきまとうことになるでしょう。

3　コンプライアンス規程と就業規則
(1)　懲戒事由の記載漏れ

　不幸にして不祥事が発覚し、調査を終えてコンプライアンス違反が確認でき、関係者の懲戒処分が必要となった場合に、いざ処分しようとしたら、違反行為が就業規則（あるいはその付属規程である懲戒規程）に懲戒事由として記載されていない、という事態がままあるものです。コンプライアンス部門がコンプライアンス規程等を策定して、人事部との連携がうまくできていない場合に生じる問題です。人事部は、コンプライアンス規程違反があった場合には、それを適正に処分できるように懲戒規程の記載を調整する必要があります。

15　インテグリティは、和訳も定義も難しいとされていますが、その会社が誠実で信頼できる構成員であると社会から認知・尊敬されるためにとるべき行動・態度と考えておくとよいでしょう。日本ではcorporate social responsibility（CSR）とのほうが親和性が高いかもしれません。
16　岩出誠著『実務労働法講義(上)〔第3版〕』（民事法研究会、2010年）733頁参照

(2) 懲戒事由の２つの記載方法

懲戒規程への記載としては、①違反行為を一つひとつ懲戒事由として具体的にあげる仕方もあれば、②「コンプライアンス規程に違反する行為」として包括的にする仕方もあります。どちらをとるかは、もともと懲戒規程の規定の仕方が、次のどちらかによる部分もあります。

(3) 細分化された規定

懲戒処分の種別（訓戒、減給、出勤停止、解雇等）ごとに、懲戒事由が細かく分けて規定されている場合には、コンプライアンス規程違反行為の軽重を分析して、各種別に割り振る①の仕方が適当です。

(4) 包括的な規定

これに対して、懲戒事由が包括的に列記してあって、いわば罪状の重さに応じて会社が処分種別を決めるようなスタイルになっている場合には、②の仕方が可能です。いずれにしても、コンプライアンス規程違反行為があった場合には、適正な処分が可能になるように、懲戒規程の不備で手をこまねくような事態が生じないよう、不祥事が起きる前から準備しておく必要があります。

4 グループ内の統一ルール

(1) コンプライアンス規程のグループ内統一

そして、そのような準備はグループ内各社で同時並行的に進められるべきです。グループ内のある会社ではコンプライアンス規程違反である行為が、同じグループ内の別の会社ではコンプライアンス規程違反ではない、あるいは懲戒事由でない、といった不統一は回避すべきです。

(2) 懲戒処分のグループ内統一

グループ内の出向先で社員に非違行為があったとき、出向元でも懲戒処分ができるよう、グループ内の懲戒規程は統一させておくべきです（Q8-3参照）。さらに、グループ内の人事交流がさらに活発化し、出向が終わると出向元に帰任するのではなく、次の出向先に出向するような異動もある成熟した段階の会社を考えると、もう一歩進んだ対応が考えられます。すなわち、グループ内の会社で行った違反行為につき、当該社員がグループ内にいる限り、出向元に限らずいずれの会社でも懲戒処分できるように、懲戒規程を整備する

方法です。ただ、懲戒解雇だけは、出向元に帰任させて懲戒解雇するべきであるという考えもありますから（**Q8-3参照**）、この考えをとるときには、出向元に帰任させる必要があります。

(3) 懲戒処分情報のグループ内共有

そして、グループ内のある会社で行った懲戒処分という人事記録は、グループ内各社で共有します。

この人事記録は社員の個人情報ですから、会社は個人情報取扱事業者としての対応が求められます。グループ内各社で共同利用することについて社員に通知または容易に知りうる状態に置く必要があります（個人情報保護法23条4項3号）。ただ、このとき、EU域内にある会社から域外にある会社へ個人情報を移転する場合には制約があります（**Q2-3参照**）。このEUにおけるルールと同じような趣旨で個人情報保護法を改正することが、2014年現在、日本でも検討されていますから、今後の法制化につき注意が必要です。[17]

（市川佐知子）

---

[17] 保護水準が十分でない他国への情報移転の制限ができないことが現行法の問題点と考えられています。

コラム

海外派遣前セミナー

公益社団法人会社役員育成機構（BDTI）代表理事
ニコラス・ベネシュ

　公益社団法人会社役員育成機構（BDTI）では、海外に赴任する幹部や社員に対する役員研修および海外ガバナンス、コンプライアンスのプログラムを多数提供していますが、毎回共通する課題が見受けられます。

　海外赴任者は、皆、外国人の部下とどのように接すれば誤解を生じないか、彼らはどこまで信頼できるのか、現地のどのような法的問題を心配すればいいのか等々漠然とした不安を抱えています。原因のひとつは引継ぎ不足です。引継ぎ期間が短く、注意すべき点、それに対する一番肝心の前任者の知恵、準備すべき知識といったことが十分具体化されていないことです。

　しかし、原因はそれだけではありません。「一年生社長」として現地子会社に派遣されるほとんどの方は、互いに信用できる社員と阿吽の呼吸で仕事をする日本の企業風土の中で育ち、これまで企業ガバナンスに携わったこともその教育を受けたこともないという人が大半です。例えば、技術畑の人が、年々ビジネス環境が厳しくなる一方の海外で、初めて社長・役員の責任を初日から果たすことを要求されるのに、社長・取締役などの肩書きゆえに海外腐敗行為防止法や独禁法の違反などで収監されることもある、という知識さえも欠けているのです。そもそも自社の行動基準やコンプライアンス・マニュアルの中身さえよく知らないことが多く、私から見ると、あまりに無防備といえます。しかも、本人は「何かあっても会社が私たちを守ってくれる」と思っている気配があります。

　こうした現状から、われわれの海外赴任前の役員研修では、法律についての知識はある程度提供しますが、海外赴任者が肝に銘じておく必要がある、より本質的な内容を、頭で理解するだけではなく腑に落として納得し、現地でこれを活かせるようにすることに重点を置いています。

　主だった内容は、①コーポレート・ガバナンス、会社の社会的責任、コンプライアンス、内部統制などがなぜ世界中でその重要性を増しているのか、また、役員のそれに対する責任とは何か、②これに対応するため、「企業風土」を向上させ、「風通しのいい会社」をつくることが役員の一番大事な仕事である、③連結経営においてはレピュテーションも連結するため海外の孫会社であっても上記のすべてが該当する、④海外では派遣された自分自身が「自社の理念、倫理、価値

観、プラクティスの代表例」として見られるので、よい手本を示さなければならない、⑤海外では阿吽の呼吸は通用せず、多くの人は明確な指示・書面による説明がなければ伝わらないので要注意、⑥それぞれの法律（例えば、海外腐敗行為防止法や独禁法）について「なぜそれがいけないのか」の理解を深めることによって問題の可能性を早めに察知する「勘所」を押さえることの重要性、⑦「何か変」と感じたことは、たぶんおかしいと悲観的な目で見て、（もしかすると）裏で何か事が起きてしまっているのかもしれないと常に考える、⑧もしかすると問題があると察知した場合、「誰に、どのように相談すればいいのか」迅速に判断できるようにするため自社の規則やシステムをよく理解しておく、などです。

　研修でもっとも大切な点は、学ぶことではなく、考える力を蓄えることです。短い研修の時間の中でこれから海外赴任者を待ち受けるさまざまなリスクをすべて網羅することは不可能なばかりでなく、知識として説明を聞くだけでは頭に残ることも限られ、研修としての有効性には疑問を感じます。私が、これまでの経験から日本の会社の海外赴任者に必要だと考えるのは、存在するリスクをリスクとして認知し、それに対して適切な対応は何かを判断し、実際に行動できる力を身につけることです。

　したがって、われわれの研修では具体的なケーススタディをとりあげながら、そこに潜むリスク、その背後にあるより潜在的な原因、とるべき対応などを参加者自身が、あるいは参加者同士で、深く考え、発言し、互いに議論することで応用力をつけるようにしています。

　例えば、「2007〜2011年の間に優秀な部下が一部の顧客から小額のキックバックをもらったと判明した場合、どのように対応すればいいか」を議論すると、大半の日本人経営者は「何か適切な処分、例えば何か月の給料減」のように返答しますが、海外では、「即座に首」がむしろ常識です。このような例を通じて、なぜそうなのか、他のどのような経営上・法律上の問題をすぐに心配すべきかを議論するのです。

　海外で現地子会社社員と共通の言語でガバナンス、コンプライアンスを話し合えるように、研修を英語で行うことも大切です。

　最後に、海外赴任が決まってから研修を受けさせるのではなく、より早い段階で、潜在的な経営者候補の社員に自社のガバナンス、コンプライアンス、さらに役員としての義務・責務についての基礎的知識を習得させる仕組みづくりが、グローバル化をめざす会社には今後欠かせなくなることも追記したいと思います。

9章
国際的にリストラを断行する

9-1

当社では、アジアで現地子会社を擁する事業部門の縮小計画を策定中です。労働法上の整理解雇の規制を考えた場合、人員削減は当社、現地子会社いずれでするべきでしょうか。

1　日本の労働法

　日本の労働法は労働者寄りで解雇が極めて難しいと評されることがあります。特に、社員に落ち度のない整理解雇の場合、4要件が必要と一般にいわれており（Q9-2、9章コラム参照）、その充足は容易ではありません。このような認識から、日本での整理解雇を極力避け、現地子会社で人員削減して、事業部門全体のリストラを進める計画が立てられることがあります。そして、A国で何人、B国で何人と、日本本社が決定・通達し現地に実行を求める、Q9-5と同じ事態が、本社と子会社が外国本社と日本子会社であったものが、日本本社と外国子会社に逆転した関係で、生じるのです。

2　アジア諸国の労働法

　しかし、解雇が難しいのは、日本に限った話ではありません。アジア諸国でも労働者保護の色彩が強く、ときに日本よりも厳格な場合もあります。日本では難しいから解雇は現地子会社で、と安易に考えるべきではありません。

　現地の解雇規制は現地の専門家に詳細を尋ねるべきですが、ここでは一例として、第一東京弁護士会労働法制委員会外国法部会による調査・視察結果報告書（2012年）から、タイにおける解雇規制をとりあげて紹介します。

3　タイの解雇規制

(1)　解雇補償金

　タイでは、会社が社員を解雇するときに、図表9−1に示すような最低額の解雇補償金を支払う義務があります（労働者保護法118条）。

(2)　特別解雇補償金

　さらに、会社が事業所を移転する場合や、工場設備を更新して実現した合

図表9-1 解雇補償金

勤続期間	120日以上 1年未満	1年以上 3年未満	3年以上 6年未満	6年以上 10年未満	10年以上
最終賃金×日数の補償金	30日	90日	180日	240日	300日

理化により人員削減する場合には、解雇補償金に加えて特別解雇補償金を支払う必要があります（労働者保護法120条、121条）。

(3) **不当解雇**

しかし、上記の解雇補償金は、それを支払えば解雇が自由にできるという意味ではありません。解雇補償金を支払って解雇しても、労働裁判所が不当解雇として職場復帰命令を下すことがあります。職場復帰が非現実的な場合には、損害賠償命令が下されます。この損害賠償金は、社員の年齢、勤続年数、困窮の度合い、解雇の原因、解雇補償金が総合勘案されて決められます（労働裁判所設置・労働裁判訴訟法49条）。

(4) **労働裁判のあり方**

法定の解雇補償金を支払ったのだから解雇の効力は揺るがないと会社が考えていても、社員が不当解雇を訴え裁判所が認めれば、新たに損害賠償金の支払や、さらには職場への復帰が命じられるのです。そして、タイでは、労働裁判所が訴状作成支援を行うこともあり、弁護士を使わずに社員が本人訴訟を起こすことが多く、労働裁判件数が人口に占める割合は、日本の3倍近いともいわれています（同報告書30頁）。

(5) **不当解雇の中身**

何が不当解雇に当たるかですが、タイでは仏教的公正にもとると解されれば不当解雇とされる可能性があり、日本人とタイ人とで公正の感覚が一致しないことがある点に注意が必要です。[1]

(6) **解雇の意味**

しかも、ここでいう解雇には有期契約の雇止めも含まれ（労働者保護法118条2項）、特殊な有期契約を除いては（同条3項）、会社は雇止めの場合にも解雇補償金を支払わなければなりません（同報告書8頁）。

---

1 吉田美喜夫著『タイ労働法研究序説』立命館大学法学部叢書第10号（晃洋書房、2007年）

(7) **現地法を踏まえた計画策定**

　上記のとおり、タイでは解雇に際する金銭補償が手厚く、さらに解雇紛争を容易にする諸制度も整っており、日本と比べて特に解雇が容易であるとは言い難いと思います。現地法を踏まえた慎重な計画策定が必要です。

〔市川佐知子〕

9-2

当社が擁するグループ内にある子会社では、グループ一括採用による社員がいます。この子会社の特別清算が決まり、所属する社員全員を解雇するに際して求められる解雇回避努力義務はどの程度ですか。

1 グループ一括採用

「グループ一括採用」とは、特に明確な定義がある用語ではなく、さまざまな形態がありえますが、ここでは、中核企業で社員を採用し、採用時には社員へのグループ一括採用の説明・明示が十分になされ、社員の同意に基づき子会社へ出向または転籍をさせるなど、グループ一括採用による社員のグループ内子会社への勤務が適法に行われていることを前提とします（Q2-5参照）。

2 整理解雇の法理

会社が社員を解雇する場合には、「解雇は、客観的に合理的な理由を欠き、社会通念上相当であると認められない場合は、その権利を濫用したものとして、無効とする」という解雇権濫用法理（労働契約法16条）が適用されます。そして、解雇権濫用法理のもとで整理解雇が解雇権の濫用とならないかどうかにつき、裁判例は以下の4つの要件または要素に基づき判断しています。

① 人員削減の必要性
② 整理解雇を選択することの必要性（解雇回避努力義務の履行）
③ 被解雇者選定の妥当性
④ 手続の相当性

3 会社解散による解雇と整理解雇の法理

特別清算とは、解散後の株式会社につき、清算遂行の支障または債務超過の疑いがある場合に開始される裁判上の特別の清算手続です。会社の特別清算に伴う全社員の解雇の場合に、解雇権濫用法理はどのように適用されるのでしょうか。上記2の整理解雇の法理は適用されるのでしょうか。

(1) **修正された整理解雇の法理**

　裁判例は、会社解散や全事業の廃止に伴う全社員の解雇の場合に整理解雇の4要件（または4要素）をそのまま適用することには否定的です。

　たとえば、グリン製菓事件（大阪地決平成10.7.7労判747号50頁）の判例では、「解散に伴う全員解雇が整理解雇と全く同列に論じられないことは言うまでもないが、いわゆる解雇権濫用法理の適用において、その趣旨を斟酌することができないわけではない」と述べたうえで、整理解雇の要件のうち、第1の要件と第2の要件については原則として問題とならないとしつつ、第3の要件と第4の要件については、「企業廃止に伴う全員解雇の場合においては、解雇条件の内容の公正さ又は適用の平等、解雇手続の適正さとして、考慮されるべき判断基準となるものと解される」として、整理解雇法理の趣旨を斟酌し、それを修正した判断基準を定立しています。

　また、三陸ハーネス事件（仙台地決平成17.12.15労判915号152頁）の判例は、全事業の廃止に伴う全社員の解雇の場合に整理解雇の4要件（または4要素）をそのまま適用するのは適当ではないが、整理解雇の第4の要件（要素）である「手続の妥当性」については事業廃止による全社員の解雇の場合にも基本的に妥当するとして、整理解雇法理を修正した2要件の判断基準を定立しています。すなわち、①事業廃止の必要性（使用者がその事業を廃止することが合理的でやむをえない措置といえるか）、および②解雇手続の相当性（労働組合または労働者に対して解雇の必要性・合理性について納得を得るための説明等を行う努力を果たしたか、解雇にあたって労働者に再就職等の準備を行うだけの時間的余裕を与えたか、予想される労働者の収入減に対し経済的な手当を行うなどその生活維持に対して配慮する措置をとったか、他社への就職を希望する労働者に対しその就職活動を援助する措置をとったか、等の諸点に照らして解雇の手続が相当であったといえるか）の双方を総合的に考慮すべきであり、そのいずれかが否定される場合には、当該解雇は解雇権の濫用として無効と解すべきとしました。

　これらの判例は、いずれも、会社解散や全事業の廃止による解雇に整理解雇の4要件（4要素）をそのまま適用するのは適当ではないものの、逆に一切適用しないとするものでもなく、整理解雇法理の趣旨を斟酌し、適切な要件（要素）については（場合によっては修正のうえ）考慮したうえで解雇権の

濫用にならないかを判断すべきとしているものと解されます。

(2) 第2の要件（要素）の検討の要否

会社解散や全事業の廃止の場合には、整理解雇の第2の要件（要素）、すなわち「整理解雇を選択することの必要性（解雇回避努力義務を尽くしたか）」を検討しなくてよいのでしょうか。

この点、上記グリン製菓事件の判例では、「解雇回避努力について…それをせねばならない理由は原則としてないものと考える」とされています。

また、上記三陸ハーネス事件の判例では、「これ（筆者注：第1の要件である「事業を廃止することの必要性」）が肯定される限りは、第2の『整理解雇を選択することの必要性』については、およそ議論の余地なく肯定されるものであるから、第1の要件と独立してこれを論じることは無意味である」とされています。

4　本問の検討

これらの判例の考え方によれば、本問でも第2の要件を検討する必要は原則としてないことになりそうです。しかし、本問で、特別清算される子会社に所属する社員は、もともとグループ一括採用された社員であり、当該子会社単体に採用されたわけではありません。グループ一括採用された社員は、グループ内での異動が前提とされているのだとすると、子会社の特別清算に際しても、社員としてはグループ内の他の会社への異動による雇用継続を期待するのは当然である一方で、会社に対してグループ内の他の会社への異動による解雇回避の努力を要求しても酷ではないと思われます。また、客観的に解雇回避可能性がないような事例では解雇回避努力を求めるのは無意味ですが、会社が解散する場合であっても当該会社がグループ内の人事異動を前提にしているなど客観的に解雇回避可能性がないとはいえない事例では、解雇回避努力を求めるのが適当な場合もありえます。したがって、社員がグループ一括採用されているという本問のようなケースでは、子会社の特別清算に伴う解雇であっても、グループ内の他の会社への異動などの手段によって解雇回避努力義務を尽くしていない場合には、解雇権の濫用と判定されることもありうると思われます。

（松本宗大）

9-3

当社はアメリカ本社の現地子会社ですが、事業縮小のため整理解雇をすることになりました。人選基準として50歳以上を設けるつもりですが、アメリカ本社からは年齢差別に当たり不適切と指摘されました。年齢基準をどう考えるべきですか。

　整理解雇の法理についてはQ9-2のとおりですが、本問の「整理解雇の人選基準として、50歳以上という基準を設けるつもり」という点は、整理解雇の4要件（要素）のうち、「被解雇者選定の妥当性」に関連します。

1　被解雇者選定の妥当性

　被解雇者選定の妥当性が認められるためには、会社は客観的で合理的な基準を設定し、これを公正に適用することが必要です。客観的で合理的な整理基準と認められるものとしては、欠勤日数、遅刻回数、規律（命令）違反歴などの勤務成績や、勤続年数などの企業貢献度、さらには「30歳以下の者」などの経済的打撃の低さなどが考えられます。[2]

2　年齢に関する労働法の規制

　労基法3条は、使用者が労働者の国籍、信条または社会的身分を理由として労働条件について差別的取扱いをしてはならないという均等待遇の原則を定めています。しかし、同条は、「年齢」については定めておらず、年齢を理由として労働条件について異なる取扱いをすることを特段禁止していません。

　また、雇用対策法は、事業主に対し、労働者の募集・採用において年齢にかかわりなく均等な機会を与えるべき義務を定めていますが（10条）、この規定は、その文言上明らかなとおり、募集・採用の場面で適用されるものであり、労働契約の終了の場面で適用されるものではありません。

　さらに、社員が一定の年齢に達したときに労働契約が終了する制度である定年制は、公序良俗に反するものではなく、有効と解されています。高齢者

2　菅野和夫著『労働法〔第10版〕』（弘文堂、2012年）569頁

雇用安定法は、事業主が定年制を採用することを前提としており、その前提のうえで、労働者の定年の定めをする場合には当該定年は60歳を下回ることができないと定めています（8条）。

このように、日本の労働法のもとでは、高齢者雇用安定法8条が禁止するような特定の場合を除き、会社が社員との労働契約の終了の場面で年齢を基準に異なる取扱いをすることそれ自体は特段禁止されていません。

3　整理解雇における年齢基準の合理性

整理解雇において年齢を人選基準とする場合、中高齢者を対象とするものが多くみられます。中高齢者を被解雇者として選定する年齢基準について、これまでの裁判例は、①使用者の恣意の入る余地のない客観的に明確な基準であること、②年功序列型の賃金体系において高年齢者を解雇することは人件費削減効果が大きいこと、③解雇による経済的不利益（再就職が困難であることに起因する経済的不利益も含む）とそれへの代償措置（退職金等）の有無およびその程度、④年齢（加齢）が業務遂行能力等へ与える影響、⑤企業への貢献度などを考慮したうえで、総じて合理性を認める判断をしています[3]。

もっとも、それらを考慮したうえで、年齢を用いた基準設定の合理性が否定されることもあります。ヴァリグ日本支社事件（東京地判平成13.12.19労判817号5頁）では、会社が設定した「53歳以上の幹部職員」という被解雇者の選定基準について、「定年年齢まで7年間（就業規則の変更が無効であれば12年間）もの期間が残存し、残存期間における賃金に対する被用者の期待も軽視できないものである上、我が国の労働市場の実情からすれば再就職が事実上非常に困難な年齢であるといえるから、本件の事実関係の下においては、早期退職の代償となるべき経済的利益や再就職支援なしに上記年齢を解雇基準とすることは、解雇後の被用者及びその家族の生活に対する配慮を欠く結果になる（被告が提示した早期退職の条件が上記の点を考慮したものとはいいがたい。）。加えて、被告日本支社では、53歳以上の者であっても、一般従業員は対象とせず、幹部職員のみを解雇の対象としているところ、原告らの担当する幹部職員としての業務が、高齢になるほど業績の低下する業務であることを認め

3　渡邊絹子著「整理解雇における年齢基準の合理性判断―日本航空事件を素材として」（東海法学48号（2014年）65頁）

るに足りる証拠はないことからすると、幹部職員で53歳以上の者という基準は必ずしも合理的とはいえない面がある」とされました。この判決は、一定年齢以上の者を被解雇者選定の基準として用いることを全く認めないわけではありませんが、同事件の事実関係のもとで、③の解雇による経済的不利益の緩和措置が不十分であったことや、④の年齢（加齢）が業務遂行能力等へ与える影響の立証が不十分であったこと等を考慮して年齢基準の合理性を認めなかったものといえます。

4　本問の検討

　本問における「50歳以上」という年齢基準が不適切であるというアメリカ本社の指摘は、上記の法律や裁判例に照らすと、日本において一般には当たらないといえるでしょう。しかし、年齢基準を採用する理由のひとつに年齢（加齢）の業務遂行能力等へ与える影響をあげるのであれば、当社の業種も踏まえ、加齢によって業務遂行能力が低下するのかどうかを実質的に検討すべきです。また、仮に当社が60歳定年制を採用しているとした場合、50歳の者については定年年齢まで10年の期間が残存していることになり、業種によっては再就職が困難な年齢である可能性もありますので、会社としては、被解雇者の経済的不利益の緩和措置を十分にとることが必要でしょう。それらの対応もしたうえであれば、当社として年齢基準を採用することができるといえます。

（松本宗大）

9-4

前問（Q9-3）の場合において、当社は51歳のアメリカ人を整理解雇しました。するとこのアメリカ人はアメリカに帰国後、アメリカの裁判所に当社を相手取って解雇の効力を争う訴訟を提起してきました。当社はどう対応すべきですか。

1 雇用における年齢差別禁止法

アメリカでは、雇用における年齢を理由とする差別を禁じる連邦法として、「雇用における年齢差別禁止法」（Age Discrimination in Employment Act；ADEA）があります。同法は、被用者数20人以上の使用者（11条(b)）に対し、雇用のすべての局面に関して、年齢を理由とする使用者の差別を禁止しています（4条(a)）。

ADEAの特色は、年齢差別から保護される対象を、40歳以上の者に限定していることです（12条(a)）。例えば、採用にあたって「30歳以下」との制限を設けることは許されませんが、「30歳以上」という制限は違法ではありません。前者は40歳以上の者を30歳以下の者に比べて不利に扱っているからであり、後者は40歳以上の者を30歳未満の者に比べて有利に扱っているからです。

2 ADEAの域外適用

ADEAは、1967年の立法当初は域外適用の規定を有していませんでしたが、裁判でADEAの域外適用が争われるケースが出てきたため、1984年の法改正によって、一定限度で域外適用が認められるようになりました。同改正法によれば、①当該労働者が外国の事業場で使用者に雇用されるアメリカ市民であり（11条(f)）、②アメリカの使用者が当該労働者を雇用する外国（アメリカから見た外国を意味します）で設立された会社を支配（control）している場合（4条(h)）には、域外適用が認められます。

「支配」の有無については、アメリカの使用者と外国の会社の「事業運営の

4　中窪裕也著『アメリカ労働法〔第2版〕』（弘文堂、2010年）250頁

相互関係」（interrelation of operations）、「経営の共通性」（common management）、「労働関係の集中的管理」（centralized control of labor relations）および「所有または財務管理の共通性」（common ownership or financial control）の4要素に基づき判断されます（4条(h)）。

3　可能な抗弁

　ADEAの域外適用を受ける外国の会社は、ADEAの規定に違反したとして訴えられた場合、どのような抗弁を主張することができるでしょうか。基本的にはアメリカで活動しているアメリカの会社が主張できる抗弁を同様に主張できると考えられますが、それに加えて、下記の抗弁を主張できる場合があります。

(1)　**外国法の抗弁**（foreign law defense）

　この抗弁は、ADEAの遵守が外国法の違反を生じさせる場合に主張しうる抗弁です。①当該行為が外国の事業場の労働者にかかわるものであること、②ADEAを遵守することが使用者または使用者によって支配される会社を外国の法に違反させるものであること、および③当該事業場が当該外国にあることという3つの要件を満たす場合には、当該行為は違法とはならないとされています（4条(f)(1)）。

(2)　**外国主権強制の抗弁**（foreign sovereign compulsion defense）

　この抗弁は、アメリカ法違反と主張される行為が外国政府によって強制されたものである場合に主張しうるものです。例えば、X国という外国にあるアメリカ本社の子会社が、X国政府からあるアメリカ市民の社員が高齢すぎるので解雇せよとの命令を受けたためその社員を解雇したような場合には、ADEAの違反と主張されている行為はX国の政府によって強制されたものであるからADEAの違反ではないとする主張が可能です。

4　管轄

　上記のとおりADEAに域外適用の規定があるとしても、どのようにしてアメリカの裁判所に管轄が生じるのでしょうか（Q1-6参照）。

　アメリカの裁判所は、アメリカ国外で活動する会社に対しても人的管轄権（personal jurisdiction）を認める場合があります。本問のようにアメリカの雇用法の域外適用が問題になる場合、原告は、被告会社が法廷地の州に「最小

限度の接触」(minimum contact)を有することに基づきアメリカの裁判所に管轄権があると主張することが多いでしょう。この場合、原告がアメリカ合衆国憲法第14条修正に基づくデュー・プロセスの要求を満たすだけの「最小限度の接触」が存在すること、および当該州における「ロング・アーム法」(long-arm statute)の要件を満たすことを立証できれば、被告の会社に対する管轄権が認められることになります。

5　本問の検討

　本問によれば、整理解雇された社員はアメリカ人とされていますが、同人が「アメリカ市民」であり、アメリカ本社が上記の判断基準に基づき当社を「支配」している場合には、ADEAの域外適用がありえます。そして、前問の場合において、当社は「50歳以上」の者に対して整理解雇を行っていますが、これは50歳以上の高齢者を不利に扱うものですので、ADEA違反となる可能性があります。

　本問において整理解雇の対象となったアメリカ人がアメリカにおいて解雇の効力を争うことには上記の点で理由がありますので、当社としては、当該アメリカ人からアメリカの裁判所で訴訟を起こされた場合には、具体的な事実関係に応じて管轄権の有無を争ったり、法の適用の可否を争ったりなど種々の対応が考えられるでしょうが、いずれにせよ当該訴訟に対応せざるをえないでしょう。

　したがって、本問に関しては、そもそも整理解雇の対象に「アメリカ市民」が含まれているのであれば、整理解雇の人選基準について、アメリカにおける法的リスクをも考慮して設定すべきであったといえます。その観点からは、40歳以上の高齢者を不利に扱うことになる年齢基準の採用は避けること、具体的には、年齢以外の合理的な基準か、あるいは年齢を基準にするとしても「30歳以下」とするなど、高齢者を不利に扱うことにはならない基準を設けることを検討してもよかったのではないかと思われます。

　なお、ADEA上の権利は一定の厳格な要件を満たす場合には社員に放棄させることが可能なので（7条(f)）、解雇対象社員との間で権利放棄契約を結ぶことは有効な訴訟リスク回避手段となりえます。

（松本宗大）

9-5

当社が属するアメリカ本社グループでは、2008年金融危機以降、グループ全体で人員削減を行っています。削減人数は本社から指示され、当社への割当ては10人です。整理解雇の4要件中、人員削減の必要性をどのように主張立証すべきですか。

　整理解雇の法理についてはQ9-2のとおりですが、本問では、グループ全体の人員削減が行われている中で、アメリカ本社から削減人数の指示があり、当社へ10人が割り当てられたという事実関係のもと、整理解雇の4要件（要素）のうちの「人員削減の必要性」をどのように主張立証すべきかが問われています。

1　具体的な削減人員数の検討の必要性

　整理解雇の第1の要件としての人員削減の必要性とは、人員削減措置の実施が不況、斜陽化、経営不振などによる会社経営上の十分な必要性に基づいていること、ないしは会社の合理的な運営上やむをえない措置と認められることです。この「必要性」ないし「やむをえなさ」について、多くの裁判例は、当該人員削減措置を実施しなければ当該会社が「倒産必至」の状況にあることまでは必要ではなく、債務超過や赤字累積に示される高度の経営上の困難から当該措置が要請されるという程度で足りるとしています[5]。

　人員削減の必要性を否定する裁判例の典型は、財務状況の見積もりが不正確と認められた場合や、人員削減措置の決定後間もなく、大幅な賃上げや多数の新規採用や高率の株式配当を行うなど矛盾した経営行動がとられた場合です[5]。

　また、人員削減の必要性を否定・疑問視するいくつかの裁判例は、経営状態および人員削減策全般の検討に加えて、具体的な削減人員数についての検討を求め、これが十分に検討されていないと認められる場合、人員削減の必要性を否定・疑問視しています。例えば、イセキ開発工機（解雇）事件（東

5　菅野・前掲書568頁

京地判平成15.12.22労判870号28頁）では、人員削減の決定過程について、「どれだけ人員を削減すればいくらの経費が節約できるといった検討はせず、おおよそ半減させる必要があるであろうと想定して」決定がなされたことを指摘して、解雇された社員について人員削減の必要性があったのか疑問であるとしています。[6]

上記の判例の考え方からすると、本問において、単に本社からの指示があったというだけでは、人員削減の必要性があったとは認められないでしょう。なぜ整理解雇により10人削減する必要があったのかについて、その具体的な削減人員数を前提とした検討を行うべきであり、裁判においては、そのような検討を行ったことを主張・立証する必要があります。

2　どの単位で人員削減の必要性を検討すべきか

(1)　グループ全体

本問のように、グループ全体で人員削減が行われ、アメリカ本社から当社に対して削減人員数の割当てがなされるという場合、アメリカ本社ではグループ全体についての人員削減の必要性しか検討していないということもあるかもしれません。

(2)　独立した法人単位

しかし、アメリカ本社の指示があるとしても、当社には独立した法人格があり、当社の社員を整理解雇する意思決定をし、実行しているのはあくまで当社ですから、整理解雇の要件としての人員削減の必要性は、当社において満たしていることが求められます。グローバルに展開している国際的な企業グループの場合、国ごとの個別事情の検討が疎かになることもあるように見受けられますが（特にその国に存在するグループ会社の規模が小さい場合など）、本社に対して法務リスクを含む自国の事情を適切に報告して善処を促すのも、ローカルスタッフの重要な役割といえるでしょう。

(3)　支店単位

なお、この点について参考になる裁判例として、ブラジルに本社がある航空会社の日本支社の社員に対し全社規模の経営再建の一環として整理解雇が行われた、ヴァリグ日本支社事件（東京地判平成13.12.19労判817号5頁）があり

6　神林龍著『解雇規制の法と経済』（日本評論社、2008年）131頁

ます。同事件では、「被告日本支社は、独立した法人格を有するわけではなく、独自の資金も資産も全く保有せず、必要な経費支出にも本社決裁を要する体制となっていたことからすれば、被告の経営合理化の一環である人員削減の必要性を全社単位で考慮するのは当然であり、被告日本支社を単位としてその枠内でのみ人員削減の必要性を問題とすることが合理的とはいえない」としつつ、日本支社において海外全体の人員削減比率25％に比べて極めて高い約40％の人員削減が行われたことから、「被告全社において上記人数の合理化を行う必要性はひとまずおくとしても、日本支社において特に上記のような大幅な人員削減を行う必要性があったことを示す的確な証拠は、本件において存在しない」とされ、結論としては人員削減の必要性について疑問が残ると判断されています。

　つまり、同事件では、日本支社が独立した法人ではない支店であったことから、人員削減の必要性は法人である全社単位で考慮すべきであるが、それに加えて日本支社における人員削減の必要性も考慮すべきとされています。この判例の考え方によると、人員削減の必要性は、法人単位で検討していれば常にそれで十分とも言い切れませんので、注意が必要です。日本支社が法人ではなく支店の形態である場合は、法人である全社単位に加え、支店である日本支社単位でも人員削減の必要性を検討しておくほうが無難であろうと思われます。

（松本宗大）

9-6
当社はアメリカ本社のグループ傘下にあり、社員1000人を擁し、少数労働組合が一つだけあります。整理解雇を検討中ですが、人選の際に組合員資格をどう考えるべきですか。

1 整理解雇の要件
(1) 解雇の必要性
　景気の変動を受け、整理解雇による人員削減の必要性が高まる時期があり、近時では2008年金融危機後がそうでした。整理解雇で検討される４事項（Q9-2参照）のうち、ここでは、社員1000人のうち50人を減らして950人にする必要性はすでに認められたものと想定します。

(2) 人選の基準
　次は50人の人選です。当社では社員が年初目標を立て、上司が年末に達成度を５ランクで測るパフォーマンスレビューを行っています。このレビュー結果が最下位ランクとなった50人を解雇対象者にしたところ、50人のうち30人が組合員でした。もちろん、組合員狙い撃ちの結果ではありません。

2 組合員資格
(1) 組合の反発
　しかし、組合は、全社員中組合員の占める割合は10％であるのに、解雇対象者中組合員の占める割合が60％にも上って著しく偏向しており、明らかな組合潰しであると猛烈に反発します。とはいっても、組合員だからと特別に優遇するわけにもいきません。

(2) アメリカ本社の懸念
　このようなとき、アメリカ本社もまた神経質になり、選定基準に難色を示してくることがあります。アメリカでは、人種、年齢、性別等による差別訴訟において解雇候補者リストの統計分析が重要な証拠として利用されるため、事案が違うにしても、次のような点が想起されるようです。つまり上記のよ

うな割合の格差が単なる偶然とはいえない程度に至っている場合、
「統計分析それ自体によって差別意思が一応証明できた」
とされます。そうなれば、会社は、
「分析結果が信用できないとして社員側の一応の証明自体を否認する」
「一応の証明をいったん認め、しかし格差には差別とは違う適法な理由があることを証明していく」
のいずれかの対応をとる必要があります。そして、社員側が
「会社の提示した理由が口実にすぎないことを証明する」
ことになるのです。このように、会社が対応を迫られるかどうかは、「統計分析それ自体によって差別意思が一応証明できた」かどうかにかかっているわけですから、アメリカ本社は関心を示すのです。

3　日本における統計的審理方式

他方、日本では、統計分析的審理方式について次のような争いや変遷があります。

(1)　年功序列による人事管理

日本の伝統的人事管理は、昇進・昇格や昇給・賞与の決定を、年次、学歴、職種といった一律の属性に基づき集団的に行うものでした。ですから、一律の属性は同じなのに、昇進・昇格や昇給・賞与に差があるならそれは、他者と同等の取扱いを受けるべきなのに受けていない、差別の発生を意味しました。

(2)　大量観察方式

これが不利益取扱いとして労働委員会で争われる場合、被差別者が比較的多数に上ること、差別期間が長期に及ぶこと、会社側は人事情報を出したがらないこと等から審査が長期化しがちでした。これに対処するため、実務の中で考案・採用されたのが大量観察方式で、裁判所でも是認されました（紅屋商事事件・最判昭和61.1.24労判467号6頁）。

すなわち、①「集団間に外形的な格差が存在」し、②「会社の差別意思が認められる場合」に差別を推認し、③「合理的理由によることを会社が説明できない」ならば、不当労働行為と判断する方式です。

7　TMI総合法律事務所編著『グローバル企業の人事リストラ戦略』（日経BP、2010年）55頁

(3) 統計分析の使用方法

大量観察方式では、社員を（組合員と非組合員等の）グループに分け、グループごとの査定結果を平均値、最頻値等を使って分析します。ここで組合員グループが非組合員グループより処遇上劣後している（上記①）とされ、差別意思の存在が間接事実から認められると（上記②）、一般的に差別が推認されます。そして、伝統的な集団的人事管理を行う会社では、合理的理由による査定結果（上記③）であることを説明できません。

(4) 集団管理から個人管理へ

しかし、時代は変わり、日本の会社も年功序列による集団的人事管理を離れ、成果主義により成績に応じて社員個人の処遇を決定するようになりました。社員の処遇は、一律の属性ではなく個人の成績で決まるのです。

(5) 裁判所の修正された大量観察方式

これを受け、まず、裁判所が考え方を変え、会社側の組合に対する嫌悪の念が推認される状況下で（上記②）、組合側に外形的な格差があって（上記①）、④「被差別者が他者（非組合員グループ）に成績上劣らないこと」を可能な限りで主張・立証させたうえで、会社側に合理的な格差であること（上記③）を主張・立証させるようになりました（全税関大阪事件・最判平成13.10.25労判1079号160頁）。グループを比較して差別を論じるには、グループ間に優劣がなく均質であること（上記④）が前提となります。似た者二人を比べて初めて二人の取扱いを違えることが差別となるからです。

(6) 労働委員会の修正された大量観察方式

労働委員会も修正を迫られ、裁判所と同様、④の均質性について個別立証を要する考え方を採用し、組合側が立証すべき事項のモデルを掲げています。

ところが、このモデルを見ると、同期社員を同じスタートラインに立たせ、遅刻やミスに応じて後退させる減点主義がとられています。製造業の工場労働者であれば成り立つのでしょうが、サービス業中心の時代にあって、コミュニケーションや企画力で他者よりも秀でた社員に加点する人事制度、差をつけるシステムには全く当てはまりません。[9]

このため、労働委員会も、この修正された大量観察方式を用いるのは、同

---

8 山川隆一ほか著「改正労働組合法における論点と今後の課題」（ジュリスト1296号（2005年）84頁）

種・同期・同学歴という一律の属性が人事処遇上一定の役割を果たしている（と組合側が主張する）場合に限定されるとしたのです[10]。これにより、大量観察方式が適用される場面はかなり限定されたと見るべきです。

4　会社の主張・立証活動

上記したように、アメリカでの差別事件は人種、年齢、性別に基づくものであり、日本での差別事件は昇進・昇格や昇給・賞与上の組合員資格が問題になるものであり、いずれも本問とは事情が異なります。ただ、アメリカでも日本でも統計データが差別事件で一定の説得力をもちうることには留意しておいたほうがよさそうです。これを踏まえ会社が何をすべきかですが、次のような反駁をして格差は差別ではないことを主張・立証することが考えられます。無駄な箇所に時間や労力をとられないよう、効率的な活動に努めるべきです。

(1) 数量的に有意な集団

まず、大量観察方式では各グループが比較可能な程度の人数を有していることが前提となり[11]、あまりに小規模の組合では比較になりません[12]。このような場合なら、外形的格差の有意性（上記①）を否定するべきです。

(2) 比較集団間の優劣

また、差別を受けているという組合員グループと、比較対象として設定された非組合員で構成されるあるグループとに優劣関係があって、比較の前提を欠くことを強く訴えるべきです。これは、格差が合理的な制度の運用結果であること（上記③）を制度レベルで立証し、かつ被差別者の成績が劣後すること（上記④）を個人レベルで立証することで対応できると考えられます[13]。

(3) 制度の合理性

当社がとるパフォーマンスレビューの制度内容や運用が合理的であること

9　中労委厚労使提案「賃金、昇進・昇格等差別事件における大量観察方式の活用及び物件提出命令の運用の在り方について」（中央労働時報1069号（2007年）19頁）参照
10　中央労働委員会編「労働委員会における『大量観察方式』の実務上の運用について」（季刊 労働者の権利265号（2006年）16頁）
11　山川隆一著「査定差別事件における不当労働行為の認定と大量観察方式」（慶応法学7号（2007年）558頁）参照
12　前掲注9の23頁
13　山川・前掲注11の560頁参照

（上記③）を説明するのは、比較的容易です。会社は制度設計書や運用マニュアルを用意のうえレビューを実施しており、これらを証拠提出することが可能です。

(4) 個人の成績の合理性

これに対し、被差別者の成績の劣後（上記④）を証明するのは少し厄介です。組合からは、被差別者が劣ることを他者の成績資料をあげて立証せよ、という要求がくるかもしれませんが、そのようなことは人事の根幹を揺るがし、企業運営上できません。しかし、被差別者の成績が相当に劣悪であれば、他者との比較を待つまでもなく低いレビューの合理性を立証できるのですから[14]、これに取り組むべきです。

(5) 差別意思の不存在

他方で、会社に組合差別意思がないこと（上記②）を延々語ってもあまり効果はありません。ある者の意思は、本人の内心が覗けない以上、外に向かって表われた事実から推認されるためです。　　　　　（市川佐知子）

14　山川・前掲注11の557頁参照

9-7

当社はアメリカ本社のグループ傘下にあり、本社から人員削減を命じられています。当社は、社員の自主性に任せる希望退職の方法をとりたいのですが、それでは優秀な人材から辞めてしまうと指名退職勧奨が指示されました。どちらが適当でしょうか。

1 希望退職の募集と指名退職勧奨

　希望退職の募集とは、会社が対象者、募集人数、募集期間、退職加算金の支払や再就職支援などの優遇措置を定めたうえで、自発的に退職する社員を募集することをいい、不況時や会社の業績悪化時等に人員削減の手段として行われます。

　指名退職勧奨とは、会社が特定の社員に対し、合意解約ないし一方的解約（辞職）としての退職を促す行為をいいます。

　指名退職勧奨の場合も、それに応じるか否かは社員の任意の意思で決定されますので、その点では希望退職の募集と同じく社員の自主性に任せる手法ですが、希望退職の募集は、指名退職勧奨と異なり、会社の側で特定の社員を指名するわけではありません。その点において、希望退職の募集のほうがより社員の自主性を尊重した手法であるといえるでしょう。

2 希望退職の募集の場合

　本問では、アメリカ本社から当社に対して、希望退職の募集では優秀な人材から辞めてしまうとして、指名退職勧奨をするよう指示がなされています。希望退職の募集の場合は、優秀な人材をつなぎとめることはできないのでしょうか。

　この点に関しては、希望退職の募集の法的意味を明らかにする必要があります。大和銀行事件（大阪地判平成12. 5. 12労判785号31頁）では、割増退職金の支給等を内容とする早期転職支援制度の適用を拒否された社員から同制度による割増退職金等の請求および不当利得返還請求がなされたという事例で、会社による早期転職支援制度の募集の通達は、申込みの誘引であって、社員

の申し出をもって承諾とするものではないとされ、また、同制度の適用に使用者の承諾を要するとした趣旨は労務の円滑な遂行に支障を来すような人材の流出を回避することであって不合理とはいえず、また使用者は当該社員からの同制度適用の申込みを承諾する義務はないと判断されました。

この判例の考え方によれば、会社にとって退職されては困る優秀な人材から希望退職制度への応募があった場合には、会社はこれを承諾しないことで対応できることになります。

もっとも、富士通事件（東京地判平成17.10.3労判907号16頁）の裁判例では、上記大和銀行事件の裁判例と同様の考え方に立ちつつ、人事政策上、人員削減の必要から自主退職を促すために設けられた退職金に特別加算がなされる早期退職優遇制度の適用にあたっては、会社が適用申請者に適用を認めないことが信義に反すると認められる特別な事情がある場合には、信義則上、適用申請の承認を拒否することは許されないとされています。同事件では、被告会社の早期退職優遇制度は、社員が被告会社と競合する関係にある会社に転職する場合には適用されないものとされているところ、原告が退職後に就職する会社が「競業会社」に該当するとの被告会社の判断が不合理とはいえず、原告に本制度の適用を認めないことが信義に反する特段の事情があるとはいえないと判断されました。この判例は、いかなる場合が「特段の事情」に該当するかを明らかにしていませんが、例外的に会社が承認を拒否することが許されない場合がありうるという考え方を示している点には注意が必要です。

3　指名退職勧奨の場合

指名退職勧奨の場合、会社が指名した社員に対して退職勧奨を行うものである以上、退職されては困る優秀な社員以外の者に対して退職勧奨を行えば、そのような優秀な社員が流出するといった事態にはなりません。

上記のように、希望退職の募集の場合には、原則として会社に承諾の権利があることから、承諾しないことによって優秀な社員の流出を防げるものの、承諾しないことが信義に反すると認められる特段の事情がある場合には、会社が承諾を拒絶できないという事態も生じえます。

したがって、優秀な人材の流出を防ぐという観点からは、指名退職勧奨の

ほうがより確実であるといえます。

　もっとも、現実には、会社は優秀な人材の流出を防げるかどうかの観点だけで希望退職の募集と指名退職勧奨のいずれの手段を採用するかを決定するわけではありません。小規模の会社では、すでに余剰人員が特定されている、希望退職を実施すると事業の継続に支障が出ることが予想されるなどの理由から希望退職の実施が現実的ではない場合も多いでしょうし、逆に大規模の会社では、大幅な人員削減が必要な場合に各社員への個別のアプローチが必要な指名退職勧奨を行うのが現実的ではない場合もあるでしょう。会社としては、それらの事情も総合的に考慮したうえでどのような手法が適切かを判断すべきことになるでしょう。
　　　　　　　　　　　　　　　　　　　　　　　　　　　（松本宗大）

9-8
当社では退職加算金を付けた指名退職勧奨を行う計画です。退職勧奨のやり方に関し留意すべき点は何ですか。

1 退職の意思表示の瑕疵

　会社が退職勧奨を行う場合は、社員の任意の意思を尊重する態様をとることが必要です。社員に退職を勧奨する会社の行為の態様次第で、社員の退職の意思表示が強迫（民法96条1項）、詐欺（民法96条1項）、錯誤（民法95条）、または心裡留保（民法93条）に該当するものとして、取消の対象となり、または無効となることがありえます。

　退職の意思表示が強迫により取り消しうるとされた例としては、懲戒解雇に相当する事由が存在しないにもかかわらず懲戒解雇がありうることを告げ、そのような労働者を畏怖させるに足りる違法な害悪の告知によって退職の意思表示をさせた場合があげられます（ソニー事件・東京地判平成14.4.9労判829号56頁）。また、退職の意思表示が動機の錯誤に該当し、動機が相手方に表示されて意思表示の内容になった場合は無効となるとされた例としては、客観的には懲戒解雇をなしえなかったにもかかわらず、労働者が自主退職しなければ懲戒解雇されるものと信じ、懲戒解雇による不利益を避けるために退職の意思表示をした場合があげられます（富士ゼロックス事件・東京地判平成23.3.30労判1028号5頁）。

　したがって、会社は社員の退職の意思表示に上記のような瑕疵が生じない態様で退職勧奨を行わなければなりません。具体的には、まず、退職勧奨を行う社員に対し、勧奨に応じるか否かはあくまで当該社員の任意であることを明確に告げることが望ましいでしょう。そして、社員に対し会社に人員削減の必要性があることや当該社員を退職勧奨の対象に選定した理由等を説明するにあたっては、当該社員の人格を傷つけたり、当該社員を威圧したり、

当該社員に誤解を生じさせたりする言動を用いてはなりません。整理解雇の前提として退職勧奨を行う場合には退職勧奨の対象社員にその旨を告げるべきですが、「退職勧奨に応じなければ整理解雇をする」という表現は場合によっては虚偽となりますので（退職勧奨により相当程度人員削減ができれば整理解雇法理との関係では人員削減の必要性がなくなり整理解雇ができなくなることがあるため）、その場合には「整理解雇をする可能性がある」という表現を使用するのが適切です（Q9-11参照）。

2 違法な退職勧奨と損害賠償責任

社会的相当性を逸脱した態様での半強制的ないし執拗な退職勧奨行為は不法行為を構成し、当該社員に対する損害賠償責任を生ぜしめることがありえます。

例えば、下関商業高校事件（最判昭和55.7.19労判345号20頁）では、対象社員を長期間（2〜4か月）にわたり、多数回（10回以上）、長時間（各回短いときで20分、長いときで2時間15分）勧奨したというケースが、不法行為を構成すると判断されました。

また、日本アイ・ビー・エム事件（東京地判平成23.12.28労経速2133号3頁）では、社員の自発的な退職意思を形成する本来の目的実現のために社会通念上相当と認められる限度を超えて、当該社員に対して不当な心理的圧力を加えたり、または、その名誉感情を不当に害するような言辞を用いたりすることによって、その自由な退職意思の形成を妨げるに足りる不当な行為ないし言動がされた退職勧奨行為は不法行為を構成するとされました。また、退職勧奨の過程においてどの段階まで社員への説明ないし説得活動をなしうるかについては、退職勧奨の対象社員が会社に対して退職勧奨に応ずることによる有利不利の諸事情を比較検討したうえで退職勧奨に応じない選択をしたこと、さらなる説明ないし説得活動を受けたとしても退職勧奨に応じない意思は堅固であり、この方針に変更の余地のないこと、したがって、退職勧奨のための面談には応じられないことをはっきりと明確に表明し、かつ、当該社員の上司に対してその旨確実に認識させた段階で、初めて、会社によるそれ以降の退職勧奨のための説明ないし説得活動について、任意の退職意思を形成させるための手段として、社会通念上相当な範囲を逸脱した違法なものと

評価されることがありうるとされました。

　退職勧奨を行うにあたっては、上記の判例なども参考にして、対象社員との面談の回数、頻度、1回当たりの時間を適切な範囲で行うことが必要です。何が適切かは一概にはいえませんが、上記日本アイ・ビー・エム事件では、被告会社は、退職勧奨を行う側の社員に対し、退職勧奨が違法とならないための注意事項を作成し、これを徹底させていたという事実認定がなされており、その注意事項の中には、「1回の面談は、30～40分程度を目安にしてください」「1週間に3回以上の面談はしないようにしてください」といった具体的な数値基準も含まれていました。実務上参考になると思われます。

　また、対象社員がそれ以上の退職勧奨の拒否や退職しない旨の意思を会社に対し明確に伝えてきた場合には、対象社員において退職勧奨に応ずることによる有利不利の諸事情の理解に誤りがある場合や、会社の提示する退職パッケージの内容について対象社員に有利となる新提案があり、これにより対象社員が翻意する可能性があるといった場合でない限り、それ以上の退職勧奨の継続は止めるべきです。

3　退職勧奨と業務災害

　心理的負荷によるうつ病などの精神障害の労災請求事案における業務上外の判断について、2011年に「心理的負荷による精神障害の認定基準について」（以下、認定基準。平成23.12.26基発1226第1号）が発せられています。認定基準別表1の「業務による心理的負荷評価表」の「具体的出来事」の項目20に「退職を強要された」があげられており、「退職の意思のないことを表明しているにもかかわらず、執拗に退職を求められた」ことや、「恐怖感を抱かせる方法を用いて退職勧奨された」ことが心理的負荷の強度を「強」と判断する具体例として規定されています。

　会社としては、対象社員に過剰な心理的負荷を与えないためにも、退職勧奨が退職の強要にわたらないように注意しなければなりません。

　社員が会社からの退職勧奨によってうつ病などの精神障害を発症し、それが業務災害と認定される場合には、その療養のため休業する期間およびその後の30日間は、会社がその社員を解雇することは原則として禁止されます（労基法19条1項）。

　　　　　　　　　　　　　　　　　　　　　　　　　　（松本宗大）

9-9

当社では人員削減の方法として、まず希望退職を募り、それでも目標に届かなければ整理解雇をする計画です。しかし、いずれの段階においても極力社員からの自主的な退職申入れを促したいです。申入れを待つ期間はどの程度に設定すべきですか。

1 希望退職募集期間

　希望退職募集期間については、整理解雇の法理（Q9-2参照）の第2の要件（要素）である解雇回避努力義務が十分に履行されたかの観点から、問題視されることがあります。

　この点につき、10～14日程度の希望退職募集期間では短いとした裁判例があります。

　例えば、ジャレコ事件（東京地決平成7.10.20労判697号89頁）では、「人員削減の必要性について説明をして協力を求めるなどの措置を講じた形跡や希望退職を募る段階でも予定人員に達しなった場合には解雇を行うことがあり得ることが伝えられた形跡もなく、考慮期間をわずか一〇日間しか与えられていないなど、性急に過ぎるとの感を免れない」とされています。

　また、飛鳥管理（仮処分）事件（東京地立川支決平成21.8.26労判993号57頁）では、「上記希望退職募集当時、人員削減を実施すべき事情があったことは否定できないものの、約2週間という短期間の募集期間しか設けず、これに応募する者がいなかったとして本件解雇に及ばなければならないほどに緊急を要する事情があったとは認められない。そうすると、このような希望退職の募集をもって債務者が可能な限りの解雇回避措置を尽くしていたとは認められない」とされています。

　希望退職募集期間としてどのくらいの期間が適当かは、目標削減数がどのくらいか、その目標削減数を達成する緊急の必要性がどのくらいあるのか等の事情を考慮してケースバイケースで判断されるべきものと思われます。したがって、例えば、目標削減数を達成する緊急の必要性があるような状況で

あれば、2週間程度の短期間で許容される場合もあるかもしれませんが、逆にそれほど短期間の募集期間を設けなければいけないほどに緊急を要する事情がないのであれば、さらに長い期間を設けるのが望ましいと思われます。

2　整理解雇対象者からの自主的な退職申入れを待つ期間

次に、整理解雇の対象社員に対して退職勧奨を行い、整理解雇を待たずに自主的に退職申入れをするよう促す場合、申入れを待って整理解雇を留保する期間をどの程度に設けるべきでしょうか。

この場合、社員が退職勧奨に応じない場合には整理解雇を行うことが前提となっており、会社にとってはより人員削減の必要性が切迫していることが多いでしょうし、退職勧奨を受けた対象社員としては、退職勧奨に応じて自主的に退職するか、あるいはそうせずに会社が整理解雇を行った場合にはそれを甘受するかを検討することになり、検討すべき事柄は明確です。したがって、会社としてはできるだけ早く回答してほしいと考えるところでしょう。もっとも、あまりに早く回答を要求すると、社員の意思表示の任意性に疑問が生じる場合もありえます。そこで、その点も踏まえて、実務上は3、4日程度の期間を設けて回答させることが多いようです。　　　　（松本宗大）

9-10

当社が属するアメリカ本社傘下のグローバル企業グループでは、パフォーマンスレビューが世界統一基準で行われ、アメリカ本社では低成績を繰り返す者は解雇されます。当社においても、本社から指示のあった、この政策の実現は可能ですか。

　アメリカ本社から、日本においても世界統一基準に従い、パフォーマンスレビューを行い、低成績者の最下位3％は解雇して、代わりにより優秀な者を採用し、生産性向上をはかるよう指示があったときに、この政策を実現することはできるのでしょうか。

1　成績不良を理由とする普通解雇

　労働契約法16条は、「解雇は、客観的に合理的な理由を欠き、社会通念上相当であると認められない場合は、その権利を濫用したものとして、無効とする」と規定しています。解雇権濫用法理を明文化したものです。

　一般論として、社員の成績不良は、解雇権濫用法理にいう解雇の「客観的に合理的な理由」に該当し得ます。社員の成績不良を理由とする解雇につき、今後向上の機会を与えたとしても平均に達することは困難として有効とした裁判例として、プラウドフットジャパン事件（東京地判平成12.4.26労判789号21頁）、日水コン事件（東京地判平成15.12.22労判871号91頁）等があります。

2　セガ・エンタープライゼス事件

　それでは、本問のように、アメリカを本拠とするグローバル企業の日本子会社で、当該企業のグループ内で世界統一基準で行われているパフォーマンスレビューを実施し、最下位3％の成績の者を解雇することは、「客観的に合理的な理由」に基づく解雇といえるでしょうか。

　本問の参考になる判例として、セガ・エンタープライゼス事件（東京地決平成11.10.15労判770号34頁）があります。

　同事件では、解雇された社員の複数回の人事考課の結果がいずれも下位10％未満の考課順位であり、同人の業務遂行が平均的な水準に達していなかっ

たという事実認定を前提に、これが会社の就業規則19条1項2号「労働能力が劣り、向上の見込みがない」に該当するかどうかが問題となりました。

　この点について、同事件の決定は、「就業規則一九条一項各号に規定する解雇事由をみると、『精神又は身体の障害により業務に堪えないとき』、『会社の経営上やむを得ない事由があるとき』など極めて限定的な場合に限られており、そのことからすれば、二号についても、右の事由に匹敵するような場合に限って解雇が有効となると解するのが相当であり、二号に該当するといえるためには、平均的な水準に達していないというだけでは不十分であり、著しく労働能力が劣り、しかも向上の見込みがないときでなければならないというべきである」としたうえで、「右人事考課は、相対評価であって、絶対評価ではないことからすると、そのことから直ちに労働能率が著しく劣り、向上の見込みがないとまでいうことはできない」とし、「このように相対評価を前提として、一定割合の従業員に対する退職勧告を毎年繰り返すとすれば、債務者の従業員の水準が全体として向上することは明らかであるものの、相対的に一〇パーセント未満の下位の考課順位に属する者がいなくなることはありえないのである。したがって、従業員全体の水準が向上しても、債務者は、毎年一定割合の従業員を解雇することが可能となる。しかし、就業規則一九条一項二号にいう『労働能率が劣り、向上の見込みがない』というのは、右のような相対評価を前提とするものと解するのは相当でない。すでに述べたように、他の解雇事由との比較においても、右解雇事由は、極めて限定的に解されなければならないのであって、常に相対的に考課順位の低い者の解雇を許容するものと解することはできないからである」として、解雇を無効と判断しました。

3　本問の検討

　上記セガ・エンタープライゼス事件の判例は、成績不良に基づく解雇は、相対評価ではなく、絶対評価を前提にするものでなければ、「客観的に合理的な理由」に基づくものとはいえないとするものです。

　これを本問について見ると、本問の制度は、最下位3％という相対評価に基づき労働者を解雇しようとするものであり、上記セガ・エンタープライゼス事件の判例の考え方からすると、「客観的に合理的な理由」とはいえない

と思われます。

　もっとも、例えば、ある社員が最下位３％を何年も連続して続けたとすると、それを絶対評価としても成績不良であることと同視できるような場合もあるかもしれません。そのような場合には、その社員に対して、教育指導などの解雇回避措置をとり、それでも平均に達することを期待するのが困難であれば、解雇をなしうるものと解されます。　　　　　　（松本宗大）

9-11
当社は、アメリカ本社の方針を受け、国内工場を閉鎖してタイに製造拠点を移し、国内では販売業務に特化して収益性を回復する計画です。工場で働く製造工の整理解雇は可能ですか。

1 整理解雇の分類
(1) 経営戦略型整理解雇

　整理解雇は、経営上の理由に基づき、余剰人員を整理するために行う解雇です（Q9-2参照）。この経営上の理由について、「危機回避型」「危機予防型」「経営戦略型」のように3分類することがあります。

　裁判所は、経営上の理由の存在について、整理解雇をしなければ倒産するような局面（危機回避型）に限定するわけではなく、高度の経営上の必要に直面して倒産に至るのを未然に防ぐ局面（危機予防型）でも認めています。さらに、本問のように、収益力の回復をはかる局面（経営戦略型）にも認めた判決も存在します（例えば、ナショナル・ウェストミンスター銀行三次仮処分事件・東京地判平成12.1.21労判782号23頁）。

(2) ビジネスニーズ

　日本の人件費は相対的に高く、生産拠点を海外に移して経費を削減することで収益力を高めるビジネス上のニーズが高まっています。すると、解雇は難しい、特に整理解雇は難しいと言われてはいても、本問のような経営戦略型整理解雇が実現可能か、どのような事情があれば可能か、またいかなる準備をするべきか、検討の必要に迫られます。

(3) 部門閉鎖型整理解雇

　また、整理解雇は、「人員削減型」と、ある部門を閉鎖する「部門閉鎖型」とに分けることもできます。本問は後者に当たります。[14]

---

[14] 西谷敏著「整理解雇法理の再構築」（季刊労働者の権利238号（2001年）59頁）

2　整理解雇の種類と4事項

(1)　要件説と要素説

　整理解雇が有効かどうか判断する際よく論じられる4つの事項があります（Q9-2参照）。①人員削減の必要性、②解雇の必要性（解雇回避努力義務）、③人選の合理性、④説明・協議手続です。4事項が要件であってそのすべてを満たすときに整理解雇が有効になる（要件説）のか、要素であって必ずしもすべてを満たす必要はなく、また要素間の相互補完を認める（要素説）のか、考え方の対立があります。

(2)　一連の裁判例

　東京地方裁判所の労働部が要素説をとり、または4事項とは別の考え方の枠組みをとって、経営戦略型整理解雇を緩やかに認める一連の判決を出したとして、学会や法律実務家の間で議論が沸騰した時期がありました。経営戦略型整理解雇はそもそも認められるのか、危機回避型や危機予防型の事例で使われる4事項が経営戦略型の場合にも使えるのか、議論されました。学説はさまざまですが、一般的には、一連の裁判例を批判し、経営戦略型整理解雇をそれだけで無効とはしないものの、従来の4事項を維持しつつ、①②間に相関関係を認めて集約的に判断する審査を通じて、雇用の保護をはかるべきである、というのが有力であるように見えます。[15]

(3)　近時の裁判例

　裁判所は、近時も、経営戦略型事件で要素説の観点を採用する判決を出しています（ジェイ・ウォルター・トンプソン・ジャパン事件・東京地判平成23.9.21労判1038号39頁）。

　しかし、①②の補完で整理解雇を緩やかに認めるわけではなく、①の必要性が低ければ②の解雇回避努力のハードルを上げ、①②を集約的にとらえる有力学説の見方を採用しているようにも思えます。例えば、日本から中国への人員シフトの場合には①人員削減の必要性は高度なものとはいえないとして、②解雇回避努力はそれに応じた十分なものである必要があるとしたりします（東京地判平成24.4.20LLI/DB）。

15　奥田香子著「整理解雇の事案類型と判断基準」（日本労働法学会誌98号（2001年）47頁）参照

3　経営判断との相克

(1)　人員削減の必要性

人員削減の必要性について、会社は本来業務縮小を自らの経営責任でなしえ、経営責任を負わない裁判所が代わって判断するべきでないという考えが古くからあります（日本鋼管京浜製鉄所事件・横浜地川崎支判昭和57.7.19労判391号45頁）。この考えを裁判所がどれほど強く有するかに、整理解雇の有効性審査の仕方は大きく左右されます。

(2)　解雇の必要性

学説や近時の裁判例は、人員削減の必要性では経営判断を尊重するとしても、解雇の必要性では経営判断に踏み込み厳格に審査する立場をとる、と見ることができます。そして、財政状況が緊迫していない戦略経営型の場合、人員削減の必要性はあるとしても低く、また、会社に余力があるので解雇回避策の選択の幅が広いため、全体的に審査が厳しくなるのでしょう。

(3)　人選の合理性

この裁判所の経営判断に対する考え方は、人員削減の必要性、解雇の必要性のみならず、人選の合理性にも影響を与えるように思えます。部門閉鎖型整理解雇の場合、当該部門に所属する社員を解雇対象とすることには一定の合理性はあり、経営判断を尊重する立場に立てば、問題視しなくてもよさそうなものです。他方で、会社に任せず人員配置まで裁判所が踏み込むべきという立場に立てば、人員削減型と同じように、当該部門所属社員の配置転換の可能性を全社的にくまなく検討すべきことになり、それをしなければ解雇回避努力は不尽、人選は不合理と帰結されることになります。

(4)　説明・協議手続

さらに、人員削減の必要性が低い場合、それ以外の3事項がそれぞれ厳格に審査されると分析する見方もあります[16]。この見方は、人員削減の必要性が低い事件では、会社の行った経営判断が裁判所によって厳格に審査されるところ、上記2(1)①～③いずれの事項にも経営判断が介在することから、全事項についてハードルが上がるとしています。確かに、説明・協議をどの程度行うかも、会社の判断次第であり、こう見ることもできるでしょう。

16　榎本英紀ほか著「整理解雇、特に予防的解雇の手法等」（経営法曹172号（2012年）69頁）

4 合理的な判断
(1) 経営判断の原則
　裁判所が経営判断にどれほど配慮してくれるかはわかりません。しかし、整理解雇に経営判断の側面があるのなら、会社には経営戦略型整理解雇を選択肢として検討する余地が出てきますし、またその選択肢をとる場合には相応の合理的な判断が必要になります。

　取締役責任を論じる際、経営判断の原則が該当するといわれています。会社経営には無限の選択肢があり、当時の状況に照らし合理的な情報収集・調査・検討を行って、不合理な判断がなされない限りは、取締役には広い裁量が認められています[17]。会社の方針決定は、複数の選択肢について費用・効果のシミュレーション、比較を行い、それをもとに合理的な判断がなされるよう注意が払われているのです。

(2) 整理解雇のシミュレーション
　同様に、会社が人員削減を行う場合には、合理的な判断をするためのシミュレーション、比較が必要です。整理解雇を避け続けて聖域化させ、あるはずの選択肢のシミュレーションを怠ったり、逆に、会社にとっての合理性ばかりを優先させ、実行可能なはずの解雇回避措置の検討を疎かにするべきでありません。とりうる選択肢を分析し合理的に判断する、ビジネスでは当然のことですから、整理解雇を検討する際にもしっかり行うべきです。

(3) 希望退職と配転
　解雇回避努力策として裁判所から重視される希望退職と配転ですが、経営上の合理的判断の観点から、再検討してみます。別々の解雇回避施策として論じられることの多い希望退職と配転ですが、実際には希望退職を募って空いたポストに配転がなされます。しかし、本問のように工場で働く製造工を販売員として異動するのは実際的とは思えません。大幅な職種転換には教育が必要ですし、それ以前に人には向き不向きがあります。製造工は、販売ではなく製造に向いているからこそ製造工だったのであり、販売員への転換は本人にとっても困難なことが多いでしょう。また、希望退職に応募するのは、えてして優秀な人材であることが多く、当社は、優秀な販売員を手放して、不

17　江頭憲治郎著『株式会社法〔第4版〕』（有斐閣、2011年）437頁

向きな人材に販売を強いることになります。会社は、このような問題を踏まえて、合理的な経営判断として、希望退職者募集や配転先の範囲を決めればよいはずです。

(4) 新規採用

会社が整理解雇をした最中や直後に、新規採用を行い、これが①の人員削減の必要性を否定する材料とされることがあります。ただ、経営上の合理的判断の観点から見れば、これを一律に否定材料とすることには疑問がわいてきます。会社が必要とする人材はさまざまであり、誰でもとにかく一人いればよい、というものではありません。整理解雇対象者が保有していたスキルと、新規採用者が保有するスキルとが、全く違うのであれば、整理解雇の判断の合理性は何ら揺るがないはずです。

(5) 役員の報酬減額

役員の報酬減額はほぼ必須の要件のようにとらえています。しかし、その減額分でどの程度の人員削減を免れたのかは必ずしも論じられておらず、社員に不利益を強いるのだから役員も痛みを感じるべきだ、といった感情論のようにも見えます。この点、合理的な経営判断をするのなら、役員報酬減額による得喪を分析・比較し、その必要性や額が決定されるべきです。

(6) 最後の一人

希望退職に応募した社員により人員削減目標がほぼ達成され、最後に残った一人、二人に対して行った整理解雇が、①の人員削減の必要性がないとして無効とされる裁判例が相当数あります。

会社の窮状を理解して退職してくれた社員への恩義から、抵抗し続けた社員への解雇が無効になるという考え方に、会社は強い違和感を覚えるようです。希望退職した社員と解雇された社員とは、それほどの差はありません。彼らは前者も後者も会社側の都合で会社からの退出を余儀なくされた点で同じだからです。

しかし、会社にとって注意を要するのは、人員削減の必要性は、希望退職者が会社を退出する前に判断され、解雇の必要性は希望退職者の退出が終わった後に判断されるという、裁判所のとる判断時点の違いです。これは、取締役の行った経営判断の評価が、判断当時の状況に基づきなされ、事後

的・結果論的になされるべきでないこととは異なっています。ここでは、ある種の結果論で断じられてしまうのです。このような裁判所の考えを前提にすれば、会社は合理的な判断を段階的に行う必要があります。

（市川佐知子）

コラム

企業と戦略的リストラ

TMI総合法律事務所弁護士
相良朋紀

　1990年頃からグローバリゼーションの波は、わが国企業に大きな変化をもたらしました。各企業は国外での企業活動を活発化し、事業内容やその規模を見直して製造拠点を国外に移転するなど、環境の変化に迅速に対応することが求められる厳しい時代を迎えています。ボーダーレス経済の中にあって、賢明な経営者に安住の地はないかのようで、次々に新しい経営戦略を立てて手を打っていかなければ、企業の発展は望めないようです。

　こうした経営環境の中で今、リストラとこれに伴う人員削減は、時代に即した企業体制を構築するうえでの選択肢として、以前にも増して重要性をもってきているのではないでしょうか。リストラに伴う人員削減は、経営危機に対処するためばかりでなく、将来の企業の健全な拡大という目的のためにも活用され、現在では毎日のようにその話題が報道されているといっても過言ではありません。

　リストラに伴う人員削減を行う場合には、通常はまず自主退職を募ることになりますが、それだけで目標を達成できなければ、解雇手続に発展することになります。いわゆる整理解雇の可否の問題が生じるわけです。

　社員の解雇については、現行労働契約法上「客観的に合理的な理由を欠き、社会通念上相当であると認められない場合」は、権利の濫用として無効とされます。この条文は、文言のうえからだけでは具体性を欠き、判断基準として機能しないかのようですが、これまでの裁判でたくさんの事例の集積があり、裁判官が判断に困ることはそれほど多くありません。その判断では、結局は裁判官の感覚あるいは感性に照らして、当該社員が解雇されるのは可哀想だと感じられるかどうか、ということが決め手となっています。通常行われる解雇にあっては、被解雇者に何らかの落ち度や問題があるので、この可哀想かどうかの評価は、裁判官による個人差があるとはいえ、なんとかある程度の客観性があり、弁護士にとっても結果の予測可能性があるのです。

　ところが整理解雇は、その純粋形においては、社員側に何らの落ち度がないのに解雇されるわけですから、ある意味で本来的に可哀想なのです。しかし、だからといって企業経営の健全化のために必要な場合にもこれを否定し、企業が成り立たなくなることを是認するわけにもいきません。そこで、裁判実務において厳

しい要件を定め、それをパスすることを求めるという運用がされるようになりました。これらの要件を満たせば、可哀想でも仕方がないというわけです。
　整理解雇として人員削減もやむなし、と評価できるためには、まずなんといっても、企業の側に対して、経営の継続のためには人員整理の必要性が高く、相応の努力をしても避けることができないことを要求すべきです。さらに、解雇される従業員の側に立ってみると、当該社員が解雇者として指名されることが社員全体の中で相対的に妥当とする理由があり、社員全体の視点で見ても、人員削減の不利益の総和を極小とするうえでやむをえないといえることも必要でしょう。この２点を具体的に充足するかどうかの判断には相当な困難が伴いますが、観念的にはこれらが満たされれば、整理解雇もやむなしといえるでしょう。しかし、従業員側もいきなり解雇と言われれば困るのではないか、納得できる説明をしてほしいと言われれば、それももっともなことなので、整理解雇につき社員に対して十分説明することも要求すべきだということになりそうです。
　このような考え方に立って、裁判例は、昭和50年代頃から、整理解雇を有効とするための要件をおおよそ次の４つの点にまとめてきました。第一は人員削減の必要性があるか、第二は解雇を回避するための努力を十分にしたか、第三は被解雇者の選定に妥当性があるか、第四は解雇までの手続に妥当性があるか、世にいう整理解雇の４要件で、これらの要件をクリアしなければ整理解雇は無効ということにしてきたのです。
　こうした精緻ともいえる要件が裁判例で定められ、一般に是認されるようになったことで問題が解決されたかというと、必ずしもそうではありません。
　もっとも難しく、また重要と考えうれるのが、整理解雇の必要性の判断です。裁判例に現われた整理解雇の事例は、わが国の経済が発展していた時期に経営不振、事業の縮小などの理由で解雇せざるをえなくなった事例がほとんどで、整理解雇といえば経営危機に伴うものというイメージが強いように思われます。このような事例では、企業の側は、赤字経営がどの程度続いたか、どの部門を廃止し、どこまでコストを削減する必要があるか、したがって何人程度解雇しなければならないかを、会計帳簿などをもとに立証し、裁判所もそれなりにその判断の妥当性を審査することができました。
　しかし、現在の状況は、リストラに伴う人員整理に、裁判にとりあげられた事例とは異質なケースが現われてきました。冒頭に記載したグローバリゼーションが企業の経営環境を大きく変え、企業存続のために人員整理がいわば絶対的に必要であるというものではなく、企業の将来的展望から見て、いわば長期的な存続、

発展のため人員整理の必要性が議論の俎上に上るようになったのです。このような人員整理の必要性に関する経営判断につき、裁判所は果たしてその妥当性を的確に判断することができるでしょうか。

　これまでの裁判例では、おそらく上記のような積極的リストラについて考慮していないはずですが、それらの理由を読むと、積極的リストラの場合には解雇という手段に訴えて人員整理をすることは許されないということになるかもしれません。そうであれば、経営判断の妥当性を考える困難からは解放されることになり、法的判断に混乱はなくなりますが、企業の側としては満足がいかないということになりましょう。例えば、経営戦略の観点から将来の発展のため国内の製造拠点を海外に移転するという場合、人員整理を任意退職の形でしかできないとすると、グローバルな経営ができず取り残されるおそれがあると心配するかもしれません。他方で、解雇される側からは、今順調な経営であるならば、なにもそこまでして利益を求めなくてもいいではないか、という声が聞こえてきそうです。いずれにしても、これまでの事例は経営危機を対象とするものが多く、事例の集積が待たれる課題といえましょう。

　それでは、この中間をとった解決はできないものでしょうか。切迫した必要性が認められない場合で、最大限の解雇回避努力をしても人員整理ができなかったときは、相応の補償的措置（通常は金銭補償になるでしょう）がとられるならば整理解雇を認めるという方法です。将来の検討課題とする価値はありそうです。

　次に、被解雇者の人選が妥当性を有することというと、それ自体はもっともですが、現実に当てはめようとするとそう簡単なものではありません。妥当な人選方法といっても、客観的に正当な人選方法があってそれによるべきだというわけではなく、妥当性を有する方法は複数あると考えられるからです。

　実務上は、元来整理解雇は社員の側の落ち度を問題にしないはずですが、いざ人選となるとこれを持ち出してくることが多いようです。勤務状況、例えば遅刻、早退が多い、職場の規律違反があった、協調性がないなどで差をつける考え方で、それなりに説得力はあります。しかし、それだけでは人選が困難と考えられ、勤務成績や能力によることになってくることが多いようです。本人の落ち度だけでは無理な場合、年齢（例えば50歳以上優先、あるいは30歳未満優先など）、職場、職種などによりどころを求め、何らかの基準を設ける方法もあるようです。

　こうしたさまざまな方法は、どれが正しいというものではなく、それぞれが妥当性を有するものと考えられます。例えば、ある企業は老練な従業員が必要と考え、30歳未満の従業員を解雇したが、別の企業は将来性を重要視し、55歳以上の

社員を解雇したという場合、経営判断にかかわる事柄ですから、裁判所もどちらが正当だということはできないでしょう。また、社員に有意な差異を見出しがたい場合、極端にいえば、くじ引きによることも一定の合理性が認められるはずです。要は、企業側に都合のよい人選を恣意的に行うことがないよう妥当性を有する基準を設け、それに従うことが大事なのです。もちろん、その基準が地域の考え方や文化に照らして、差別的なものであってはならないことは当然です。

「整理解雇の4要件」というように原理、原則が明確な形で定立されますと、これらにとらわれて各要件をいわば形式的に当てはめ、目的を忘れるというような硬直的解釈の問題が生じてきます。本来これらの要件の一つひとつは、整理解雇もやむなしと考えられるか否かのメルクマールのひとつで、最終的総合判断の要素でしかないのですが、各別に意味があるかのように運用されていきます。そして、それぞれの要件で厳しい判断がされた事例に引きずられ、全体としてますます厳しくなる傾向が出てくるおそれがあるのです。整理解雇の有効性を考えるにあたっては、各要件相互の関係を柔軟に考え、各要件が総合判断の一要素であり、相互に影響し合うことがあることを常に想起すべきなのです。例えば、経営危機が深刻で、すぐにでも解雇しなければもたないというときに、解雇の手続が通常の場合より簡略であったとして解雇を無効とすることが、果たして正当なのか、というような事例を考えれば、明らかです。

このように見てくると、リストラに伴う人員整理の問題は、グローバリゼーションによる新しい問題を含め、法律上の観点からは解決されていないものが多く、課題として残されているといえましょう。その意味では、企業の経営陣が経営戦略上リストラとこれに伴う整理解雇を考える場合、どこまでのリスクがあり、どこまでリスクテイクしてよいか、に回答することはできません。

もともと整理解雇は、解雇がやむをえないかというある意味でとらえどころのない価値判断を、極めて広範で拡大された事実を集めて総合評価するというもので、本来的に困難なものであります。そのうえ、総合的判断であるという性質から、時代の変遷とともに評価が変わりうるし、また、変わらなければならないものであります。まして、頼りとなる裁判例の集積も少ないのですから、法律家としても、裁判になった場合の結果について予測することが困難であるのはやむをえないところです。したがって、企業が経営戦略として積極的にリストラを選択する場合には、経営陣としては、整理解雇まで進むことは考えずに、自主退職でなんとか目的を達成しなければならず、それがとるべき途である、ということになるのです。

10章
国際化する労組とつき合う

10-1

当社に対し、当社工場で数多く勤務するフィリピン人によって労組が組織されたという宣言と、英語で賃上げ交渉をし、それができない場合には英語通訳を当社負担で同席させること、という要求とがありました。応じる義務はありますか。

1　団交応諾義務

(1)　労働組合とは

　労働組合とは、「労働者が使用者との交渉において対等の立場に立つことを促進することにより労働者の地位を向上させることを目的とする」ものであって（労組法1条）、「労働者が主体となって自主的に労働条件の維持改善その他経済的地位の向上を図ることを目的として組織する団体またはその連合団体」をいいます（同法2条本文）。

　労働者が主体であればよく、人種、宗教または国籍等は問いませんので、フィリピン人により構成された本問の組織も労働組合と認められます。

(2)　法的保護

　労働組合として認められると、正当な争議行為が認められるほか、組合活動を行う際の刑事責任や民事責任の免除などの法的保護を享受することとなります。また、内部的に民主性の要件を満たすと、法適合組合として、不当労働行為救済手続を利用することができます。

(3)　団交応諾義務

　「使用者が雇用する労働者の代表と団体交渉をすることを正当な理由がなくて拒むこと」は、団体交渉拒否の不当労働行為となり、労組法7条2号はこれを禁じています。

(4)　団交事項

　もっとも、労組の求めるすべての事項が団体交渉の事項となるのではなく、使用者に団交が義務づけられるのは義務的団交事項です。これは、組合員の労働条件その他の待遇、または労働組合と使用者の集団的労使関係の運営に

関する事項であって、使用者に処分可能なものをいいます。その他、任意に団交の事項としてとりあげられる任意的団交事項があります。任意的団交事項に関する団交を拒んでも、直ちに不当労働行為となることはありません。

(5) 本問の場合の団交応諾義務

本問では、当社の社員により結成された労組が、賃上げ交渉という賃金についての義務的団交事項につき申し入れている団交ですから応ずる必要があります。

2 団交ルール

(1) 団交ルールの先議

団交を行うにあたり、どのように進行させるかについて、事前に協議を行うことがあります。特に本問のように、労組が外国人によって構成され、言語の問題がある場合、団交を何語で行うか、通訳をどちらの費用負担で準備するかなどは、あらかじめ定めなければ、後にトラブルになることが明白な事項ですので、先議することが必要となります。

先議事項には、本問のような通訳の配置や費用負担のほか、団交の場所、時間帯、人員数などの団交ルールがあり、労使双方の合意により定まります。

(2) 先議への固執

もっとも、団交ルールの先議・制定に固執し、いつまでも団交が行われない事態になると要求事項の団交そのものを拒否した不当労働行為とされることがありますので、注意が必要です。団交ルールの先議は、双方にとってやりやすいルールを設定することを目的としていますので、双方が折り合えるところで協議、妥結して、できる限り早急に実際の団交に入ることが重要となります。

(3) 団交の言語

団交を何語で行うかという団交ルールも、労使双方が合意して決めればよいものです。しかし、現実的には、組合員全員が外国人で、かつ日本語の能力が不十分な場合、日本語による団交は困難です。日本語で合意をしたとしても、言語能力が不十分であったとして、真意に基づく合意ではなかったとされるおそれがあります。したがって、英語団交あるいは通訳を付した英語団交という労組からの団交ルールの提案に、会社も同意するのが適当である

場合が多いでしょう。

(4) 英語団交の通訳

通訳は、実務上は労組が連れてくるケースが多く、労組の費用負担で行われることも少なくありませんが、継続的に必要なものですから、費用負担は労組にとって深刻な問題であり、会社に対して費用負担を求めてくる可能性は常にあります。また、逆に会社が通訳を付した場合に、労組側が公正な通訳がなされたか否かを問題として、団交が紛糾する可能性も否定できません。

(5) 通訳の費用負担

労組は集団的組織として、法的には会社と対等な立場にあるのですから、原則的には費用負担は平等です。したがって、労組の要求に対して、会社が費用の全額負担を拒否したり、あるいは各自で通訳を付してそれぞれが費用負担することを主張しても、直ちに不当労働行為とされることはありません。

しかし、会社は労働条件を社員に理解させる必要がありますし（労働契約法4条）、労働条件などの義務的団交事項を協議する団交の場で、社員に対して会社の立場の理解を求める立場にあります。このような事情を考えると、通訳の費用負担は団交を求める労働組合が負担すべきであるとの主張に固執し、その結果徹頭徹尾団交に応じない結果となると、不当な団交拒否とされる可能性は否定できません。

したがって、会社の立場としては、応分負担の原則を主張しつつ、特別に会社が負担する、との姿勢をとるのが無難といえるでしょう。

(6) 労使慣行

なお、通訳の費用負担などの団交ルールは、これが繰り返されることで労使慣行となり、後にこれを一方的に破ると不当労働行為とされるおそれがあるので注意が必要です（会社の費用で通訳を付する慣行のあった団交において、通訳の費用負担拒否が不当労働行為とされた例として、神奈川地労委昭和61.1.30）。

3 労働組合結成の背景

さらに、本問のようなケースでは、どのような経緯で労組が結成されたのかを考える必要があります。

(1) 外部労組の存在

社員に労働条件等に関する不満があり、有志が労組結成を考え、仲間を募るという形で発展することも考えられますが、通常の社員はそのような知識に乏しく、外部の団体が協力している可能性が高いといえます。

つまり、社員が外部の労組（合同労組、ユニオンといわれるもの。Q10-4参照）に相談し、当該労組が上部団体として組織化を指導することによって、会社に支部を結成させる、という過程をたどっているということです。

したがって、実質的には会社内の労組との団交ではなく、外部団体が全面的な窓口となっての団交となるので、団交のルール設定は勿論、団交の進行にも会社に大変な労力が求められます。

(2) 平常からの不満吸収の重要性

ブルーカラーの外国人労働者の労働条件等は、日本人のそれと比べると決して高処遇とはいえない場合が多く（ただし国籍による差別禁止の原則については、Q3-2参照）、会社の中で外国人労働者の不満が発生しやすい土壌があるといえます。そのような不満が労組結成の契機になることを、会社は常に意識する必要があります。

一度でも会社の労務に外部の労組が関与すると、継続的な交渉が長期間、場合によっては会社の存続中絶え間なく求められ、大きな負担を会社が負うことになります。重要なのは、処遇を平等化し、社員の平常の不満を吸収できる仕組みを整えるということになるでしょう。 　　　　　（近衛　大）

10-2

当社はタイに現地子会社を有し、現地子会社は現地労組と団体交渉してきました。現地労組は、日本の労組を通じて、当社および現地子会社に、日本で団交を申し入れてきました。当社には応諾義務がありますか。

1　問題の所在

　企業のグローバル化に伴い、日本に本社を有する海外の現地子会社における労使紛争が、日本国内に波及する可能性は否定できません。特に、現地労組が現地子会社には解決能力がないと判断して、日本の労組に相談し、日本の労組を立てて、団体交渉を申し入れることが考えられます。

　このように、実質的には現地子会社の労働条件に関する紛争にもかかわらず、日本の労組から団体交渉申入れがある場合に、日本本社は団交に応諾する義務があるのでしょうか。具体的には、海外の労使関係に日本の労組法の適用があるのかが問題となります。

2　不当労働行為救済命令申立事件

(1)　団交拒否

　上記の点が問題となったのが、フィリピントヨタ事件（東京高判平成19.12.26別冊中央労働時報1358号71頁）です。フィリピンにあるフィリピントヨタ自動車（現地子会社）の現地社員が組織するフィリピントヨタ労働組合（現地労組）は、現地子会社が現地労組を承認しないことや、組合員の解雇問題を解決するため、まず日本のナショナルセンター[1]（国内組合）に加盟しました。そして、日本の本社に対して団交を申し入れたところ、日本本社がこれを拒否したため、不当な団交拒否であるとして不当労働行為事件となりました。

(2)　救済命令申立て

　国内組合の主張は、日本本社が、①現地子会社が現地労組を承認せず、組

1　全日本造船機械労働組合関東地方協議会神奈川地域労働組合という合同労組であり、社内組合ではありません。

合員の解雇問題について協議すらしない事態を放置したことが労組法7条3号の支配介入に当たること、②解雇問題について国内組合の団交申入れを拒否したことが労組法7条2号の団交拒否に当たること、でした。具体的な救済内容としては、当該組合員の解雇撤回、職場復帰、賃金相当額の支払、現地労組の労働組合としての承認を現地子会社にさせること、そしてこれらについての団交に日本本社が応じること、謝罪文を掲示することを求めました。

(3) 事件の推移

初審である神奈川県労働委員会は、本件申立てについて日本の労組法の適用がなく、申立人の申立人適格を否定して救済命令申立てを却下し（神奈川県労委決平成18.8.7別冊中央労働時報1351号223頁）、中央労働委員会の再審査も同様の理由で再審査申立てを棄却しました（中労委決平成18.12.6別冊中央労働時報1358号26頁）。

これに対して国内組合は取消訴訟を提起しましたが、第一審は「不当労働行為の救済に関する我が国の労働組合法の規定は、我が国に存在する労使関係に対して適用されるものと解する」としたうえで、国内組合の主張は実質的に国外の労使関係を対象としたものであって、「我が国の労働組合法の規定の適用はないという他ない」と判断して、国内組合の請求を棄却し（東京地判平成19.8.6労経速2063号6頁）、控訴審も同様に棄却判決となりました（東京高判平成19.12.26別冊中央労働時報1358号71頁）。

(4) 適用される規範

ア 労組法

本件の争点は、日本の労組法が海外の労使関係にも適用されるかであるところ、労組法の属地主義的な適用を前提に、国内組合の主張は否定されました。

イ ILO条約

なお、国内組合はILO条約第87号条約である「結社の自由及び団結権の保護に関する条約」、第98号条約である「団結権及び団体交渉権についての原則の適用に関する条約」、および「市民的及び政治的権利に関する国際規約」を根拠に、国外の労使関係についても労組法の適用があるとの主張をしました。しかし、上記控訴審は、これらの規定が労働委員会に対して救済を行うべき義務を負わせていると解することはできないとしています。

ウ　背景にある判断
　本件救済命令申立ての実態は、現地子会社の現地社員の解雇問題であり、現地子会社・現地労組・組合員という国外の主体がかかわる、国外の紛争でした。このような問題について、日本の労働委員会が不当労働行為の有無を判断し、日本本社に対して救済命令を発し、海外の労使紛争に関与するのは適切ではない、という実質的判断が背景にあるといえるでしょう。
    エ　団交事項との関係
　上記事件は、国外の労使紛争には日本の労組法が適用されない、と形式的に判断したものとは限らず、問題とされた団交事項との関係で労組法の適用が否定された事案であると理解すべきでしょう。
　例えば、現地子会社に出向などの形式で勤務する国内組合の組合員の労働条件の問題であれば、日本本社の現地子会社に対する影響力を考慮したうえで、労働委員会が労組法の適用を前提に、審査をすることは十分に考えられます。

3　今後の対応

　このように、現地労組が国内の労組を通じて団交を申し入れてきた場合、それが実質的に国外の労使関係についての紛争である限りは、一般的には日本本社に団交応諾義務はないこととなります。それは、日本本社が、役員の派遣や資本関係などを通じて現地子会社の労働条件や労使関係について現実的な影響を及ぼしている場合であっても同じです。労組法が属地主義的な適用になじむ法律である以上、現地で解決されるべき問題への適用はないからです。
　しかし、労組が求める団交事項が、実質的には国内の労使関係の紛争に関するものである場合は別です。日本で労働契約が結ばれ、海外に出向、駐在などの形で勤務する社員の労働条件に関する紛争であれば、日本の労組法の適用は十分に考えられます。
　紛争に対応する会社の応答の負担を考えれば、現地子会社において労使紛争それ自体が生じないよう、現地子会社が必要かつ十分な労務管理を行う必要があるといえるでしょう。

（近衞　大）

10-3

当社は、労組とユニオンショップ協定を締結しています。ところが、このたび採用した外国人社員が、組合費を支払いたくないとして労組加入を拒否しています。どう対処すべきですか。労組から当該外国人社員の解雇を要請されたら、どうすべきですか。

1 ユニオンショップ制度

(1) 定義

ユニオンショップとは、組合員であることを雇用の条件とすることによって、組合員の地位の取得や維持を強制する労働協約上の制度です。

(2) ユシ解雇

ユニオンショップ協定(以下、ユシ協定)を会社が労働組合と締結した結果、会社が労働協約において、協定を締結している当該労組に加入しない者および当該労組の組合員でなくなった者を解雇する義務を負うこととなります。このような解雇をユシ解雇といいます。

(3) 労使双方にとってのメリット

わが国の労組は企業別組合が主流であり、多くの会社がユシ協定を締結し、ユニオンショップ制度を採用しています。これは、労組にとっては組合員の統制のために有益であり、会社にとっても労組の組織率が高まることで、会社のさまざまな制度について労組を通じて協議することが可能になるので、メリットのある制度といえます。このメリットを享受するためにも、会社も労組も、ユニオンショップ制度について社員に十分説明を行って理解を得ることが重要です。

2 ユシ解雇とその有効性

解雇は社員の地位を一方的に奪う制度であり、解雇権濫用法理による規制もかかることから、ユシ解雇が常に有効なのかを検討する必要があります。以下では、裁判上問題となったユシ解雇の事例を見てみます。

(1) **労組脱退以後、別の労組に加入した場合**

　ユシ協定に、労組を脱退した者すべてを解雇する旨の規定があったところ、当該組合員が労組Aを脱退後、別の労組Bに加入し、会社が労組Aの求めに応じて当該組合員を解雇した事案があります（三井倉庫港湾事件・最判平成元.12.14判タ717号79頁）。

　最高裁は、ユシ協定の当該部分を民法90条の公序良俗に反するものとして無効とし、「使用者が、ユニオン・ショップ協定に基づき、このような労働者に対してした解雇は、同協定に基づく解雇義務が生じていないのにされたものであるから、客観的に合理的な理由を欠き、社会通念上相当なものとして是認することはできず、他の解雇の合理性を裏付ける特段の事由がない限り、解雇権の濫用として」解雇は無効であると判断しました。

　これは、組合員の組合選択の自由との兼ね合いで、少数者にも団結権があることが憲法上保障されており（憲法28条）、これを裁判所として尊重したものということができます。

　本問の事案においても、当該外国人社員が、別の労組に加入した場合には、ユシ解雇は非常に難しいということになります。

(2) **組合員が労働組合に除名された場合**

　労組を脱退し、または除名された者を解雇するとのユシ協定があることから、組合員が労組内のトラブルによって労働組合を除名されたところ、会社が労組の申し出によって当該組合員を解雇した事案があります（日本食塩製造事件・最判昭和50.4.25判タ321号54頁）。

　最高裁は、前提として労組による除名が無効であるとして、除名が無効である場合はユシ協定上の解雇義務が発生しないので、無効な除名をなされた者に対するユシ解雇は、客観的に合理的な理由を欠き、社会通念上相当なものとして是認することはできない、として解雇は無効であると判断しました。

　これは、除名が有効であれば解雇も有効であるという前提に立つものですが、解雇に際し、会社が労組からの除名が有効か否かを判断しなければならない、という非常に困難な立場に陥ることとなります。当該組合員が仮に除名の有効性を争う姿勢を示している場合、実務的には、会社は、それが確定するまで解雇を留保することとなるでしょう。

3　尻抜けユニオン

　ユニオンショップ制度は、解雇という強力な効果を伴いますので、労働協約上は「原則として解雇する」とか、「解雇することができる」などの表現にとどめ、絶対的に解雇を義務づける表現を採用しないことが多く見られます。これを「尻抜けユニオン」といいます。このような場合には、別途就業規則上の解雇理由を伴わない限り、会社が解雇をすることは困難であり、労組の解雇申し出を拒否しても労働協約違反とはなりません。

4　一般的な実務

　実務上、ユシ解雇の事案（訴訟）は現在ほとんど見られません。これは、尻抜けユニオンの規定が多数を占めるという現状のみならず、会社と労組による、社員の理解と協力を求める姿勢が功を奏しているからだといえます。

5　本問の場合

(1)　理解の醸成

　本問のように、企業別組合になじみのない外国人社員が労組加入を拒否することは、十分に想定されます。日本人に対する場合よりも、制度に関する説明をより一層充実させる必要があるといえるでしょう。

(2)　解雇の有効性

　十分に説明したにもかかわらず、外国人社員が単に組合費を徴収されるのを嫌ってユシ協定のある労組への加入を拒否しているようなケースでは、尻抜けユニオンでもない限り、会社の解雇は有効となると考えられます。

(3)　慎重な態度の必要

　しかし、解雇という強力な効果を伴う制度ですから、当該外国人社員に対して、会社だけでなく労組ともども、制度に対する説明を継続し、理解をできる限り求め、にもかかわらず当該社員が組合への加入を拒否した場合に、初めて解雇が有効となるといえるでしょう。

（近衞　大）

10-4

当社は、有期で働く外国人労働者数十名を雇止めし、彼らが加入したという労組から要求を受けて、団交を数回重ねました。しかし、当社の調べでは、彼らの多くはすでに本国に帰国しています。当社は今後も団交に応じる必要があるでしょうか。

1 合同労組

本問は、一般的に解雇や雇止めをされた後に労働組合に駆け込むという、「駆け込み」事案と呼ばれるものです。このような場合、労組は外部の合同労組やユニオンと呼ばれる個人加入型の労働組合であり、企業内組合と異なる特有の問題があります。

(1) 団交の参加者

合同労組の役員（「オルグ」と呼ばれています）は、日本の労働法に精通しており、雇止めされた外国人労働者を組織化し、これを指導しながら団交を行います。実質的な団交は合同労組のオルグが主導的に行うことがほとんどです。つまり、外国人労働者は帰国しても、団交だけはオルグを通じて継続される、というケースも十分に想定されるのです。

(2) 実質的な当事者

団交というのは、労働者の地位や労働条件について協議を行う場ですので、あくまでも実質的な当事者は労働者である組合員であり、これを労組が代表するという形式で協議を行うものです。したがって、肝心の組合員が不在では、団交しても解決にならないのではないか、団交を拒否しても不当労働行為に当たらないのではないか、が問題となります。

2 集団的労使関係上の協議方法

(1) 労組と構成員の関係

団交というのは、集団的労使関係上の協議方法です。労組は、組合員を平等に代表することが予定されています。一時的にあるタイプの組合員がごく少数であったとしても、代表権がある以上、そのタイプの組合員に関する労

働条件の団交を拒否することは適切ではないでしょう。

(2) 組合員の所在

合同労組のオルグは、法的には、組合加入契約に基づき組合員の意思を確認し、それを集約したうえで団交に臨んでいます。そして、個々の組合員が不在であっても、オルグは交渉担当者ですから、団交事項についての協議は可能です。このことは、個々の組合員が日本の中にいる場合でも外にいる場合でも変わりません。

結局、組合員が国内に不在であっても代表権はあるため団交は可能ですので、対象である組合員の多くあるいは全員が本国に帰国しているとしても、当社は団交に応じる義務はあるでしょう。ただ、その場合には、帰国した組合員が現在も組合員で、労組に代表権があることを確認することはできますし、また確認することが必要でもあるでしょう。

3 要求事項との関係での解決可能性

(1) 要求事項

本問のような集団雇止めの場合、①全員の雇止め撤回、②一部についての雇止め撤回および雇止めを認める者についての金銭解決、③集団雇止めを認めるが全体について相応の金銭解決を求める、という要求事項が想定されます。

(2) 上記①の場合

合同労組が①の全員の雇止め撤回を求めてきても、帰国して日本に戻ってくる意思がない組合員については雇用継続を合同労組と合意しても意味がなく、そのような解決をめざす団交を続けることにも意味がありません。会社は、当該帰国者の組合脱退の有無を確認し、合同労組が脱退を認めるのであれば、協議の対象者から外すことを求めるべきでしょう。しかし、帰国にもさまざまな理由があると考えられますので、現在日本にいないからといって、日本に戻る意思がないと決めつけて、団交に意味がないとして拒否すれば、団交拒否の不当労働行為（労組法7条2号）と判断されるおそれがあります。

(3) 上記②の場合

合同労組が②の一部の者の雇止め撤回を求めてきた場合も、①と同様です。撤回を求める者の中に、すでに帰国した者がいれば、当該者に日本に

戻ってくる意思がないのではないか、と会社は考えるのが通常でしょう。しかし、確認することはできるとしても、日本に戻ってくる意思の有無は会社には決められないのです。

(4) **上記③の場合**

合同労組が③の金銭解決を求めている場合には、組合員が団交時にどこにいるかは関係がありません。

結局、要求事項がどれであるにせよ、組合員が不在であっても団交は可能ですので、対象である組合員の多くあるいは全員が本国に帰国しているとしても、組合員である限り団交に応じる義務はあるでしょう。

(5) **解決をめざすための対応**

ただ、この状況では団交が行われても適切な解決がなされない可能性もあるので、組合員の多くに不在が続くような場合、特に組合員の誰も団交に参加せず、合同労組のオルグのみが団交に臨むような場合には、会社は次のような対応をとることが考えられます。

まず、交渉開始の時点で、組合員資格か交渉の委任状といった、オルグの交渉資格の証明を求めることはできるでしょう。また、会社からオルグに対して、団交という形式にこだわらず、事務折衝という形式で協議を申し入れることも考えられます。そのうえで、組合員の誰のどのような問題をどう解決するのかの意向を具体的に確認しながら、どのように解決するかの内容を詰め、組合員が出席できるときに団交として妥結するのがよいやり方だと思います。

（近衞　大）

10-5

当社には過半数労組Mがあります。最近外国人社員が労組Nを結成し、Mと同等の組合事務所の無償貸与を求め、断わると国籍差別だと言っています。当社は応じる義務があるでしょうか。

1 労働組合の法適合性

本問には、いずれも微妙で難しい2つの問題が含まれています。一つの問題は、使用者から組合事務所の無償貸与のような便宜供与を受ける労働組合には法適合性があるのかという点です。

労働組合は、労組法等により特別の地位（権利や利益）を与えられています。団体交渉権はその代表的なものですが、このため、労組法は労働組合の定義（要件）を定めています。「『労働組合』とは、労働者が主体となって自主的に労働条件の維持改善その他経済的地位の向上を図ることを目的として組織する団体又はその連合団体をいう」という規定がそれです（労組法2条本文）。

この中でもっとも重要なのは労働者の自主性と組織の主体性で、労働組合の組織および運営が、人的にも財政的にも使用者から独立したものでなければなりません。こうした法律の定義（要件）を満たしたものが法適合組合です。

2 経費援助と労働組合

労働組合の自主性（独立性）を保障するために、労組法は、「労働組合の運営のための経費の支払いにつき経理上の援助を与えること」を禁止しています（同法7条3号本文後段）。これが経費援助といわれるものであり、使用者が広く禁止されている支配介入の一種に当たります。組合費や専従役員の給与を使用者が負担したり、組合の経費（電話代、飲食費など）を使用者が支払うなどがその典型例です。

使用者から経費援助を受けている労働組合は、自主性（独立性）を欠き労働組合の定義（要件）を満たさないので、法適合組合とはいえません。法適合組合でないと不当労働行為に対する救済の申立資格がありませんから（労

組法5条1項本文参照）、使用者から団体交渉を拒否されたり、不利益取扱いを受けたりしても、適切な救済を求めることができません。経費援助を受けている労働組合は、このように不利な地位に置かれています。

3 便宜供与の取扱い

組合事務所の経費は本来労働組合が自分で負担すべきものといえますから、使用者が組合事務所を無償で貸与するのは、一種の経費援助なのではないかという疑問が生じます。

ところが、わが国では、従来から経費援助とは別に便宜供与というものが認められています。その代表的なものが、組合費のチェック・オフや組合事務所の貸与です。確かに、厳密にいえば、これは経費援助に似た要素もあるのですが、わが国の労働組合が企業内組合で、組合員も従業員であることから、使用者は労働組合にいろいろな便宜を与える慣行があり、「最小限の広さの事務所の供与」は経費援助から除外されていることもあって（労組法7条3号）、これら便宜供与は労働組合の独立性を阻害せず、経費援助には当たらないものと扱われています。[2]

したがって、本問において、N労組に組合事務所を無償貸与しても法適合組合であることは否定できず、爾後団体交渉を拒否するようなことはできません。

4 便宜供与の法律関係

便宜供与（本問のような組合事務所の貸与）について、労働組合はそれを要求する権利（請求権）をもっているわけではありません。貸与はあくまで交渉し合意のうえでなされるべきもので、[3]労働組合が特定の施設や場所を勝手に使用することは許されません。言い換えると、使用者には便宜供与をする法的義務はないということで、便宜供与を拒否しても、権利濫用になるような特段の事情がない限り、支配介入にはなりません（池上通信機事件・最判昭和63.7.19判時1293号173頁）。

5 複数組合の併存

(1) 中立保持義務の存在

ところが、ここで一つ厄介な事情が登場します。これは会社内にM、Nの

---

2 菅野和夫著『労働法〔第10版〕』（弘文堂、2012年）781～782頁
3 この合意は、有償のときは賃貸借、無償のときは使用貸借という契約関係です。

2労組が存在していることで、これが本問の微妙なもう一つの問題点です。

複数組合が併存する場合、使用者には中立保持義務があるというのが判例、通説の考え方です。判例は、これを、「単に団体交渉の場面に限らず、すべての場面で使用者は各組合に対し、中立的態度を保持し、その団結権を平等に承認、尊重すべきものであり、各組合の性格、傾向や従来の運動路線によって差別的な取扱いをすることは許されない」と表現しています（日産自動車（組合事務所）事件・最判昭和62. 5. 8労判496号6頁）。中立性を逸脱した使用者の行為は、支配介入（あるいは不利益取扱い）になるという意味です。

(2) **支配介入が肯定された例**

そして、現に多数派組合に組合事務所や掲示板を貸与し、少数派組合に貸与しなかったことが支配介入と判断された例がいくらかあります（代表例は、前掲日産自動車（組合事務所）事件）。本問の場合も、この延長線上で考えれば、N労組に組合事務所の貸与を拒否するのは少数派組合に対する差別であると考えられ、支配介入に当たると判断される可能性は大きいでしょう。

(3) **さらなる事情**

しかし、本問の場合、設問からは明らかではない事情がいくつかあります。その後の判例を見ると、「各組合の組織力、交渉力に応じた合理的、合目的的な対応をすることが右（筆者注：中立）義務に反するものとみなされるべきではない」ということですから（高知県観光事件・最判平成7. 4. 14労経速1570号3頁）、本問で、たとえば①使用者には貸与するスペースが現在物理的・客観的に存在しない、②N労組が極めて少数の組合（数名の組合員）で、組合事務所を専有する必要が乏しいといった事情があれば、この点が考慮され、直ちに支配介入ということにはならないと思われます。

6　国籍と便宜供与

労働組合の場合、組合員の国籍により取扱いが左右されることはありません。少なくとも法律上そのようなことは予定されていません。したがって、もしN労組に対する組合事務所の貸与あるいは団体交渉の拒否が外国人だからという理由なのであれば、組合間の差別として支配介入になることは明らかです。

（山口浩一郎）

4　日産自動車（残業）事件・最判昭和60. 4. 23民集39巻3号730頁、菅野・前掲書787頁

10-6

当社には、ヨーロッパに現地子会社があります。当社社員が組合員である労働組合は、OECD多国籍企業行動指針に当社が違反したと、OECD日本連絡窓口に申立てしました。当社はこの手続に応じる義務がありますか。

1 ネスレ事件合意の報道

ネスレ日本が少数組合であるネッスル日本労働組合と合意し、30年に渡る労使紛争が終結したと報じられました（神戸新聞2013年10月7日ネット版）。ネッスル日本労働組合は、全国労働組合総連合、兵庫県労働組合総連合を上部組織にもち、これら二者とともに、ネスレ日本をOECD多国籍企業行動指針違反で、提訴していたそうです[5]。合意が成立すると、全労連は声明文を発表し、この手法が労組にとって新しい紛争解決手段として有効であると指摘しました[6]。

しかし、この指針は法律ではありませんし、この事件は裁判でもありません。このような新たなルールや紛争処理手続に、会社は拘束されるのでしょうか、またどう対応していくべきでしょうか。

2 OECD多国籍企業行動指針

(1) OECD

経済協力開発機構（OECD）は、国家間の条約に基づいて組織された国際機関であり、ヨーロッパ諸国を中心に、日本、アメリカといった先進国が加盟しています。OECDは、先進国間の自由な意見交換・情報交換を通じて、経済成長、貿易自由化、途上国支援に貢献することを目的としています。

(2) 多国籍企業行動指針

OECDは、1976年に多国籍企業行動指針を採択しました。指針は、グローバル企業が世界経済の発展に重要な役割を果たしていることを踏まえ、加盟

---

5 http://www.tcn.zaq.ne.jp/njlu/zenroren_rjlu_oecd.pdf
6 http://www.zenroren.gr.jp/jp/opinion/2013/opinion131001_01.html

国政府がグローバル企業に対してなした勧告です。各企業は、指針に書かれたことを自主的に実施することが期待されていますが、あくまでも勧告ですから、各企業には期待に応える義務があるわけではありません。

(3) **指針の内容**

指針は10章からなり、「雇用及び労使関係」に関する章の中では、例えば、労働側代表者が経営側代表者と交渉・協議することを可能にするよう、会社が行動するべきであるとされています。[7]

(4) **手続手引き**

OECDは、行動指針の実効性を促進するため、加盟国に連絡窓口を設けることを理事会決定しました。各国連絡窓口は、national contact point（NCP）と呼ばれ、経験の共有化や意見交換、国際投資・多国籍企業委員会への報告を行うほか、行動指針の実施に関連して生ずる問題の解決に貢献することが任務です。日本では外務省、厚生労働省、経済産業省がNCPを構成し、NCPがとるべき行動は、理事会決定に付随する手続手引きにより規定されています。すなわち、NCPは条約に縛られ、次のことを行わなければならないのです。[8]

ア　問題提起の受理

問題提起者の受任権限や提起された問題が行動指針を根拠としていることを確認のうえ、受理します。

イ　初期評価

提起された問題がさらなる検討に値するかの初期評価を行い、提起者に回答します。

ネッスル日本労働組合は、申立書[9]の中で、ネスレ日本とスイス本社とが行ったという6つ余りの事実をとりあげ、指針の複数項目に違反していると、2005年NCPに問題を提起したのです。労組側によれば、厚生労働省がNCPとしての活動を主導している間、初期評価はなされず、2007年に外務省が対応するようになって初期評価がなされたそうです。[10]

7　2011年改訂版。http://www.mofa.go.jp/mofaj/gaiko/csr/pdfs/takoku_ho.pdf
8　OECD多国籍企業行動指針日本連絡窓口（NCP）の事務処理手順等。http://www.mofa.go.jp/mofaj/gaiko/csr/pdfs/ncp_jm200808.pdf
9　http://www.zenroren.gr.jp/jp/old/topics/2005/img/complaint050817.pdf
10　北島隆著「ネスレ争議とOECD多国籍企業行動指針」（労働法律旬報1810号（2014年）6頁）

ウ　問題解決支援

初期評価でさらなる検討に値するとされれば、NCPは利害関係者の問題解決を支援するために尽力し、専門家に助言を求める、他の関係国のNCPと協議する、調停などの合意に基づく手段を提案・援助する、などを行います。実際になされるのは、主に当事者間協議の促進でしょう。ネスレ事件では、スイス本社も当事者となり、スイスNCPへの申立てもなされていたことから、スイスNCPとの連携もなされたようです。

エ　文書の発出

NCPが国内法令上の問題を認めた場合には、司法手続等で処理されるべき旨文書で通報がなされます。当事者が合意すれば、その結果が公表され、合意しない場合にも、NCPは行動指針の実施について声明の発出を行います。問題提起に対しては、何らかの文書が出され、その結末が明確になるわけです。ネスレ事件では、当事者間で合意が成立したことが、最終声明により明らかになりました。[11]

3　申立てされた会社の対応

しかし、NCPは、条約加盟国政府として手続を実施しなければならない義務を負っているのに対し、グローバル企業に対する強制力は有していません。上記の手続に応じるのも応じないのも、会社の自由です。ネスレ事件でも、労組側によれば、会社は2008年以降も協議の場を拒否し続けたそうです。

ネスレ事件が合意に至ったのは、労組側の分析では、会社内部の変化による部分が大きいようです。会社側の交渉窓口担当者の交代、全世界におけるレピュテーション挽回の必要、スイス本社からの指示のほか、コミュニケーション・ギャップの解消と共通認識の醸成を経て争議が解決されるという、大きな「法則」の実現があったとされています。[12]

そして、両者の合意書を見れば、[13]会社の義務は努力義務であること、解決金支払はないこと等、会社側にとってもメリットがあったように思えます。ネスレ日本では、裁判所や労働委員会における判決・命令が100件を超えて

11　OECD多国籍企業行動指針に関するネスレ日本株式会社における個別事例に係る日本連絡窓口の最終声明。https://mneguidelines.oecd.org/database/ncp/Nestle-2005-Japanese.pdf
12　古川景一著「OECD多国籍企業行動指針活用の意義」（労働法律旬報1810号（2014年）11頁）
13　ネスレ争議和解に関する確認書・合意書（労働法律旬報1810号（2014年）42頁）

いたそうですから、既存の紛争解決手段が機能不全となっていたところに、新たに登場した枠組みが功を奏したのかもしれません。

本問において、まず当社には、当該指針を守る義務はありません。しかし、グローバル企業であれば、指針の諸事項を含む行動基準を自ら設定し、これを遵守しようとしていることが多いでしょう。

次に、労使紛争が発展して指針違反の申立てがなされた場合、当社にはその手続に応じる義務はありません。もっとも、当社の側にも協議を進めることにメリットがあれば応じればよいでしょうし、さらには合意して紛争を終結させるよい機会であることもあるかもしれません。

4　ILOの基準

本問と同種の議論として、労組から、会社がILOの定める基準に違反していると批判されることがあります。

(1)　ILO

国際労働機関（ILO）は、1919年にベルサイユ条約13編（後のILO憲章）によって設立された国際機関で、労働条件の改善を通じて、社会正義を基礎とした世界平和の確立を目的としています。ILOは、政府、労働者、使用者の三者構成で運営されています。

(2)　ILO条約と批准

ILOが採択した条約は、基本的には、加盟国が批准して初めて国内的に発効します。日本は批准している条約数が少ないと批判されることもありますが、それはともかく、未批准の条約は国内法的な効力を有しないわけですから、国内にある会社もまた、遵守する法的義務はありません。

(3)　不遵守の申立て

他方で、使用者・労働者の産業上の団体は、ILO憲章24条、25条に基づき、ある国がその批准条約を遵守していないという申立てをILOに提起することができます。

(4)　多国籍企業宣言

ILOにも「多国籍企業及び社会政策に関する原則の三者宣言」[14]というもの

14　http://www.ilo.org/wcmsp5/groups/public/@ed_emp/@emp_ent/@multi/documents/publication/wcms_124927.pdf

があります。OECD多国籍企業行動指針とは互いに抵触しないよう規定されており、指針をより綿密に理解するのに役立つといわれています。しかし、この宣言もまた、グローバル企業に対する勧告であり、拘束力を有するものではありません。

(5) **紛争解決手続**

　また、OECD指針がNCPを設置し、問題の提起を受理して、個別的紛争解決をはかる手続を備えるのに対して、ILOの宣言にはそのようなものはありません。ILOにおける申立ての対象は、会社ではなく、国の条約不遵守です。

〔市川佐知子〕

コラム

労働争議に思うこと

JETRO新興国進出支援専門家
石山久雄

　労使間の揉めごとは、主に賃上げと労働条件（労働協約の中身）が火種となります。賃上げについてはかなり複雑で、難しいところがあります。同業他社との比較（バランス）を見ながら決めていくわけですが、インドネシアでは、都市ごと、あるいは県ごとに毎年最低賃金というものが設定されます。ここ2～3年は対前年比で15～20％アップと、非常に高額となってきています。日系企業で働く人の賃金は、この最低賃金よりもかなり高いものですが、組合側はアップ率のみを主張することが常です。したがって会社側としては、これを呑むとかなりのコスト増となり、会社経営に大きな影響を与えかねません。

　ここでちょっと余談ですが、イスラム教国家であるインドネシアでは、年間13か月の給与を支払うことが法令で定められています。12か月＋1か月ですが、その1か月分はTHRと呼ばれ、断食中に支給されます。これは社員にとって、断食明け正月のための買い物の資金となり、楽しみな臨時収入といえます。

　賃金のアップは、このような特別給与にも反映されるので、労使間における賃金アップの交渉は、厳しいものになるのです。

　労働条件の改定も、賃上げと同様に難しいものといえます。大きな基本的なものを変えることはないのですが、会社側としては、経費削減のつもりで福利厚生面で若干のダウングレードをすれば、それが社員に少なからず我慢を強いるものとなり、理解を得ることは非常に難しくなるのです。

　上に述べたように、問題解決が難しくても、ストライキに発展させないように決着をつけなければなりません。何が有効かといえば、日頃からのコミュニケーションが非常に大事で、ことに組合の幹部に対しては、会社の経営状況を十分に説明し、理解を深めてもらうことがとても大切です。そして話し合いで折り合いをつけるときには、インドネシアでよくいわれる"WIN-WINソリューション"という方法で解決に努めることがベストと思われます。"WIN-WINソリューション"とは、労使双方がどうしても譲れない部分を認め合い、双方が自分たちの主張を勝ち得たという解決策のことです。

　それでもストライキになってしまったら、解決は早ければ早いほどよいに決まっています。金銭面であるいは組合との関係（人間関係）という面で失うもの

を考えたら明白です。

　現地の弁護士あるいはコンサルタントと契約し、相談しながら早期和解をめざして事を進めていくわけですが、安易に労働裁判に委ねるのは好ましくありません。弁護士・コンサルタントの選任は、辛口（苦言）を呈してくれる人たちを選ぶのがよいと私の経験から敢えて述べたいと思います。争議の解決のために、現地子会社は日本本社と相談をしながら、というより指示を仰ぎながら進めていくことが多く、楽観的なことを言う弁護士・コンサルタントは、日本本社の方針決定によい影響を与えるとは思えないからです。

　ストライキはいろいろな手順を踏んで行われて初めて正当化されるもので、一般的にはこの手順を踏まずにストライキに入るので、法的に見れば、違法なものがほとんどといえます。このような状況下では、本社サイドは弁護士・コンサルタントの楽観的な助言に基づいて、「ストライキは許すな」「ここは譲るな、折れるな」と言いつつ、「絶対に勝てるから労使紛争の裁判にもっていけ」という指示を出すことになりますが、結局はそういった指示が、早期解決につながらなくなっていくのです。

　裁判に入る前に、地方の、あるいは国の行政機関が間に入って調停をはかるという手順がありますが、労務関連の行政機関はどちらかというと、組合側に若干寄っている傾向があり、本社サイドはもはや調停などあまり期待しないという立場になりがちで、裁判しか見えない状態に陥りがちです。

　一方、組合側もストライキになると、そのリーダーはますます過激になり、組合員に対しては「闘争条件を必ず会社から勝ち取る、そして失われた賃金は必ず取り戻す」と言って、組合員を叱咤激励します。この頃になると、会社外部の上部団体からの指示も頻繁に飛ぶようになり、紛争決着はますます難しくなっていきます。

　労働争議を裁判で白黒つけても（勝っても）、決してその後の組合と会社の関係はうまくはいかず、ぎくしゃくするものです。むしろ遺恨を残すことが多いといえます。

　話は戻りますが、いかに早く折り合い（示談）をつけるか、"WIN-WINソリューション"を模索し続けることがもっとも大切です。ここは譲るべきというアドバイスを現地子会社に対してはもとより、日本本社に対しても毅然とした態度で助言をする弁護士・コンサルタントの選任が必要かつ有効であると痛感する次第です。

あとがき―本書の由来

　グローバル経済の展開に伴い、会社の人事管理にも大きな変化が生じています。外国人留学生のうち、日本で就職する者はすでに１万人を超えています（法務省調査）。海外に工場をもったり、日本の事務統括部門（本社）で外国人社員のいる風景が日常茶飯のことになりました。人材面でも、グローバル化の時代が到来しているのです。

　本書は、このような問題意識から、日頃弁護士として人事管理のいろいろな問題に直面し、問題の対処にあたってきた実務的経験を一書にまとめたものです。

　第一東京弁護士会労働法制委員会の外国法部会でもともと強い問題関心があった市川、金子の両弁護士が発案し、有志を募って研究グループ（市川、内田、金子、川田、近衞、中田、名取、平尾、松本の各弁護士）をつくり、私も加わって、問題領域の確定、設問の作成、原稿執筆、内容の検討を何回か繰り返してでき上がったのが本書です。

　これに、山川隆一東京大学大学院法学政治学研究科教授に参加していただき、基礎理論に当たる部分をご執筆いただきました。さらに、実務で得がたい経験をされた方（城野、四方、ベネシュ、相良、石山の各氏）からエッセイを寄せていただきました。

　こういうわけで、本書は、実質的に基礎理論、実務対応、エッセイの３つの部分から成り立っています。これが本書の特徴ですが、監修者としては、このような特徴ある書物の出現を可能にしてくださった山川教授のご協力、多忙な仕事の中で原稿を執筆した分担者の努力、惜しげもなく貴重な経験を珠玉のエッセイにしてくださった寄稿者のご厚意のすべてに、心から感謝申し上げます。

　仲間として謝辞を捧げたいのは、本書の企画、編集、調整の全過程で、自らも執筆しながら指揮者として獅子奮迅の努力を尽くした市川弁護士です。

彼女の鬼気迫る努力がなければ、この書物はできなかったでしょう。また山川教授、相良弁護士は、設問作成や原稿内容の検討会にも参加してくださいました。これらの点にも深い感謝の念を捧げたいと思います。

2015年1月
監修者　山口浩一郎

項目索引

【ア行】

ILO条約　295
あっせん　67, 68
安全配慮義務　26, 33, 99, 159
安全配慮義務違反　159
域外適用　27, 39, 257
EUデータ保護指令25条1項　65
委託募集　66
インテグリティ　242
エキスパット（expatriate）　35, 190, 207
オルグ　300

【カ行】

海外勤務　20
海外出向　20, 35
海外出張　20
海外出張者　114, 154
海外駐在　20
海外派遣　115, 152
海外派遣者　115, 154
海外派遣社員　35
海外赴任規程　121
海外腐敗行為防止法　219
海外旅行保険　116, 156
外形的な格差　264
解雇回避可能性　253
外国会社　35
外国人労働者　29
解雇権濫用法理　26, 30, 34
外資系企業　35
「駆け込み」事案　300
企業別組合　297
技能実習　29

希望退職の募集　268
義務的団交事項　290
競業避止義務　42
強行規定　24, 61
共同利用　64
業務起因性　157, 160
業務執行取締役　228
業務上　160
業務遂行性　147, 156
均等待遇　89
勤務地限定特約　118
グループ一括採用　69, 251
継続雇用制度　177
健康診断　117
現地法人　35
合意管轄　43
交渉資格の証明　302
合同労組　300
高齢者雇用安定法　177
国際裁判管轄　21, 41, 47, 51, 62
国際的強行法規　22
個人データ　63
個別労働関係民事紛争　43, 47
雇用における年齢差別禁止法　257
雇用保険　108

【サ行】

最小限度の抵触　258
最低賃金　89
最低賃金法　31
サイニングボーナス　76
最密接関係地　25
最密接関係地法　24, 61

索　引 | 315

採用　105
在留資格　29, 80, 84
在留資格該当性　85
在留資格「留学」からの変更申請　80
サインオンボーナス　76
差別　105
シェアードサービス　172
始期付解約権留保付労働契約　69
指揮命令下　147
事業　27
実質法　21
支配下　147, 157
事務折衝　302
指名退職勧奨　268
社外勤務（事業場外労働）　144
社会保険　116
社会保険労務士　172
社労士法　172
就業規則　96
周知　96
就労ビザ　116
出向　114, 118, 136, 139, 185
出向受入契約　225
出向規程　225
出向休職　216
出向元への復帰　50
出向労働関係　49
出張　114
出張中の休日　148
出張中の事故　157
出張の移動日　148
準拠法　60
準拠法選択のアプローチ　124
準拠法の選択　21
昇格　93
昇進　93
使用人兼務取締役　228
上陸許可基準適合性　85

職業紹介　67
職種限定の合意　79
所定労働時間　144
尻抜けユニオン　299
人的管轄権　52, 258
随意雇用（employment at will）　30, 37
推薦状（reference）　75
成果主義　265
誓約書　241
絶対的強行法規　22
専属管轄　43
専属合意管轄　62
相当因果関係　160
属地主義　124

【タ行】
第三者提供　63
退職の自由　165
大量観察方式　264
多国籍企業行動指針　306
多国籍企業宣言　309
団交応諾義務　290
男女雇用機会均等法　32
団体交渉　294
地域的適用範囲画定のアプローチ　124
地域的適用範囲の画定　22
仲裁合意　61
駐在　114
懲戒　102
調査の自由　56
賃金　89
通則法　22
抵触法　21
適用事業　108
適用法規　124
適用法規の決定　21
転籍　72, 114
転籍出向　238

動機の錯誤　271
特殊関係事業主　178
特別清算　251

【ナ行】
内外法の平等　22
入管法　29
任意的団交事項　291
年次有給休暇　130
脳・心臓疾患の認定基準　161
脳・心臓疾患の労災認定　161

【ハ行】
賠償予定の禁止　166
business continuity plan（BCP）　239
fidelity　75
被保険者　108
フォーラム・ノン・コンビニエンス　53
不法就労外国人　32
報償責任　218
妨訴抗弁　52
法定労働時間　144
法の適用に関する通則法　22
法例　22
募集　66

【マ行】
みなし労働時間制　144, 150
身元保証　73
無期転換申込権　182
メンタルヘルス　127
黙示の準拠法選択　37

【ヤ行】
ユニオンショップ　297
ユニオンショップ協定　297

【ラ行】
留学費用の返還約束　166
労基法　31
労基法15条１項　80
労災保険特別加入　114
労災保険特別加入制度　27, 117
労災保険法　31
労災保険法上の海外派遣　152
労使慣行　292
労組法　32
労働安全衛生法　31
労働契約法７条　80
労働契約法８条　79
労働時間　147
労働者供給　136, 139
労働者の住所地　62
労働者派遣事業　134
労働者派遣法上の海外派遣　152
労働条件等の明示義務　69, 71
労務提供地　24, 62
ロング・アーム法　259

監修者、執筆者略歴

[監修、執筆]
山口浩一郎（やまぐち・こういちろう）　弁護士［第一東京弁護士会］、上智大学名誉教授
1960年東北大学法学部卒業。東京大学社会科学研究所助手、横浜国立大学助教授を経て上智大学教授。中央労働委員会会長、労働政策研究・研修機構理事長を歴任。著書『労働組合法〔第2版〕』『労災補償の諸問題〔増補版〕』ほか。

[執筆]（掲載順）
山川隆一（やまかわ・りゅういち）　東京大学大学院法学政治学研究科教授
1982年東京大学法学部卒業、1991年ワシントン大学ロー・スクール修士課程修了、LL.M.（法学修士）取得。武蔵大学専任講師、弁護士（1987〜1995年）、筑波大学助教授、慶應義塾大学教授等を経て現職。著書『労働紛争処理法』『国際労働関係の法理』『日経文庫・労働法の基本』ほか。

平尾嘉昭（ひらお・よしあき）　弁護士［第一東京弁護士会］
2002年慶應義塾大学法学部法律学科卒業。2006年弁護士登録、新生綜合法律事務所入所。2013年より明星大学経営学部経営学科非常勤講師。経営法曹会議会員。

金子浩子（かねこ・ひろこ）　弁護士［第一東京弁護士会］
1987年金沢大学法学部卒業。1997年弁護士登録。中央国際法律事務所を経て弁護士法人松尾綜合法律事務所。2002年ペンシルベニア大学ロー・スクールLL.M.（法学修士）取得。2003〜2004年ケロッグ・ヒューバー・ハンセン・トッド・アンドエバンズ法律事務所（ワシントンDC）にて研修。2006年ニューヨーク州弁護士登録。

内田靖人（うちだ・やすひと）　弁護士［第一東京弁護士会］
2000年東京大学法学部卒業。2004年弁護士登録、虎ノ門南法律事務所入所。経営法曹会議会員。著書『めざせ！最強の管理職』（共著）、『フロー＆チェック 労務コンプライアンスの手引』（共著）、『なぜ景気が回復しても給料は上がらないのか』（共著）、『メンタル疾患の労災認定と企業責任』（共同編集）、『労働契約法の詳解』（共著、共同編集）、『取締役の実務マニュアル』（共著）、『管理職のための労働契約法・労働基準法の実務』（共著）ほか。

川田　篤（かわだ・あつし）　弁護士［東京弁護士会］、弁理士
1987年東京大学法学部卒業。国家公務員（法務省、労働省）を経て、1994年弁護士登録。ドクトル・ゾンデルホフ法律事務所、竹田稔法律事務所、新橋綜合法律事務所を経て、川田法律特許事務所開設。現在、厚生労働省および東京労働局労災法務専門員。

中田成徳（なかだ・しげのり）　弁護士［東京弁護士会］
中央大学法学部卒業。1997年弁護士登録。城山タワー法律事務所入所。日本法律家協会会員、経営法曹会議会員、日本民事訴訟法学会会員、司法アクセス学会会員、桐蔭横浜大学法科大学院客員教授。著書『未払い残業代をめぐる法律と実務』（共編著）、『解雇事例をめぐる弁護士業務ガイド』（共編著）、『最高裁労働判例〔Ⅱ期5巻〕』（共著）ほか。

城野和也（じょうの・かずや）　IMS Japan取締役バイスプレジデント本社スタッフ部門担当
1978年慶應義塾大学法学部卒業後、日本アイ・ビー・エム入社。開発製造人事を経て、PC事業部人事、サービス部門人事の各部門人事責任者および本社人事で給与福利企画、リソース管理、関連事業人事の各責任者を歴任。AP人事にてSales & Delivery人事担当Director、人事サービス子会社社長を経て日本アイ・ビー・エム人事部門責任者。その後BTO事業部で人事・経理・Sales Backofficeのアウトソーシング事業部長を担当。2009年にIMS Japanに移り、現職。

名取勝也（なとり・かつや）　弁護士［第二東京弁護士会］
1982年慶應義塾大学経済学部卒業。1986年弁護士登録。桝田江尻法律事務所（現・西村あさひ法律事務所）を経て、1990年ワシントン大学ロー・スクール卒業、LL.M.（法学修士）取得、Davis Wright Tremaine法律事務所（シアトル）、Wilmer, Cutler & Pickering法律事務所（ワシントンDC）（part-time）。1993年ジョージタウン大学ビジネス・スクール卒業、MBA（経営学修士）取得。1993年よりエッソ石油法務部弁護士、アップルコンピュータ法務・渉外本部長、サン・マイクロシステムズ取締役法務本部長、ファーストリテイリング執行役員法務部長・店舗開発部長・社会環境室長、日本アイ・ビー・エム取締役執行役員法務・知的財産・コンプライアンス担当、日本アイ・ビー・エム執行役員・グローバルプロセスサービス事業担当を歴任。2012年名取法律事務所創設。現在、オリンパス社外監査役、慶應義塾大学法科大学院非常勤教員、テンプル大学ロー・スクール日本校教授、文京学院大学客員教授、国際知的財産法研究会委員。

四方ゆかり（よも・ゆかり）　外資系人事取締役
1987年東京外国語大学外国語学部卒業後、日商岩井に入社し人事部配属。その後GE（ゼネラルエレクトリック）日本法人へ転職。GEの金融カーリース会社、ヘルスケア合弁会社において人事担当取締役を務め、さらにAIU保険会社、日本マイクロソフトで人事担当執行

役員および取締役として勤務。現在は外資製薬会社において、人事担当取締役。経済同友会幹事、「学校と経営者交流活動推進委員会」副委員長および「創発の会」副座長を務める。

市川佐知子（いちかわ・さちこ）　弁護士［第一東京弁護士会］
1989年東京大学法学部卒業。1997年弁護士登録。田辺総合法律事務所入所。2004年ワシントンDCジョージタウン大学ロー・センター修士課程修了、LL.M.（法学修士）取得。2005年ニューヨーク州弁護士登録。現在、公益社団法人会社役員育成機構監事、青山学院大学大学院非常勤講師。著作「個人情報保護とクラウドコンピューティング」（BUSINESS LAW JOURNAL 2011.11 No.44）、「法務担当者のための企業年金入門（第1～4回）」（BUSINESS LAW JOURNAL 2013.7～9 No.64～67・共著）。

ニコラス・ベネシュ（Nicholas E. Benes）　公益社団法人会社役員育成機構代表理事
スタンフォード大学政治学学士号取得後、カリフォルニア大学（UCLA）で法律博士号・経営学修士号を取得。旧J.P.モルガンにて11年間勤務。カリフォルニア州およびニューヨーク州における弁護士資格取得。在日米国商工会議所の理事兼成長戦略タスクフォース座長、日本企業の社外取締役を歴任のほか、JTP代表取締役として数多くのM＆Aアドバイザリーを務める。2013年より、日本の成長戦略の一環として金融庁主導でコーポレートガバナンス・コードの策定構想を提案。

松本宗大（まつもと・むねひろ）　弁護士［第一東京弁護士会］
東京大学法学部卒業、ペンシルバニア大学ロー・スクール修士課程修了。1999年弁護士登録。長谷川俊明法律事務所アソシエイト、スクワイヤ・サンダース外国法共同事業法律事務所パートナーを経て、2013年松本宗大法律事務所開設。現在、大阪大学大学院基礎工学研究科招聘准教授、三井不動産アコモデーションファンドマネジメント社外コンプライアンス委員、GLPジャパン・アドバイザーズ社外コンプライアンス委員。著書『最新モデル会社契約作成マニュアル』（共著）、『Q＆A新会社法の要点』（共著）、『管理職のための労働契約法・労働基準法の実務』（共著）ほか。

相良朋紀（さがら・ともき）　弁護士［第一東京弁護士会］
東京大学法学部卒業。1969年裁判官任官。一貫して民事裁判に携わるとともに、司法研修所において民事裁判教官、裁判官研修担当教官、所長を歴任。仙台および広島の各高等裁判所長官を経て、2010年定年退官。東京地裁において労働事件専門部の裁判長を務めた。現在、TMI総合法律事務所。

近衞　大（このえ・だい）　弁護士［第一東京弁護士会］
早稲田大学法学部卒業。2005年弁護士登録。森田・髙橋法律事務所入所。第一東京弁護士

会労働法制委員会均等法部会、労使関係部会副部会長。著書『個人請負の労働者性の問題』(共著)、『なぜ景気が回復しても給料は上がらないのか』(共著)、『最新実務労働災害』(共著) ほか。

石山久雄(いしやま・ひさお)　JETRO新興国進出支援専門家
1973年慶應義塾大学法学部卒業後、東芝入社。一貫して一般家電製品の海外事業に携わり、20年余りはシンガポール、西ドイツ、UAE、香港、インドネシアに駐在。退職後、社団法人日本在外企業協会にてインドネシアで働く人、生活する人のための教本づくりに従事。2014年より現職。

統合人事管理
― グローバル化対応の法律実務

監修者◆
山口浩一郎
編著者◆
「統合人事管理」研究会

発行◆平成27年3月20日 第1刷

発行者◆
讃井暢子

発行所◆
経団連出版

〒100-8187 東京都千代田区大手町1-3-2
経団連事業サービス
電話◆[編集] 03-6741-0045 [販売] 03-6741-0043

印刷所◆富士リプロ

ISBN978-4-8185-1411-9 C2034